Janine Berg-Peer
Wer früher plant, ist nicht gleich tot

Buch

Janine Berg-Peer ist über siebzig und dem Gedanken, dass ihr Leben endlich ist, begegnet sie mit Neugierde, entwaffnender Selbstironie und Entschlossenheit. Höchste Zeit, die Dinge zu regeln, bevor es zu spät ist: die Wohnung von allem Unnötigen befreien, Unterlagen ordnen und mit den Kindern über letzte Wünsche sprechen, damit sie nach ihrem Tod nicht mit schwierigen Entscheidungen allein zurückbleiben. Janine Berg-Peer prüft passende Wohnformen für ihre letzten Jahre, kämpft sich durch das Gesundheitssystem, findet einen persönlichen Bestatter und entwirft ihre Bestattungschoreographie. Ihr Buch spendet Trost, macht Mut und zeigt, dass man gar nicht früh genug beginnen kann, an die letzten Jahre zu denken, um sie entspannt zu genießen.

Autorin

Janine Berg-Peer, geboren 1944, ist Mutter von vier Kindern mit drei Enkeln und einem Urenkelkind und lebt zusammen mit zwei Katern. Bevor sie sich auf das Coaching von Angehörigen von psychisch Erkrankten konzentrierte, war sie als Unternehmensberaterin tätig. Heute bietet sie Vorträge und Workshops zum Thema Alter an.

Janine Berg-Peer

WER FRÜHER PLANT, IST NICHT GLEICH TOT

Meine Vorbereitung auf ein
entspanntes Leben im Alter

GOLDMANN

Verlagsgruppe Random House FSC® N001967

1. Auflage
Originalausgabe April 2020
Copyright © 2020 by Wilhelm Goldmann Verlag, München, in der
Verlagsgruppe Random House GmbH, Neumarkter Str. 28, 81673 München
Umschlaggestaltung: UNO Werbeagentur, München
Umschlagfoto: privat
Redaktion: Antje Steinhäuser
Satz: Vornehm Mediengestaltung GmbH, München
KF · Herstellung: kw
Druck und Einband: GGP Media GmbH, Pößneck
Printed in Germany
ISBN: 978-3-442-14240-8
www.goldmann-verlag.de

Besuchen Sie den Goldmann Verlag im Netz

»Liebe Omama, sei nicht traurig,
wir werden alle alt.«

MEIN ENKELSOHN GERO
MIT ELF JAHREN

Inhalt

I. »Neu ist das alles nicht mehr!« 13

So weit ist es jetzt – Ich bin alt 18

Mittagsschläfchen und Greifstock 20

Gesundheitstipps aus der Apotheken Umschau 22

Der Schock sitzt tief 24

Früher war alles besser 27

Ich habe keine Zukunft mehr 30

Mein letzter Plan 31

2. »Da sind doch nur alte Leute!« 37

Altersdiskriminierung – und niemand beschwert sich? 40

Die tolle Oma liest lieber ein gutes Buch 41

Kein Aufschrei wegen Altersdiskriminierung 45

Essen ist der Sex des Alters? 46

Wir sind Oma! 47

Oma benutzt Skype – süß! 48

Die coole Oma 49

Pfeifen sie noch oder pfeifen sie nicht mehr? 51

Statt Schönheit: Authentizität und Charisma 54

Nur Ausnahmealte sind gute Alte 55

Meine Empfehlung 57

3. Erfolgreich und kostengünstig altern 59

Was haben Sie denn bloß mit Ihrem Körper gemacht? 60

Nie wieder Krankenhaus! 61

Gemüse und Optimismus 63

Ich bin gesund genug 64

Ich kenne einen großartigen Osteopathen 65

Mein innerer Schweinehund will sich nicht überwinden . . . 66

Sterben wir jetzt alle an Einsamkeit?   68

Armut und Schicksalsschläge machen einsam   72

Erfolgreich altern als Lebensaufgabe?   73

Blaue Zonen oder der Zwang, glücklich zu altern   75

Erfolgreiches Altern – ökonomisch sinnvoll?   77

Meine Empfehlung   78

4. »Mami, ich will nicht, dass du stirbst!«   83

Überalterung und Pflegenotstand!   83

Mutter, wann stirbst du endlich?   85

Wir schulden unseren Eltern nichts?   87

»Ich kann dich nicht waschen!«   89

Bring mich nie in ein Heim!   94

Zu große Nähe kann schwierig werden   96

Wenn wir alten Eltern »schwierig« werden   98

»Meine Kinder müssen finanziell nicht für mich sorgen!« .   100

»Bitte schreib alles genau auf«   101

Wer wird mich denn nun pflegen?   103

Vor der Pflege kommt der Kampf um den Pflegegrad   105

»Jetzt hören Sie mir doch erst mal zu!«   110

Der Kampf um die Schwerbehinderung   113

»Was, Sie haben Pflegegrad 5? Toll!«   114

Das neue Vorsorgemodell: Unser Lebens-Bonusheft   116

Meine Empfehlung   118

5. »Das hat der Gesetzgeber nicht vorgesehen!«   119

Wo gibt es Hilfe für mich?   120

Welcher Fritzstock steht mir zu?   123

Hilfsmittel sind unser ästhetischer Tod   125

Die maßgefertigte Zumutung   127

Jetzt auch noch ein Rollator!   130

Augen auf bei der Wahl der Krankenkasse   136

Meine Rechte als Patientin   137

Es darf niemals bequem sein   138

Was die Krankenkasse nicht zahlt   139

Rollator-Training bei der BVG   141

Sockenanziehhilfe und Badewannenlift   143

Meine Empfehlung   146

6. Nicht einfach mit dem Alterswohnsitz   149

Pflegeheime – ein Milliardengeschäft   151

Ein Häuschen am Meer in Pondicherry   152

Reise durch Berliner Seniorenresidenzen   154

Alters-Wohngemeinschaft mit Prinzipien   160

Alterswohnen à la carte? – Ein frommer Wunsch   163

Kulturvorträge und Leipziger Allerlei   166

Auszug und Umzug sind viel zu teuer!   169

Die graue Wohnungsnot für uns Alte   171

Die schönen Alters-Modelle gut situierter Ruheständler . . .   172

Ab sechzig wird es höchste Zeit!   174

Meine Alten-WG über den Flur   176

Meine Empfehlung   179

7. »Sie sind doch kein Demenztyp!«   181

»Wissen Sie, welcher Tag heute ist?«   184

Was kann ich jetzt noch gegen Demenz tun?   188

Welches Demenzheim für mich?   193

»Auf Wiedersehen, gnädige Frau!«   195

»Dumme Pute!«   199

Bitte keine gut gemeinte Bespaßung!   204

Brief an meine Pflegerin oder Biografie im Passformat   206

Die ultimative Prävention: Champagner gegen Demenz . . .   207

Meine Empfehlung   209

8. Mein Wille geschehe 211

Wie muss eine Patientenverfügung aussehen? 214
Wann gilt die Patientenverfügung? 217
Die Familie einbinden 218
Wo sollte die Verfügung aufbewahrt sein? 219
Erstinformation für Ärzte oder Rettungssanitäter 220
Vorsorgevollmacht – Betreuungsverfügung – Bankvollmacht 221
Das Testament 225
Was muss unmittelbar nach meinem Tod getan werden? ... 227
Wo um alles in der Welt ist der Mietvertrag? 228
Mein digitales Erbe 230
Meine Empfehlung 231

9. Wer will das 24-teilige Service mit Goldrand? 233

Death Cleaning nach Frau Magnusson 235
Nicht Aufräumen – Abschied nehmen! 238
Vor dem Tod noch eine Freude machen 242
Tupperparty oder Internet-Trödelmarkt? 249
Und die Liebesbriefe? 250
Was wird mit meinen Büchern? 252
Meine Empfehlung 257

10. Friedhof, Charité oder Diamant? 259

»Ich stelle mir den Tod erholsam vor« 260
Schnell und schmerzlos sterben? 261
Bekomme ich einen Platz in einem Hospiz? 264
Meine Lebensverfügung 266
Finde ich Ärzte, denen ich vertrauen kann? 269
Der neue Trend: Erfolgreich sterben 272
Kann ich mich auf mein Lebensende vorbereiten? 273
Friedhof, Charité oder Diamant? 275
Sarg-Club, Liquid DNA oder Urnen-Saatbombe? 278

Oder doch eine Feuerbestattung?   281

Bestattungsgesetze verhindern die Wunschbestattung   285

Und welcher Friedhof?   288

Hipsterisierung der Bestattung?   290

Die virtuelle Bestattung oder R. I. P. – Rest in Pixeln   292

Meine persönliche Bestattungs-Choreografie   293

Eine »Ende-des-Lebens-Tour«?   298

Meine Empfehlung   298

Nachwort   301

Danksagung   303

1. »Neu ist das alles nicht mehr!«

»Neu ist das alles nicht mehr«, sagt der Orthopäde mit kritischem Blick auf die Röntgenbilder meines linken Fußes. »Viele Optionen haben wir da nicht.« Wir? Er lehnt sich entspannt zurück. Für ein neues Sprunggelenk sei es jetzt zu spät. Es gäbe nichts mehr, woran er das neue Sprunggelenk befestigen könne. »Im Prinzip sind gelenkerhaltende Operationen kein Problem. Hüfte ist das Einfachste, das macht inzwischen meistens der Pförtner.« Er lacht fröhlich. »Das war natürlich nicht ernst gemeint«, fügt er hinzu, als er merkt, dass sein Witz bei mir nicht wirklich ankommt. »Knie ist schon ein bisschen heikler, vor allem bei älteren Leuten.« So wie Sie, sagt sein Blick. »Aber meistens funktioniert es«, beeilt er sich hinterherzuschicken, als er mein entsetztes Gesicht sieht. »Danach ein bisschen Reha, intensiv üben und bewegen, dann wird das in den meisten Fällen wieder.«

»Sie haben eben gesagt, beim Knie sei es mit ein bisschen Reha nach ein paar Wochen wieder in Ordnung?«, frage ich besorgt. »Und was ist nun mit meinem Fußgelenk? Es gibt doch die Möglichkeit, ein künstliches Fußgelenk einzusetzen, oder?«

Er runzelt die Stirn. »Ja, aber ein Fußgelenk ist schon eine ganz andere Geschichte. Ein neues Fußgelenk geht

bei Ihnen nicht mehr, das sagte ich bereits. Das obere Fußgelenk ist kaputt, das untere auch. Bei Ihnen könnten wir
nur versteifen«, fährt er fort.

Versteifen klingt furchtbar, aber ich hatte mich schon
im Internet intensiv über diese Prozedur schlaugemacht.
Das scheint kein so ganz großes Problem zu sein. Auch
junge Leute lassen das machen, erzählt ein vergnügter
junger Mann in Sportkleidung im Fußversteifungs-Video.
»Ich kann auch wieder jeden Sport treiben. Ich jogge jeden
Tag zehn Kilometer und mache auch andere Sportarten.«
Das klingt gut. »Nur mit dem Skateboarden geht es nicht
mehr so richtig«, sagt der junge Mann im Video mit leich-
tem Bedauern. Ich könnte auf das Skateboarden nach der
Versteifung gut verzichten, zumal ich nie damit angefangen habe.

Das mit dem Versteifen könne er natürlich machen,
fährt der Orthopäde fort, »aber«, er macht eine Pause,
»wenn ich das mal so sagen darf, Sie sind ja auch nicht
mehr die Jüngste, das ist eine ziemlich aufwendige Prozedur. Hinterher müssen Sie mehrere Monate im Rollstuhl
sitzen. Danach erst mal Reha und dann langsam, langsam
wieder das Gehen üben. Ich sage Ihnen ganz ehrlich, die
meisten in Ihrem Alter werden mit so einer Fußgelenkversteifung nicht richtig froh.«

Der Fußspezialist greift nach dem Fußskelett auf seinem
Schreibtisch und hebt an zu längeren Ausführungen über
die Feinheiten der Fußgelenkchirurgie. Das hat er schon
oft erzählt, merkt man, und ich habe den Eindruck, dass
er wirklich gern über Fußgelenke spricht. Sie liegen ihm
am Herzen. Er holt tief Luft und beginnt, mir minutiös

zu erklären, wie diese Operation vor sich geht. Ich unterbreche ihn schnell. Vielen Dank, aber ich habe mir bereits Videos über Fußgelenkversteifungen im Internet angesehen, lasse ich ihn wissen. Entsetzlich, wenn man sieht, welchen riesigen Bohrer der Orthopäde benutzt und wie er sich mit seinem ganzen Gewicht auf den Patienten stützt, um die Schrauben fest anzuziehen. Mit dem angewiderten Gesicht, das Ärzte immer dann bekommen, wenn unmündige, alte Patienten sich im Internet Informationen geholt haben, wehrt er das ab. »Ach Gott, das Internet, da bekommen Sie doch nie fundierte Informationen. Das macht Sie nur verrückt, das lassen Sie lieber mal.« Ich will mich nicht mit ihm streiten, obwohl ich ihn darauf hinweisen könnte, dass das von mir angesehene Video vom Chefarzt einer renommierten Universitätsklinik stammt.

Aber dann kommt er endlich zum Schlimmsten. Nicht die Operation sei das Problem, sondern die Nachbehandlung. »Hinterher sitzen Sie mindestens drei Monate im Rollstuhl, in vielen Fällen eher sechs bis neun Monate, danach muss man sehen, wie es verheilt. Dann stationäre Reha für ein paar Wochen, dann weiter ambulante Reha. Aber Sie müssen wissen, dass es – vor allem in Ihrem Alter, wenn ich das mal sagen darf – (ich bringe ihn um, wenn er noch ein einziges Mal ›Wenn ich das mal sagen darf‹ sagt) manchmal mit der Fußgelenkoperation nicht optimal klappt und es muss nachoperiert werden. Aber machen kann man alles.« Er guckt mich erwartungsvoll an. Vermutlich wartet er auf meinen Startschuss zur Operation. Als der nicht kommt, weil ich diese schrecklichen Nachrichten erst mal verdauen muss, ist sein ärztliches Interesse an mir erloschen. Er hat keine Informationen mehr, die er mir anbieten könnte, nachdem ich seine Fußgelenkerklärung abgelehnt habe und noch nicht bereit zu sein scheine für eine Operation.

Aber ich gebe noch nicht auf. Was er mir denn empfehlen könne, ich kann doch nicht dauerhaft so gehbehindert sein?

Er könne mir einen orthopädischen Maßschuh verschreiben, mit dem würde das Gehen dann viel leichter. Orthopädischer Maßschuh?

»So ein Klumpfußschuh?«, frage ich entsetzt. Okay, das ist jetzt politisch nicht korrekt, aber das ist das Erste, was mir spontan dazu einfällt.

Der nette Orthopäde kichert, er findet es gut, dass ich nicht politisch korrekt bin. »Ein orthopädischer Maßschuh klingt erst einmal nicht gut«, räumt er ein. »Ich weiß, aber es geht sich damit sehr viel besser.«

Was nicht stimmt, wie ich noch feststellen werde.

»Wenn Sie ins Theater gehen wollen, dann ziehen Sie eben Ihre Ballerinas an und schlucken vorher ein paar Schmerztabletten.« Ansonsten empfiehlt er gegen die Dauerentzündung in den Fußgelenken Quarkumschläge. Er grinst. »Sagen Sie das bitte nicht weiter.«

»Was?«, frage ich.

»Das mit dem Quarkumschlag. Aber es hilft wirklich. Auch Weihrauchtabletten, also Boswellia serrata, helfen. Sie haben doch erzählt, dass Sie gern nach Indien fahren. Da bekommt man wirklich gute Weihrauchtabletten.« Unglücklich denke ich darüber nach, wie meine schönen schwarzen Kleider und farbenfrohen Pashminas mit einem Klumpfußschuh als Accessoire aussehen werden. Aber wenn ich damit weniger Schmerzen hätte? Seine Zeit drängt, die nächsten Patienten warten im Sprechzimmer. Ein Blick auf die Uhr, dann lehnt er sich zurück und sagt das, womit sich Ärzte immer aus der Affäre ziehen: »Denken Sie in Ruhe darüber nach. (Aber bitte nicht auf dem Stuhl vor meinem Schreibtisch.) Entscheiden müssen Sie selbst.«

Frustriert humpele ich die Eingangstreppen hinunter. Warum sind Orthopädiepraxen so oft nur über Treppen zu erreichen? Im nächsten Zeitungsladen kaufe ich mir ein Magnum Mandel mit weißer Schokolade. Neun Monate im Rollstuhl mit der Aussicht, die Operation eventuell wiederholen zu müssen, ist selbst für eine Bewegungsfeindin wie mich erschreckend. Aber wenn dann die Schmerzen wieder weg wären? Könnte ich nicht auch mit kaputtem Fußgelenk und Klumpfußschuh weiterleben? Und dazu starke Schmerztabletten?

Meine Entscheidung fällt am Abend, als mein Nachbar aus der vierten Etage mit Susi an der Tür steht. Susi ist drei und liebt Katzen, daher kommt sie ab und zu zum Katzenstreicheln zu mir. Während sie vergeblich versucht, Giacometti, meinen übergewichtigen mausgrauen British-Shorthair-Kater, zu fangen, fragt mein Nachbar, was denn mit meinem Fuß los sei. Ich erzähle ihm alles, und, wie so oft, hat er auch etwas zum Thema beizutragen. Sein Vater, nur ein paar Jahre älter als ich, hatte auch Arthrose in einem Fußgelenk. Nach der Operation, also nach dem Versteifen, konnte er ein Jahr nur mit einem Rollstuhl bewegt werden. Die Mutter des Nachbarn hatte viel damit zu tun, dem Vater aufs Klo oder ins Bett zu helfen. Anders als ich ist der Vater schlank und leicht. Es wird noch schlimmer: Jetzt kann sein Vater zwar wieder gehen, aber er hat Schwierigkeiten, weil er ab und zu einfach nach vorne kippt. »Mein Vater würde Ihnen sofort davon abraten«, sagt mein Nachbar. Ich will mir gar nicht vorstellen, was ich alles organisieren müsste, wenn ich ein halbes oder ein ganzes Jahr mein Leben im Rollstuhl verbringen müsste. Ich habe ja nicht mal einen Ehemann, der mich ins Bett heben könnte!

So weit ist es jetzt – Ich bin alt

Missmutig meinen Prosecco mit Aperol schlürfend sitze ich beim Italiener gegenüber meiner Wohnung. Der Spruch des Fußgelenkspezialisten hat mich nachdenklich gemacht. Er hat recht, an mir ist nichts mehr neu, sondern alles ist vom Verfall oder dem natürlichen Alterungsprozess gekennzeichnet. Sein Satz »In Ihrem Alter lohnt sich das eigentlich nicht mehr!« macht mich unglücklich. Das geht ja weit über meinen kaputten Fuß hinaus.

Es ist also so weit, ich bin jetzt alt. Ich bin fünfundsiebzig Jahre, habe ein zerstörtes Fußgelenk, eine Spinalkanalstenose und eine Hüftarthrose. Jetzt kam noch eine Makuladegeneration im linken Auge hinzu. Nichts ist mehr neu, und nichts wird sich regenerieren. Alt sein bedeutet, dass Sprüche wie »Wenn man älter wird ...« auf mich nicht mehr zutreffen. Ich werde nicht alt, ich bin eindeutig alt.

Ich fühle mich zwar nicht richtig alt, aber auch das ist ein typisches Zeichen des Alters. Wie oft denke ich erstaunt, wenn ich Politiker oder Schauspieler im Fernsehen sehe, die schon siebzig oder sogar älter sind, dass so alte Menschen doch nun wirklich abtreten und ihren wohlverdienten Ruhestand, wie es immer heißt, genießen sollten. Besonders bei Politikern vertrete ich schon lange die Meinung, dass wir die Politik den Vierzigjährigen überlassen sollten. Die sind zwar auch nicht viel klüger, aber zumindest müssen sie aus Eigeninteresse die Folgen ihrer Entscheidungen bedenken. Denn sie und ihre Kinder werden diese Folgen tragen müssen. Das macht sie vielleicht vorsichtiger. Bei den über Siebzigjährigen frage ich mich oft, weshalb so alte Menschen noch Entscheidungen treffen dürfen, deren Konsequenzen sie gar nicht mehr erleben werden. Ich wundere mich auch, dass diese alten Menschen nicht von ihren Funktionen zurücktreten wollen, obwohl es doch einfach nicht mehr ihre Zeit ist. Präsident Trump ist bereits dreiundsiebzig, also jünger als ich, und ich frage mich, warum dieser ungesund aussehende, übergewichtige alte Mann sich diesen Job noch aufhalst. In dem Alter! Gut, das Alter ist nicht das Schlimmste an Trump. Unser ehemaliger Finanzminister Schäuble ist sogar noch älter, siebenundsiebzig Jahre. Warum tut er sich diese oft langweiligen Parlamentsdebatten noch an? Warum genießt er nicht seine Pension?

Ich merke, dass auch ich einen negativen Blick auf alte Menschen habe: Ich traue anderen Alten nicht mehr viel zu. Entweder ist es erstaunlich, dass sie überhaupt noch etwas tun können, oder ich halte sie nicht mehr für voll funktionsfähig, glaube, dass sie sich aus dem aktiven Leben zurückziehen und schonen sollten. Nur bei mir selbst sehe ich das natürlich ganz anders: Ich selbst fühle mich der Altersgruppe, die zu alt für vieles ist, noch nicht wirklich zugehörig. Gefühlt hat sich bei mir noch nicht viel verändert. Aber ich weiß, dass ich alt bin, fünfundsiebzig ist eindeutig alt. Die Beteuerungen, dass ich für mein Alter noch ganz gut aussähe, zeigen nur, dass Frauen eigentlich mit fünfundsiebzig scheußlich aussehen müssten. Alte Menschen, besonders Frauen, sind hässlich. Andererseits ist das auch eine komfortable Position: Gemessen daran, wie hässlich ich inzwischen eigentlich sein müsste, sehe ich noch ganz gut aus.

Mittagsschläfchen und Greifstock

Auch wenn ich es nicht wahrhaben will, merke ich mein Alter täglich. Ich brauche mehr Ruhe, ich schlafe früher ein, mir werden Besuche oft zu viel. Manchmal halte ich sogar ein Mittagsschläfchen – für mich immer der Inbegriff des Spießigen. Ich finde es in vielen Restaurants zu laut und bitte die Kellner, die Musik etwas leiser zu stellen, was mir selten Freunde einbringt. Mich strengen große Menschenmengen an, und Unterhaltungen, bei denen alle durcheinandersprechen, finde ich ermüdend, selbst wenn ich zu dem Durcheinander beigetragen habe. Mit dem Gehen ist es inzwischen richtig schwierig, sogar in meiner kleinen Wohnung tut jeder Weg in die Küche oder das Bad weh. Wege zum Supermarkt und zur Bibliothek werden genau überlegt. Schaffe ich das heute?

Es fällt mir schwer, mich zu bücken und unter meinen großen Schreibtisch zu kriechen, um das gelbe Noppenbällchen herauszuholen, das Basquiat, mein schokoladenbrauner British-Shorthair-Kater, dorthin gerollt hat. Natürlich muss ich das nicht, soll er den Ball doch selbst holen. Das habe ich ihm auch gesagt. Aber wenn er erwartungsvoll neben meinem Schreibtischstuhl sitzt und mich mit seinen orangefarbenen Augen fixiert, dann kann ich nicht anders. Ich muss unter den Schreibtisch kriechen und das Noppenbällchen holen. Denn es ist meine Aufgabe, das Bällchen weit wegzuwerfen, damit er es apportiert und mir wieder zu Füßen legt. Oder eben wieder in die hinterste Ecke unter dem Schreibtisch rollt. Dieses Spiel hat mir noch im letzten Jahr viel Spaß gemacht, auch wenn es durchaus beim Schreiben stören kann. Aber Basquiat hat die unangenehme Angewohnheit, seine scharfen Krallen in meine Hüfte zu schlagen, wenn ich nicht reagiere und das Spielzeug hole. Ich muss also reagieren. Jetzt habe ich mir einen Greifstock gekauft, ein scheußliches Ungetüm aus Plastik, schwarz mit grünem Griff, mit dem ich sowohl unter dem Schreibtisch als auch oben im Schrank alles herausziehen kann. Wenn ich damit nach dem Noppenbällchen angele, betrachtet Basquiat mich belustigt. Ich bin nicht belustigt.

Obwohl, es gibt einen jungen Menschen, den mein Greifstock freut: Gero, meinen elfjährigen Enkel. Als er mich besuchte, hat er sogar mit dem Greifstock neben sich geschlafen. Er hat auch versucht, sein Leberwurstbrot mit dem Greifstock zum Mund zu führen, aber das ging daneben.

Gesundheitstipps aus der Apotheken Umschau

Mein Alter merke ich auch daran, dass ich inzwischen sogar die Apotheken Umschau lese. Wenn dort steht, dass Kaffee nicht gesund sei für uns Alte, dann bemühe ich mich zumindest ein paar Tage lang, morgens Früchtetee zu trinken, was mich wirklich Überwindung kostet. Nie hätte ich mir als junge Frau Gedanken über Gesundheit gemacht – auch das fand ich spießig –, aber plötzlich wird Gesundheit wichtig. Ich ertappe mich dabei, dass ich die Apotheken Umschau schnell einstecke – ich hoffe, dass das niemand sieht – und sie zu Hause sorgfältig durchlese. Ich suche nach Lebensmitteln oder Ratschlägen über Verhaltensweisen, die gesund oder vielleicht sogar lebensverlängernd sind. Je älter ich werde, desto eher befolge ich Ratschläge in Zeitschriften, denen wir in den Wartezimmern von Ärzten ausgesetzt sind. Seitdem ich alt bin, muss ich immer öfter dort sitzen, und meistens ist die Wartezeit so lang, dass ich voller Verzweiflung sogar Zeitschriften wie Vital oder Welt der Frau von vorne bis hinten durchlese und dort Gesundheitsempfehlungen begegne, die als redaktionelle Beiträge getarnt, aber tatsächlich nur Werbeanzeigen sind von Firmen, die Lebertabletten, Verdauungsoptimierer oder Nahrungszusatzpulver verkaufen wollen. Ich weiß, dass das alles nur Werbung ist, aber sie ist oft verführerisch, weil ich – vielleicht altersbedingt – noch im letzten Moment etwas Gesundes für meinen Körper tun will. Wenn ich meinen Arzt befrage, ob diese Mittelchen sinnvoll seien, dann lacht er nur. Das kann er, denn er ist erst vierundvierzig Jahre alt. Er wird schon noch darauf kommen, dass man sich als alter Mensch an den letzten Strohhalm (natürlich aus Pappe) klammert, der einem in Form einer Werbeanzeige für Herzkräftigungstabletten angeboten wird.

Manchmal zwinge ich mich inzwischen, Dinge zu essen, die angeblich für uns alte Menschen gesund sein sollen. Ich mag Kiwis überhaupt nicht, aber aus Gesundheits- und Altersgründen versuche ich seit einiger Zeit, jeden Tag eine Kiwi zu essen, weil in der Apotheken Umschau stand, dass Kiwis gesund sein sollen. Allerdings bin ich der Meinung, dass Kiwis eigentlich nicht für den menschlichen Verzehr geeignet sind und es den Neuseeländern nur mit einer cleveren Marketingkampagne gelungen ist, uns Europäer glauben zu lassen, dieses Obst sei auch für Menschen gesund. Dass ich auf solche Versprechungen hereinfalle, zeigt, dass ich wirklich alt bin, obwohl fünfundsiebzig eigentlich zu spät ist, um mit Lebensmitteln, die nicht gut schmecken, meine Gesundheit anzukurbeln. Überhaupt weiß ich bei diesen vielen Gesundheitsratschlägen nicht, was sie eigentlich bewirken sollen: Sollen wir uns besser fühlen, gesund sterben oder länger leben? Aber wenn ich dauernd etwas essen und tun muss, das ich nicht gern esse oder tue, dann lohnt es sich doch eigentlich nicht, länger zu leben?

Der Schock sitzt tief

Auch wenn ich versuche, mit heiteren Anekdoten über meine Altersdefizite anderen Menschen Vergnügen zu bereiten, sitzt der Schock über die lockere Bemerkung des Fußspezialisten tief. Mich beschleicht Angst. Ich merke an nachlassenden Fähigkeiten, aber auch an veränderten Verhaltensweisen und Gefühlen, dass ich alt bin. Ich registriere jedes kleine Anzeichen meines körperlichen Verfalls. Ich kann das Gurkenglas nicht mehr aufschrauben, mir fehlt die Kraft. Wenn ich auf dem Bahnhof eine Flasche Mineralwasser für die Fahrt kaufe, freue ich mich, wenn die junge türkischstämmige Bedienung mir die Flasche gleich aufschraubt. »Meine Eltern schaffen das auch nicht mehr«, sagt sie fröhlich. »Ich helfe älteren Menschen gern dabei, aber ich muss auch aufpassen, manche werden böse, wenn ich sie so etwas frage.«

Nein, ich werde nicht böse, im Gegenteil, ich bin ihr dankbar. Vor ein paar Wochen kam ich nur mit Mühe wieder aus der Badewanne heraus. Ich hatte das Wasser mit einem wunderbaren pflegenden Öl angereichert und dort bei schöner Musik und einem Buch entspannt. Als ich aus der Wanne steigen wollte, musste ich feststellen, dass sich ein öliger Film auf dem Badewannenboden gebildet hatte, der mich hin und her rutschen ließ wie einen gestrandeten Wal. Ich geriet in Panik. Ich stellte mir vor, dass mich meine Putzfrau nach drei Tagen müde und ausgekühlt auffinden würde. Oder dass meine Schreie die Nachbarn aufschrecken würden, die mich dann nackt und nass in die Freiheit ziehen müssten. Verzweiflung verleiht Kräfte. Nach langen vergeblichen Versuchen, mich mit der Kraft meiner Arme herauszuziehen, gelang es mir schließlich, mit Hilfe mehrerer Handtücher, die ich aus dem Regal zerren konnte, eine stabile Unterlage zu schaffen, auf der ich mich dann erheben konnte. Jetzt liegt vorsichtshalber eine knallrote Gummimatte mit dicken Noppen in der Badewanne.

Gerlinde will mich beruhigen.

»Wir sind doch die jungen Alten, das haben Gerontologen herausgefunden. Erst über neunzig gehören wir zu den richtig Alten«, sagt sie tröstend.

Diese Einteilung mag für Forschungszwecke von Gerontologen nützlich sein, an meiner Befindlichkeit ändert sich dadurch nichts. Ob ich nun zu den jungen Alten (bis fünfundsechzig Jahre), den mittleren Alten (fünfundsechzig bis achtzig Jahre) oder den Hochbetagten oder Hochaltrigen (ab achtzig Jahren) gehören soll, ich spüre mit fünfundsiebzig täglich, dass Alter mit dem Verlust vieler Fähigkeiten verbunden ist. Was früher ging, geht jetzt nicht mehr. Das, was an meinem Körper nicht mehr neu ist, das regeneriert sich auch nicht mehr. Da wächst nichts mehr nach, das bleibt alles so oder wird sogar noch weniger, noch schwächer, noch schmerzhafter. Es geht nicht nur um die Schmerzen, dagegen gibt es Schmerzmittel. Es geht vor allem um das, was ich nicht mehr kann, was für mich nicht mehr möglich ist. Die physischen Einschränkungen, die durch die Erosion meines Bewegungsapparates bedingt sind, hindern mich an vielem. Das Gehen wird immer schwieriger. Nicht, dass ich vorher eine begeisterte Spaziergängerin gewesen wäre. Aber so gar nicht gehen zu können, ist auch nicht schön.

Außerdem ist alles, was mir heute weh tut, was ich nicht mehr kann, ein Symptom meines endgültigen körperlichen Verfalls, ein Vorbote meines nahenden Todes. Ich hoffe nur, dass wenigstens meine kognitiven Fähigkeiten noch nicht in gleicher Weise abgebaut haben, obwohl ich mich manchmal nicht mehr an den Titel eines Films erinnere oder mir nicht einfällt, wie die Straße heißt, in der eine Freundin wohnt. Vielleicht ist das nicht nur eine normale Altersvergesslichkeit, sondern schon eine Vorstufe zu Alzheimer? Ein kognitiver Abbau macht mir mehr Angst als meine körperlichen Defizite.

Oft lese und höre ich von Menschen, die ihr Alter als die wunderbare Möglichkeit wahrnehmen, jetzt endlich alles tun zu können, was vorher nicht möglich war. Mit fünfundsechzig beschreiben Menschen die Freuden ihrer beginnenden Rentenzeit. Endlich frei, endlich Zeit für etwas Neues, Nachholen, was ein arbeitsreiches Leben verhindert hat. Aber zwischen fünfundsechzig und fünfundsiebzig besteht ein großer Unterschied. Mit fünfundsiebzig begreifen wir langsam, dass es nicht mehr um den ganz großen neuen Aufbruch geht, sondern allenfalls darum, wie ich die Zeit bis zum Tod für mich so angenehm wie möglich gestalte. Sicher, mit fünfundsiebzig können wir zwar immer noch viel Neues unternehmen, wenn es unsere Gesundheit und vor allem unsere Finanzen erlauben. Aber seitdem ich die siebzig hinter mir gelassen habe, denke ich immer öfter an mein Ende. Ich bilanziere, denke an mein Leben zurück, an die schönen Zeiten, an das, was ich versäumt habe, und an die Fehler, die ich gemacht habe. Ich fange allmählich an, mich vom Leben zu verabschieden.

Früher war alles besser

Zu dem langsamen Abbau gehört es auch, dass nicht nur meine Knochen alt und morsch werden, sondern auch mein Verhalten und Denken sich verändern – nicht immer unbedingt zum Besseren. Es gibt ein untrügliches Anzeichen für fortgeschrittenes Alter, das ich leider auch bei mir entdeckt habe: Wenn wir feststellen, dass früher alles besser war, dann sind wir alt. Die heutige Jugend interessiere sich nur noch für iPhones, Facebook, Instagram und Klamotten, die sie einer sechzehnjährigen Influencerin abgeguckt hat, sagt meine Freundin Tamara. Ich kritisiere die heutige Jugend nicht, vor allem, weil ich iPhone und Facebook selbst interessant finde. »Politisch sind sie völlig desinteressiert«, sagt sie noch, was, wie wir wissen, nicht stimmt, wenn man die vielen Klimademonstrationen sieht.

Ich fürchte, dass wir die Jugend von heute vor allem kritisieren, weil sie sich für etwas anderes interessiert als wir damals; und weil wir das, was wir damals gemacht haben, fabelhaft fanden, kann das, was junge Menschen heute machen, nur weniger gut sein. Leider entdecke ich dieses Altersmerkmal auch manchmal bei mir. Wir haben damals – freiwillig! – Kapitalkurse besucht, um Karl Marx wirklich zu verstehen. Haben Adorno gelesen und uns Diskussionsschlachten über die Strategien zur Befreiung der Welt vom Imperialismus geliefert. Gut, so richtig erfolgreich waren wir nicht, aber es ging uns um etwas Wichtiges. Dass es dabei literweise billigen Rotwein und auch das ein oder andere Liebesverhältnis gab, erwähnen wir nicht immer, weil das den Anschein unseres selbstlosen Engagements trüben könnte.

Ich glaube, dass unsere Bewertungen der Jugend von heute oft eine beleidigte Reaktion darauf sind, dass sie sich für das, wofür wir uns damals begeistert haben, einfach nicht interessiert. Es kränkt uns, wenn es den jungen Leuten vollkommen gleichgültig ist, dass wir in Wohngemeinschaften wohnten, um gegen das kleinbürgerliche Familienidyll zu protestieren, dass es bei Partys mit Rotwein – Roter Adler für 1 Mark 90 die Zweiliterflasche – und politischen Diskussionen heiß herging und dass wir bei der Demo damals – weißt du noch? – von dem Wasserwerfer nass gespritzt wurden, der auch Rudi Dutschke getroffen hatte.

Auch in anderen Bereichen war angeblich früher alles besser. Früher, sagt meine Freundin Gudrun, gab es beim Rundfunk noch Redakteure, die wirklich etwas von Literatur verstanden. Und »früher wollten die Kinder noch etwas lernen, aber heute …«, sagt Ayse, die Lehrerin ist. Auch als Eltern waren wir besser. »Früher«, sagt meine Freundin Ursula, »haben wir mit den Kindern nach dem Abendessen gemeinsam Mensch-ärgere-Dich-nicht gespielt oder ihnen vorgelesen.« »Heute«, klagt sie – und wenn das kommt, wissen wir, dass es heute viel schlechter ist –, »sitzen die Kinder nur vor dem Fernseher oder hören auf ihrem iPhone Musik über Spotify, oder sie haben sogar – ganz schlimm – einen eigenen Fernseher im Zimmer.« Ich selbst bedauere, dass die Jugend heute nicht mehr so viel liest. Ich hatte schon mit dreizehn den ganzen Shakespeare gelesen. Aber meine Kinder gähnen nur, wenn ich immer wieder davon erzähle. Tatsächlich war früher nicht alles besser, nur waren wir jung und hielten uns für unendlich wichtig. Wir schauen auf etwas zurück, das uns – wenn wir Glück hatten – in unserer Jugend Freude gemacht hat, und können das, was Jugendlichen heute Freude macht, oft nicht nachvollziehen.

Auch emotional verändere ich mich: Ich werde sentimental. Die Literaturwissenschaftlerin Silvia Bovenschen hat schon vor Jahren in ihrem wunderbaren Buch »Älter werden« beschrieben, wie man sich beim Älterwerden plötzlich dabei ertappt, Tierfilme im Fernsehen anzuschauen. Das stimmt. Habe ich früher jeden Menschen spießig gefunden, der sich Tierfilme ansieht und bei der Ankündigung einer Tier-Dokumentation umgehend umgeschaltet, schaue ich heute geduldig Krokodilen in den Everglades zu. Aber es kann immer noch schlimmer kommen: Auf Facebook sehe ich mir mehrmals hintereinander einen Clip an, in dem große, muskulöse US-Cops, die man ansonsten eher aufgrund ihrer Schießbereitschaft gegenüber schwarzen Amerikanern kennt, sich flach auf die Straße legen, um geduldig sieben Entenküken aus einem Gully zu retten und sie vorsichtig auf die andere Straßenseite zur Mutterente zu bringen. Vor ein paar Tagen habe ich sogar mit gerührtem Lächeln den Schluckauf unserer neu geborenen Pandabärchen beobachtet.

Ich habe keine Zukunft mehr

Was ist so schlimm daran, alt zu sein? Im Spiegel werde ich mir fremd, wie Carl Amery in »Über das Altern: Revolte und Resignation« schreibt, ich erkenne mich selbst nicht mehr. Es ist die Erkenntnis, dass ich keine Zukunft mehr habe, die mich traurig macht. Ich bin nicht mehr unsterblich. Das, was ich bis jetzt in meinem Leben erlebt habe, das war alles. Mehr kommt nicht. Ich kann nicht mehr davon träumen, dass ich für zwei Jahre in Indien wohne oder eine lange Reise zu allen Literaturfestivals mache, die ich im Leben gern besucht hätte. Ich werde wohl nicht einmal mehr das internationale Literaturfestival in Jaipur besuchen. Ich werde keine neue Sprache mehr lernen. Und eine große Liebe wird auch nicht mehr kommen. Vielleicht ist dieses Buch sogar mein letztes. Nein, das ist keine Depression, das ist eine realistische Einschätzung meiner Möglichkeiten. Ich werde noch vieles tun könne, was mir Spaß macht, aber die ganz großen Projekte werden nicht mehr gelingen. Noch schlimmer, ich habe auch keine große Motivation mehr, sie zu beginnen. Als ich jung war, habe ich mir keine Gedanken darüber gemacht, was ich im Leben noch alles erleben könnte. Nie dachte ich daran, dass auch meine Zeit endlich sein würde. Ich bin spontan nach Kairo geflogen und habe dort zwei Jahre gelebt, mit dreißig habe ich angefangen zu studieren, mich mit fünfzig erfolgreich selbständig gemacht. Selbst die psychische Krankheit meiner jüngsten Tochter hat mir eine weitere späte Karriere gebracht: Meine Bücher werden auch sechs Jahre nach Erscheinen gern gelesen, und ich werde zu vielen Vorträgen und Lesungen eingeladen. Aber dieses Gefühl, noch unendlich viel Zeit zu haben, ist nicht mehr da. Ich beginne, darüber nachzudenken, was noch möglich ist.

Oft wird es als Vorteil des Alters gepriesen, dass man sich auf das Wesentliche konzentriert, dass man wirklich nur das tut, was wichtig ist. Ich finde das schade. Die vielen produktiven und unproduktiven Umwege, die mir manchmal Freude bereitet und manchmal nur zu mehr Erkenntnis verholfen haben, waren es, die das Leben lebenswert machten. Das Gefühl, noch alles tun zu können, noch unendlich viel Zeit zu haben, alles ausprobieren zu können, noch den interessantesten Dingen nachgehen zu können, dieses Gefühl ist nicht mehr da.

Aber es macht wenig Sinn, mich zu bedauern. Stattdessen werde ich mit Freude auf die schönen Aspekte meines Lebens zurückblicken und die weniger schönen einfach vergessen. Es wird mir besser gehen, wenn ich meine jetzige Situation akzeptiere, mich auf das freue, was noch möglich ist, und das, was nicht mehr geht, einfach vergesse oder mir dabei Hilfe suche.

Mein letzter Plan

Um mich selbst zu motivieren, werde ich die letzten Jahre meines Lebens auf eine Weise planen, die mir so weit wie möglich die Kontrolle über mich und mein Leben lässt. Ich möchte nicht, dass in ein paar Jahren andere Menschen darüber bestimmen (müssen), was mit mir geschieht. Ich

habe weniger Angst vor dem Tod als vor dem Verlust an
Selbständigkeit und vor einer langen schweren Krankheit.
Was wäre das Schlimmste für mich? Ich habe große Angst
vor Schmerzen und vor Situationen, die ich nicht mehr in
meinem Sinne beeinflussen kann. Weitgehende Selbständigkeit ist für mich das Wichtigste.

Mein Versuch, mit Freundinnen darüber zu sprechen,
ist nicht immer erfolgreich. Die meisten scheuen davor
zurück, intensiv an das Lebensende zu denken. »Man kann
doch nicht alles planen«, sagt Ayse. »Ich will einfach nicht
über den Tod reden.« Wenn ich über Altersheime, Seniorenheime oder andere Wohnformen spreche, finden viele
das grundsätzlich richtig, wollen sich aber nicht damit beschäftigen. Meine Absicht, einen Demenztest machen zu
lassen, finden viele komisch oder originell.

Vielleicht will ich auch die letzte Zeit meines Lebens planen, weil ich erfahren habe, dass nichts so bleiben muss,
wie es ist. Die Erkrankung meiner Tochter vor zweiundzwanzig Jahren hat mein Leben tief erschüttert, von einem
Moment zum anderen war plötzlich nichts mehr so, wie
es vorher war. Lange Jahre haben mich ihre Krankheit und
deren Auswirkungen in Atem gehalten. Ich habe dieses
Grundvertrauen, dass schon alles in meinem Leben gut
werden wird, nicht mehr. Daher habe ich das Bedürfnis,
mich mit dem zu beschäftigen, was auf mich und auf
meine Kinder zukommen kann, und möglichst wenig dem
Zufall zu überlassen.

Viele Menschen haben dieses Bedürfnis nicht, weil sie
darauf vertrauen, dass alles in ihrem Leben gut laufen wird.
Mein Freund Thomas, der Mitte sechzig ist, lacht, als ich

von meinem Buchvorhaben spreche. Darum müsse man sich doch wirklich nicht kümmern, es sei doch klar, dass seine Frau sich um ihn kümmern werde, wenn es nötig sei oder er sich um sie. Er erzählt von Freunden im gleichen Alter, die ihre Dachgeschosswohnung verkauft hätten, um sich für das Alter eine Erdgeschosswohnung zu kaufen. »Wenn die nun nie Probleme mit dem Gehen bekommen, dann haben sie völlig umsonst die schönere Wohnung aufgegeben. So etwas würde ich nie tun.«

Auch die Horrorgeschichten, die uns von den Medien geliefert werden, können dazu beitragen, dass wir uns hilflos fühlen und nichts unternehmen. Armut im Alter, Pflegenotstand, entsetzliche Zustände in Altersheimen, Sedierung mit Neuroleptika oder Pfleger mit Todesspritzen machen Angst und lassen daran zweifeln, ob wir tatsächlich Einfluss darauf nehmen können, wie unsere letzten Jahre, Monate und Tage sein werden. Die Altersarmut steigt an, vor allem bei Frauen, sodass viele alte Menschen entweder bei der Tafel anstehen oder im Müll nach Essen suchen müssen, lesen wir. Auch für alte Menschen, deren Finanzen nicht ganz so knapp sind, kann eine plötzliche Krankheit im Alter zu großen Problemen führen. Diese Szenarien sind beunruhigend und können uns das Gefühl geben, hilflos zu sein. Alten Menschen ohne Internet wird es schwerfallen, sich die Informationen zu holen, die für unser Alter wichtig sind. Viele kennen auch ihre Rechte auf Unterstützung in Krankheitssituationen nicht oder wissen nicht, wie sie diese durchsetzen können. Immer noch haben viel zu wenige Menschen eine Patientenverfügung verfasst, die ihnen eine gewisse Sicherheit gibt, dass ihre Wünsche am Ende des Lebens berücksichtigt werden.

Viele alte Menschen wissen auch nicht – oder wollen nicht wissen –, dass nach ihrem Tod zahlreiche, nicht immer einfache Entscheidungen von ihren Kindern getroffen werden müssen, und dass sie daher besser frühzeitig selbst festlegen, was nach ihrem Tod passieren soll. Ich glaube, dass es auch uns selbst hilft, wenn wir uns mit unseren letzten Jahren und unserem Tod beschäftigen. Ich bin überzeugt davon, dass sich die Angst vor dem eigenen Alter, vor Armut, Krankheit und dem Tod verringert, wenn wir realistisch auf unsere Situation schauen und damit beginnen, die vielen unüberwindlich scheinenden Aufgaben in kleine, zu bewältigende Aufgaben einzuteilen. Man kann nicht alles planen, wie meine Freundin Ayse sagte, aber das muss uns nicht daran hindern, das Planbare zu planen. Oder wie es vor ein paar Wochen ein Freund ausdrückte, der langjährige Erfahrung als Projektmanager hat: »Ich habe meiner Familie gesagt: Jetzt denken wir den Tod mal vom Ende her.«

Der Besuch beim Fußspezialisten war der letzte Anstoß, um mein Altersprojekt beherzt anzugehen. Den brauchte ich, um mir einzugestehen, dass es höchste Zeit für mich wird, meinen geordneten Rückzug zu organisieren. Ich möchte nicht, dass meine Kinder irgendwann vorwurfsvoll oder verzweifelt fragen: »Du bist jetzt wirklich alt, Mami, hast du denn schon eine Vorsorgevollmacht? Weißt du, in welches Altersheim du gehen willst? Möchtest du künstlich ernährt werden oder nicht? Und wie möchtest du beerdigt werden?«

Ich setze mich vor meinen iMac und beginne mit einer Exceltabelle. Es gibt nichts Besseres als Exceltabellen, wenn man in Ruhe etwas planen möchte. Ich werde eine Liste der Dinge machen, die ich organisieren muss. Kann ich in meiner Wohnung bleiben, oder sollte ich besser nach einem passenden Altersheim suchen? Wie lange reichen meine Finanzen oder wie vorsichtig muss ich mit Geld umgehen, damit es nicht irgendwann kritisch wird? Muss ich Sozialhilfe beantragen? Was mache ich mit all den Dingen, die immer noch in meiner Wohnung sind? Einfach aufbewahren oder lieber schon zu Lebzeiten meinen Kindern oder anderen Menschen damit eine Freude machen? Könnte das Leben als Alleinstehende irgendwann ein wenig einsam werden, und was kann ich jetzt schon dagegen tun? Wie will ich betreut werden, und wie sollen Ärzte mit mir umgehen dürfen?

Und last but not least: Wie will ich sterben und kann ich das beeinflussen? Und wie will ich bestattet werden? Sarg in der Erde oder Krematorium? Oder unter einer schönen Buche ruhen? Ob meine Töchter meine Überreste als Diamant an einer Kette tragen möchten, oder ist das morbide? Darf ich mir auch in Deutschland meinen Sarg selbst basteln oder wenigstens anmalen? Finde ich einen schönen Friedhof mit angegliedertem Café, in dem ich selbst gern spazieren gehen und Kaffee trinken würde?

Plötzlich freue ich mich auf mein Altersprojekt.

2. »Da sind doch nur alte Leute!«

Furchtbar«, sagt meine Freundin Ursula, »da sind doch nur alte Leute«, als ich von meiner Altersheimsuche erzähle. Gemeinsam mit Freunden, die alle über siebzig oder bereits achtzig sind, sitzen wir bei einem fröhlichen Abendessen zusammen. Wir haben interessante Themen, unterhalten uns gut. »Ich fände es schrecklich, immer nur alte Leute um mich zu haben«, fährt sie fort. Ich bin erheitert. Hier sitzen wir Siebzig- und Achtzigjährigen und stellen fest, dass wir nicht gern unter alten Leuten sein wollen?

»Da baust du ganz schnell ab«, sagt Carla, die auch schon über achtzig ist. »Es ist nicht gut, immer unter alten Leuten zu sein. Du siehst nur diese gebrechlichen Alten und fühlst dich dann schnell selbst auch alt und krank. Worüber willst du dich denn mit denen auch unterhalten?«

»Aber ich bin doch selbst alt«, wende ich vorsichtig ein.

Carla wirft mir einen Blick zu, den man einem uneinsichtigen Kind zuwirft. »Aber das ist doch etwas ganz anderes, Janine, du bist doch keine typische Alte, du bist eigentlich überhaupt nicht alt.« Sie lächelt mich freundlich an. »Ich auch nicht. Aber diese Alten, die in so einem Seniorenheim sitzen ...« Sie muss es nicht aussprechen, aber es wird klar, dass die Alten in einem Seniorenheim zu einer Sorte alter Menschen gehören, zu der wir nicht gehören wollen.

»Aber wir sind doch alle alt ...«, versuche ich es noch einmal.

»Aber das meint Ursula doch nicht«, sagt Gesine. »Sie meint doch nicht solche Leute wie uns.« Denken alle alten Menschen so über andere alte Menschen? Alle Alten sind also gebrechlich und haben geistig abgebaut, nur natürlich nicht die Alten, mit denen man gerade spricht? Ich werde neugierig. Was halten andere Leute davon, in ein Altersheim zu ziehen? Die Alten, die noch gar nicht alt sind, weil sie erst etwas über siebzig sind? Ich beginne mit einer Befragung meiner Nachbarinnen.

»Altersheim? Um Gottes willen. Gehen Sie mir damit bloß weg! Um Gottes willen! In ein Seniorenheim kriegen mich keine zehn Pferde!« Die resolute Dame aus der dritten Etage guckt mich empört an. Ich möchte mich nicht mit ihr streiten, da würde ich den Kürzeren ziehen. Auch rein optisch wird schnell deutlich, dass sie sich nicht zu den Alten zählt. Im Sommer wie im Winter ist sie stark gebräunt – wir haben im Haus ein Solarium –, trägt einen dottergelben Lackmantel und dazu hohe schwarze Lackstiefel.

Ich versuche es in der ersten Etage, dort wohnt eine Dame, die optisch durchaus in die Kategorie der Alten gehört, die schon im Seniorenheim wohnen könnten. Magere Beine in braunen Strumpfhosen, darüber einen ebenso braunen Rock mit Kellerfalte, mausgraue Löckchen. Sie ist allerdings unverzichtbar für unser Haus, weil sie den Papierkorb mit Werbeanzeigen täglich ausräumt. »Ins Seniorenheim?«, fragt sie konsterniert. »Wieso finden Sie, dass ich ins Seniorenheim sollte?« Ich besänftige sie schnell, indem ich von meinem Buchprojekt erzähle, für das ich recherchiere. Sie bleibt skeptisch. »Nein!«, erklärt sie kategorisch. Sie gehe nicht ins Seniorenheim. Noch lange nicht. Erst wenn sie wirklich nicht mehr könne. Dann, wenn sie wirklich alt sei. Mit flinken Schritten eilt sie mit ihren eierschalenfarbenen Trotteurs zum Einkaufen. Ihre Begrüßung fällt in den nächsten Wochen etwas kühler aus als sonst.

»Du weißt doch, was sie meint«, sagt Ayse. »Du kennst sie doch, diese Muttchen mit ihren beigen Strickjacken und ausgetretenen Pantoffeln.« Ayse mag keine Strickjacken. »Strickjacken machen alt«, findet sie, die selbst bereits vierundsiebzig ist. Wir sollten es vermeiden, alt auszusehen, ist die Botschaft. Ich mag eigentlich Strickjacken, betrachte mich aber zu Hause doch kritisch vor dem Spiegel. Es geht eigentlich. Mit Pullover wirke ich auch nicht jünger, finde ich.

Es gibt also diese anderen alten Leute. Wir haben festgefügte Vorstellungen über alte Leute, denen wir auf keinen Fall gleichen wollen. Alte Menschen, die ständig über Krankheiten reden, nur vor dem Fernseher sitzen, über Nachbarn tratschen, beige Strickjacken oder eben Röcke mit Kellerfalten tragen. Dann gibt es noch die anderen alten Leute. Sie sind kultiviert, schön eingerichtet mit überquellenden Bücherregalen, fähig zu interessanten Gesprächen und neuen Erfahrungen an interessanten Reisezielen. Zu denen zählen wir uns. Es ist uns wichtig, uns von anderen alten Leuten abzuheben.

Es scheint so, als ob auch wir Alten Vorurteile über andere Alte haben, obwohl wir uns häufig über die Vorurteile

gegenüber alten Menschen beschweren. Diesen Stereotypen wollen wir keinesfalls entsprechen und freuen uns
daher, wenn jemand zu uns sagt. »Was, Sie sind schon
fünfundsiebzig? Also das hätte ich nie gedacht!« Uns fällt
dabei nicht immer auf, dass es sich auch bei dieser positiv
wirkenden Bemerkung um Altersdiskriminierung handelt.

Altersdiskriminierung – und niemand beschwert sich?

Altersdiskriminierung findet dann statt, wenn alte Menschen immer negativ wahrgenommen und beurteilt werden. Aber auch wenn ihnen grundsätzlich positive Merk-
male wie Weisheit oder Freundlichkeit zugeschrieben
werden, kann es sich um Altersdiskriminierung handeln.
Ich habe aber den Eindruck, dass viele alte Menschen auch
selbst andere alte Menschen diskriminieren. Die anderen
Alten reden über langweilige Themen, sehen nicht mehr
gut aus, ziehen sich hässlich an. Auch das Urteil junger
Menschen über uns Alte ist eindeutig: Wir können nicht
mit neuen Technologien umgehen, haben antiquierte
Vorstellungen, haben den Klimawandel verursacht und
wählen alle rechts. Unter dem Stichwort »Von Genera-
tionengerechtigkeit zum Generationenverrat« klagt ein
junger Redakteur darüber, dass wir Alten immer nur an
unsere Renten denken, und fordert, doch auch einmal an
sie, die benachteiligte junge Generation, zu denken. Eine
taz-Redakteurin findet, dass man uns alten Menschen ab
sechzig das Wahlrecht entziehen sollte, weil wir zu rechts
wählen. Wenn die taz, eine linke Zeitung, die ich schätze,

es für gerechtfertigt hält, Menschen, die eine andere Meinung vertreten als die taz, ein demokratisches Recht zu entziehen, dann zeigt sich, dass es von der bloßen Abneigung gegenüber alten Menschen nicht weit ist zur realen Diskriminierung. Ältere Arbeitnehmer haben es schwerer, einen neuen Arbeitsplatz zu bekommen, bei Umschulungen werden sie ausgeschlossen, weil es sich bei ihnen nicht mehr lohnt. Viele Menschen sind nach der Rente ärmer als vorher; gleichzeitig wird in den Medien immer wieder das Bild der wohlhabenden, weltreisenden Rentner propagiert, die jungen Menschen die Zukunft verbauen. Alte Menschen haben Schwierigkeiten, einen Kredit zu bekommen, sie sind von manchen Versicherungen ausgeschlossen oder zahlen höhere Beiträge. Im Ausland ist es ein Problem für Menschen über siebzig, einen Mietwagen zu bekommen.

Die tolle Oma liest lieber ein gutes Buch

Ein schönes Beispiel dafür, wie alte Menschen andere alte Menschen diskriminieren, zeigt sich in einem Artikel in der ZEIT, in der eine junge Journalistin rührende Geschichten über ihre Oma erzählt. Ihre Oma ist natürlich eine besondere Oma. Sie wundert sich etwa darüber, dass alte Menschen immer nur über Krankheiten reden. Das findet sie nicht gut, sie greift lieber zu einem guten Buch. Diese Oma grenzt sich also deutlich von den anderen, den langweiligen Omas ab. Im nächsten Beitrag fährt die Oma mit der Enkelin nach Rom und lutscht an der Spanischen Treppe das beste Pistazieneis, das sie je gegessen hat. Das sei ihr gegönnt, aber die Botschaft dieser Geschichte ist, dass diese Oma ganz fabelhaft ist und schöne Dinge unternimmt, während andere Omas zu Hause nur langweilige Dinge tun. Viele Facebook-User sind ganz gerührt und finden diese Oma süß. Dagegen ist natürlich die normale Oma langweilig, redet nur über Krankheiten und wagt sich über ihren engen Horizont Thüringens oder Ostwestfalens nicht hinaus. Oma ist immer dann süß oder bewundernswert, wenn sie Dinge tut, die eine typische, langweilige Oma nicht tut. Eine hundertzweijährige Dame begleitet den Charlottenburger Bürgermeister einmal im Monat bei einem Bürgerspaziergang durch seinen Wahlbezirk. Die Berliner Abendschau berichtet darüber, und alle finden das süß. Noch süßer ist es, wenn Frau W. sagt: »Ich komme hier nie mit dem Rollator hin. Mit Rollator wirkt man gleich so alt.« Noch mit hundertzwei müssen wir es also unbedingt vermeiden, alt zu wirken.

Vielleicht ist die Oma der Redakteurin wirklich zauberhaft, nur ärgere ich mich darüber, dass mit solchen Geschichten Stereotypen über die »normalen« alten Menschen noch gefördert werden. Ich frage mich, weshalb die Oma, die sich jeden Mittwoch mit ihren Freundinnen in Gelsenkirchen in ihrem Lieblingscafé vergnügt zu Torte und Prosecco trifft, weniger unternehmungslustig ist? Vielleicht hat sie keine Lust zu reisen und das Stracciatella-Eis mit Eierlikör in der Eisdiele Giorgio in Erfurt schmeckt ihr ebenso gut?

Ursula gibt nicht auf. »Es ist doch aber schöner«, sagt sie, »wenn eine alte Frau nach Rom fährt. Dann ist sie offenbar noch daran interessiert, etwas Neues kennenzulernen.«

Wieso ist das schöner? Schöner als was? Ist es schöner, weil Ursula das schöner findet? Ich freue mich, dass der Gerontopsychologe Gerald Gatterer meine Skepsis teilt: Wir sollten unsere eigenen Vorstellungen über ein gelungenes Alter nicht anderen Menschen überstülpen. Lebenszufriedenheit im Alter kann auch dann erreicht werden, wenn man gern mit den Nachbarn im Garten sitzt und selbst gebackenen Apfelkuchen isst.

Wir können nicht leugnen, dass sich mit zunehmendem Alter bei uns etwas ändert: Wir werden schwächer, wir sehen anders aus, wir werden langsamer. Ab einem bestimmten Alter sind wir vor allem Defizitwesen, lese ich bei Ursula Lehr, der Gerontologin der ersten Stunde. Wenn ich auf mich und auf meine zunehmenden Gebrechen schaue, dann bin ich der lebende Beleg dafür. Hüftarthrose, Makuladegeneration und das Versprechen des Fußgelenkspezialisten, dass die Arthrose bald auch noch an vielen anderen Stellen in meinem Körper auftreten wird.

Ich freue mich, dass die kritische Gerontologie hier ebenso skeptisch ist wie ich. Es wird zwar bei uns vieles weniger, aber wir werden nicht durch unsere Defizite allein definiert. Viele alte Menschen sind trotz wackeliger Wirbelsäule weiterhin an Büchern, Filmen, Politik und anderen Menschen interessiert. Unser Verstand wird nicht immer ebenso gebrechlich wie unser Körper. Das fachliche und auch emotionale Wissen, das wir im Lauf unseres Lebens erworben haben, verschwindet nicht einfach dadurch, dass wir körperliche Gebrechen anhäufen. Manche sprechen sogar von Altersweisheit, wobei ich mit diesem Begriff vorsichtig umgehen möchte. Nicht jeder, der alt wird, wird auch weise. Es gibt Menschen, die im Alter sogar weniger offen für neue Erfahrungen werden und eher an festgefahrenen Vorstellungen hängen. Oder um es deutlich zu sagen: Es gibt auch scheußliche Alte.

Altersdiskriminierung kann sich auch in besonders positiven Bildern von alten Menschen äußern. Im Seniorenratgeber heißt es über die lebensfrohe Generation der heutigen Rentner: »Leuchtende Farben statt Rentnerbeige. Mobil statt passiv. Von wegen biederes Seniorendasein«. Der normale Rentner trägt also beige und ist langweilig, während die Alterseliten leuchtende Farben tragen, mobil und keineswegs bieder sind.

Diesen positiven Blick auf die nicht langweiligen Alten teilen auch viele, natürlich jüngere Autorinnen von Coachingbüchern. Sie betonen die wunderbaren Seiten des Alters: den Gewinn an Freiheit und die Möglichkeit, nun endlich all das zu tun, was wir unser Leben lang schon tun wollten. Auch hier bin ich vorsichtig. Was, wenn die unendliche Freiheit, nun alles zu tun, was wir immer schon tun wollten, verhindert wird durch fehlende finanzielle Möglichkeiten, durch Menschen, um die wir uns kümmern müssen, durch defekte Wirbel, anhaltende Schmerzen oder, wenn es ums Reisen geht, die Schwierigkeit, sich im kopfsteinpflasterintensiven Siena mit einem Rollator vorwärtszubewegen?

Kein Aufschrei wegen Altersdiskriminierung

Während heute laut zum Kampf gegen Rassismus, Sexismus, Nationalismus und Diskriminierung von LGBTQ-Menschen gerufen wird, ist von einem Aufschrei gegen Altersdiskriminierung nur wenig zu erkennen. Wie wenig Altersdiskriminierung ein Thema ist, ist umso erstaunlicher, als sie uns alle irgendwann einmal treffen kann. Sie kann sich als Ablehnung, paternalistische Bewunderung oder auch als Mitleid äußern. »Schrecklich«, findet Gerda. »Ich würde es nicht aushalten, ständig mit alten Frauen zusammen zu sein. Wenn die dann ständig über ihre Krankheiten reden!« Warum ist es eigentlich langweilig, über unsere Krankheiten zu reden? Ally McBeal, der Star einer Anwaltsserie aus den Neunzigerjahren, wurde gefragt, warum sie ständig über ihre Probleme reden würde. »Weil es meine sind«, antwortete sie. Genau.

Natürlich reden wir alten Menschen über Krankheiten, denn wir haben sie. Wenn meine Freundin Monika an Krebs erkrankt, dann finde ich es nicht langweilig, wenn sie mir erzählt, was der Arzt gesagt hat und wie die Therapie verlaufen wird. Jede Altersgruppe hat Themen, die für eine andere Altersgruppe langweilig sind, aber nur uns Alten nimmt man es übel. Schwangeren zuzuhören, wenn sie gar nicht mehr damit aufhören, mit verzücktem Gesichtsausdruck von ihrem Yoga-Geburtsvorbereitungskurs zu berichten, kann auch hart sein. Verliebte junge Mädchen, die fragen, ob sie Linus anrufen sollen, oder ob sie doch besser warten sollen, bis Linus anruft, gehen mir auch auf die Nerven. Nur käme ich nicht auf die Idee zu sagen, dass junge Mädchen schrecklich sind, weil sie immer (!) nur über ihre Verliebtheit sprechen. Solche Themen sind normal in dem Alter. Wir alle reden über Themen, die unsere Lebensrealität betreffen. Aber nur wir Alten sind langweilig, wenn wir über etwas reden, das uns existenziell betrifft.

Essen ist der Sex des Alters?

Auch ein anderes Thema wird gern genutzt, um uns Alte abzuwerten. »Essen ist der Sex des Alters«, pflegt meine Freundin Ayse ironisch zu sagen, wenn ich begeistert über mein Rezept für Vinaigrette oder eine italienische Minestrone reden will. Mir macht es Spaß, mit anderen darüber zu fachsimpeln, ob am Essen ein wenig zu viel Zwiebeln sind oder eine Prise Pfeffer fehlt. Natürlich geht es Ayse auch gar nicht ums Essen. Mit diesem ironischen Spruch soll darauf hingewiesen werden, dass wir aus Altersgründen nicht mehr in der Lage sind, ausreichend Sex zu haben, und uns daher als Ersatz auf Kochen und Essen konzentrieren müssen. Nun, ich empfinde gutes Essen nicht als Ersatz. Im Gegenteil, gutes Essen kann deutliche Vorteile gegenüber Sex haben. Wir bekommen gutes Essen immer genau dann, wann wir wollen, und zwar in der Menge und Qualität, die wir uns wünschen. Wir müssen auch nicht essen, wenn wir keinen Hunger haben. Niemand ist dann beleidigt.

Aber in Bezug auf Sex gibt es auch wieder eine positive Variante. »Es gibt so viele negative Altersstereotypen«, sagt

mein Hausarzt erfreut. »Man sollte das nicht immer glauben. Man hat zum Beispiel herausgefunden, dass auch sehr
alte Menschen durchaus noch Sex haben können.« Klar
kann man, aber das Gute ist ja, man muss nicht. Allerdings
verstehe ich, dass ihn das als Mann beruhigt. Ich frage mich
bloß nach dem Wahrheitsgehalt dieser Untersuchung. Welcher Mann lügt nicht, wenn es um seine Potenz geht?

Wir sind Oma!

Warum werden wir von allen Menschen unbefangen und
respektlos mit Oma oder Opa tituliert? Ein junger Musi-
ker erzählt fröhlich im Morgenmagazin, dass er bei seinem
letzten Flug einen alten Mann kennengelernt hat. »Da war
da dieser Opa neben mir, der war richtig klasse, ich habe
mich die ganze Zeit mit ihm unterhalten.«
»Mach mal hinne, Oma«, schreit mich ein Fahrradfahrer an, als ich vorsichtig versuche, meinen Rollator über
die Bordsteinkante zu hieven. Die Ampel stand zwar für
ihn auf Rot, aber da Fahrradfahrer als Helden der ökolo-
gischen Überlegenheit selbstverständlich immer Vorfahrt
haben, findet er es offenbar vollkommen in Ordnung,
mich alte Frau anzuschreien, weil ich nicht die politisch
korrekte Rücksicht auf ihn genommen habe. Auf dem Ti-
telbild der Zeitschrift stern 7/2019 prangte vor einigen Wochen in dicken Lettern die Überschrift »Wenn Opa Hilfe
braucht«. Wessen Opa? Tatsächlich ist der Artikel im Heft
vernünftig, und die Redakteure scheinen zu wissen, dass
auch alte Menschen mit Nachnamen angeredet werden

können. Genderkritisch könnte ich jetzt noch anmerken,
dass es offensichtlich nur Bedürfnisse von Opas und keine
von Omas gibt, aber damit würde man stern-Redakteure
möglicherweise überfordern.

Eine geschickte Form der paternalistischen Abwertung
erleben wir, wenn Menschen sich darüber wundern oder es
süß finden, wenn wir alten Menschen noch etwas tun können, das – angeblich – absolut untypisch für die normalen
Alten ist. Auf dem Weg zur letzten Wahl in Berlin – auf
meinen Fritzstock gestützt – begegne ich einem jungen
Hipster mit Hosenträgern und Samuraiknoten auf dem
Kopf. »Gehen Sie auch wählen?«, fragt er mich fröhlich.

Ich nicke.

»Ey, das find ich jetzt echt geil, dass Sie in Ihrem Alter
noch wählen gehen! Aber auch das Richtige wählen, junge
Frau, alles klar?« Vergnügt winkt er mir zu und rauscht im
Takt der Musik aus seinem Handy an mir vorbei.

»Also, das finde ich toll, dass Sie mit einem iPad umgehen können«, sagt der junge Mann, der mir als Mobilitäts-
helfer von der Deutschen Bahn zugeordnet wird. »Meine
Mutter kann das nicht.«

Oma benutzt Skype – süß!

Manchmal werden wir alten Menschen auch bedauert
oder niedlich gefunden. Meine Haustür lässt sich nur
schwer öffnen, und ich bitte einen jüngeren Mann, mir
die Tür aufzuhalten, damit ich mit meinem Rollator und
einer schweren Einkaufstasche ins Haus komme. Er hilft

gern. Als er sieht, dass ich einen dicken Stapel Post aus
dem Briefkasten ziehe, meint er aufmunternd: »Ach, das
ist aber schön, dass Sie noch so viel Post bekommen. Dann
sind Sie wenigstens nicht ganz so einsam.« Immerhin hat
er mich nicht Oma genannt.

Vorurteile gegenüber uns Alten sind überall zu finden,
in Witzen, Karikaturen und in heiteren Erzählungen, die
zeigen, wie überfordert wir Alten mit den neuen Technologien sind. Ein Videoclip aus der Sendung »Knallerfrauen«
mit Martina Hill zeigt eine Tochter und ihren alten Vater,
die zusammen kochen. Der alte Herr schneidet Kräuter
auf einem Brettchen, schiebt sie in den Kochtopf, und als
er das Brettchen unter fließendem Wasser abspült, sehen
wir, dass es sich bei dem Brettchen um ein iPad handelt,
das er dann auch noch in der Spülmaschine verstaut. Auf
die Frage der Tochter, wie er denn mit dem neuen iPad
klarkäme, antwortet er bester Dinge: »Gut!« Süß, der alte
Mann, oder? Ich muss sagen, dass ich bei diesem Clip auch
etwas lachen musste, allerdings noch mehr blutete mir das
Herz, weil ich meine, entdeckt zu haben, dass er ein iPad
Pro, 11 Zoll, WiFi, 64 GB in Spacegrau benutzt hat. Mit so
etwas Schönem macht man keine Witze.

Die coole Oma

Das Gegenstück zur dummen alten Oma ist die coole Oma,
die ganz ungewöhnliche Dinge tut. Aber wir sollten uns
nicht darüber freuen, denn auch bei der Bewunderung für
alte Menschen, die dem allgemeinen Bild nicht entspre-

chen, handelt es sich um Altersdiskriminierung. Wenn
einzelne Omas etwas Besonderes tun, dann zeigt das nur,
dass die Mehrheit von uns Alten langweilig und spießig ist.
Um Anerkennung als alte Menschen zu bekommen, müssen wir etwas Ungewöhnliches tun.

Da ist die neunzigjährige Inderin, die noch jeden Tag auf
dem Dach ihres Hauses den Sonnengruß und andere kom-
plizierte Yogapositionen ausübt. Toll. Dann die Achtzigjährige, deren Hobby Bungeespringen ist, oder der Siebzigjährige, der sportgestählt auf hohe Berge klettert oder den
Marathon in Boston mitläuft. Wahnsinn. Da ist die Oma
mit dem supercoolen Instagramauftritt. Diese coolen Alten
modeln mit siebzig, ziehen sich verrückt an, promovieren
mit fünfundachtzig, singen in einer Rap-Band oder nehmen
eine kinderreiche irakische Familie bei sich in der Wohnung
auf. Bewundernswert. Bei Facebook oder Instagram bekommen diese Omas die schönsten Emojis. Diese Bilder zeigen,
dass Alte auch anders sein können und wir selbst schuld
sind, wenn wir das alles nicht tun. Ich muss aber gestehen,
dass auch ich mich geschmeichelt fühlte, als meine Enkeltochter Melina mir erzählte, dass ihre Freundinnen mich
bewundern. Niemand sonst hätte eine so coole Oma, die
doch tatsächlich Amy Winehouse gut findet. Ich habe mich
gefreut, aber auch ein wenig gewundert. Gibt es denn Menschen, die Amy Winehouse nicht gut finden?

Wenn wir Schmerzen beim Gehen haben, bequeme Strickjacken tragen, gern ein Mittagsschläfchen machen und zu
Hause mit Pantoffeln herumlaufen, dann sind wir typische, langweilige Omas, und das liegt daran, dass wir uns

nicht genug Mühe gegeben haben. Es ist auch wirklich peinlich, wenn man das Alter so deutlich sieht. Seitdem mir die Krankenkasse einen hohen Toilettensitz eingebaut hat, bete ich jedes Mal, dass mein Besuch nicht ins Badezimmer gehen muss. Die süße, coole Oma der ZEIT-Kolumnistin zeigt uns, was wir sein könnten, wenn wir uns Mühe gegeben hätten. Es liegt an uns selbst, wenn wir alt und langweilig sind.

Pfeifen sie noch oder pfeifen sie nicht mehr?

Alte Frauen werden unsichtbar. Wir verlieren unsere Attraktivität und müssen damit auf einen Aspekt unserer Persönlichkeit verzichten: uns selbst und anderen zu gefallen. Gern wird uns erzählt, dass es doch nicht darauf ankäme, anderen Menschen zu gefallen, es sei nur wichtig, dass wir uns selbst gefallen. Unsinn. Selbstverständlich wollen wir auch anderen Menschen gefallen.

Nachlassende Attraktivität wurde mir schon früh bescheinigt. Mit siebenundzwanzig bekam ich einen ersten Eindruck davon, wie unerwünscht »alte« Menschen sind. Ich spazierte mit den Kindern über den Kurfürstendamm, als mein kleiner Sohn Michael in Windeseile eine Treppe nach unten lief, wo ihn laute Musik und das Glitzern einer Discokugel lockten. Ich raste hinterher und landete in einer Disco, die dem damals schon uralten Berliner Playboy Rolf Eden gehörte. Als der junge Türsteher mich sah, verzog er sein Gesicht und sagte zu einem Kollegen: »Guck mal, jetzt kommen sie schon zum Sterben her.«

Mit fünfundvierzig Jahren suchte ich einen Psychotherapeuten auf, weil in dieser Zeit in meinem Leben nicht alles gut lief. Er fragte zunächst die allgemeinen Daten ab, lehnte sich zurück, legte seine Fingerspitzen aneinander und sagte: »Ich verstehe, warum es Ihnen nicht gut geht. Sie sind jetzt in einem Alter, in dem die Attraktivität als Frau nachlässt, das ist immer eine schwierige Umbruchszeit.« Ich starrte ihn an. Er war ungefähr im gleichen Alter. Schütteres Haar, die Schultern fielen depressiv nach unten, das karierte Hemd erlaubte den Blick auf eine magere Brust, auf die ein goldfarbenes Amulett an einem Lederband fiel. Die dünnen Beine hatte er in eine enge schwarze Lederhose mit großen Knöpfen am Hosenstall gezwängt. Wer hatte hier Angst vor nachlassender Attraktivität?

Mir fehlten kurzzeitig die Worte. »Nein, das ist gerade nicht das Problem für mich ...«

Er ließ mich nicht ausreden. »Doch, das ist es, auch wenn Sie sich das nicht eingestehen wollen«, konterte er.

Wir Frauen müssen im Alter tapfer sein. Wann immer ich mich im Spiegel sehe, stelle ich mit Entsetzen fest, wie sehr mein Aussehen nachgelassen hat. Ich sehe meine Augenringe, die blässliche Haut und die herabhängenden Mundwinkel, die mir einen verdrießlichen Gesichtsausdruck verleihen. Ist da nicht auch ein Doppelkinn?

»Hör doch mal auf, so über dich zu reden«, sagt Henriette. »Das ist auch diskriminierend, und außerdem bist du nicht hässlich.«

Süß, meine Tochter. Leider hat sie nicht unrecht. Wenn ich so negativ über mein Aussehen rede, mache ich mich und andere alte Frauen schlecht. Umgehend ergreife ich

Gegenmaßnahmen, aber auch nach dem Kosmetiktermin
und der teuren Creme von Dior wird nichts anders. Mein
äußerlicher Verfall wird besonders deutlich, wenn mir lie-
bevolle Kinder und Enkelkinder Fotos von Familienfeiern
schicken, auf denen ich mich scheußlich finde. Oft kommt
dann die niederschmetternde Antwort »Wieso? Ich finde
das Foto sehr schön. So siehst du doch immer aus!«
Allerdings gibt es auch Trost für mich. Sicher wäre ich
als junges Mädchen gern schön gewesen – Brigitte Bardot
war mein ästhetisches Idol –, aber später hat es sich als Vorteil erweisen, dass ich es nicht war. Der Gerontopsychologe
Frieder Lang berichtet, dass wir weniger Schönen es später
im Leben besser haben, weil wir nicht so enttäuscht sind,
wenn der »Bauarbeiter-Pfeiftest« nicht mehr funktioniert.
Stattdessen sind wir dankbar, wenn wir hören, dass wir für
unser Alter immerhin noch ganz gut aussehen. Schön für
uns ist auch, wie der Gerontopsychologe weiter ausführt,
dass sich die Schönheitsmaßstäbe verschoben haben und
statt natürlicher Schönheit heute Stil und Pflege eine größere Rolle spielen. Damit kann ich noch punkten. Für mich
war es also nicht ganz so schlimm, als ich älter und weniger attraktiv wurde. Das sehen nicht alle alten Frauen so.
Simone de Beauvoir hat sehr darunter gelitten, und meine
Mutter war da ganz an Simones Seite. Vielleicht ist es ein
Nachteil, wenn man als wunderschön gilt und dann feststellen muss, dass manches am Aussehen nachlässt und,
ganz schlimm, eine harte Konkurrenz nachwächst. Mary
Beard, die britische Historikerin und Fernsehmoderatorin,
berichtet, wie ihr mit vierzig auffiel, dass die Bauarbeiter
inzwischen deutlich höflicher geworden waren: Sie pfiffen

nicht mehr. Bis sie verstand, was passiert war: Sie war nicht mehr im Alter des Nachpfeifens. Ihre erste Reaktion war Entsetzen, ihre zweite Reaktion war: Herrlich! Endlich!

Statt Schönheit: Authentizität und Charisma

Aber wir dürfen unsere nachlassende Attraktivität nicht einfach hinnehmen, die Wellness- und Schönheitsindustrie will uns nicht verlieren. Von Gerontopsychologen hören wir, dass wir heute einen völlig anderen Blick auf das Alter haben. In der Kosmetikwerbung werden plötzlich alte Frauen gezeigt. Die siebenundsechzigjährige Isabella Rossellini, die Anfang der Neunzigerjahre als Gesichtsmodel bei Lancôme verschwand, fungiert wieder als »Muse des Brand«. Sie wird »ein regelmäßiges Spokesmodel für Lancôme sein«, wie uns die Presseabteilung von Lancôme mitteilt, »die Geheimnisse ihres Glücks teilen und uns zeigen, wie man wahre Schönheit erlangt«. Die Idee der vollendeten Schönheit, lässt uns Lancôme wissen, ist heute ein Synonym für Wohlbefinden. Nicht ungeschickt, diese Kosmetikfirmen. Man kann uns alten Frauen nicht mehr verkaufen, dass die teure Kosmetik uns wieder wie zwanzig aussehen lässt, und deutet Schönheit schnell in Wohlbefinden um, sodass die teure Creme oder der adstringierende Badezusatz vor allem dazu da sind, dass wir uns wohler und authentischer fühlen. Aber wir sollten uns nicht zu früh freuen: Wenn diese alten Damen noch so gut aussehen, dass sie Spokeswomen bei Edelkosmetikmarken sein dürfen, dann ist das eine Mahnung an uns andere alte

Frauen, die wir uns gehen lassen und Falten haben. Wenn Isabella Rossellini und Helen Mirren es schaffen, alle Spuren des Alters an sich zu verbergen, dann sollten wir das auch können. Ich bin skeptisch, denn sowohl Helen Mirren als auch Isabella Rossellini (und sicher war das auch bei der wunderbaren Hannelore Elsner der Fall) haben einen eindeutigen Wettbewerbsvorteil. So wie die mit achtzehn aussahen, habe ich noch nie ausgesehen. Daher fürchte ich, dass Schönheit oder besser Authentizität im Alter vor allem gute Gene, viel Geld, Zeit und Disziplin erfordern. Schon meine Mutter pflegte zu sagen: »Ab achtzehn ist gutes Aussehen harte Arbeit.«

Aber es gibt Hoffnung für uns weniger schöne alte Frauen: Aus Schönheit wird Authentizität, wie der Chefarzt für plastische Chirurgie an der Universität München, Riccardo Giunta, erklärt. Attraktivität sei Einstellungssache, fügt er hinzu. Ein schöner Mensch definiere sich nicht nur durch eine faltenfreie Haut, sondern vor allem durch Ausstrahlung, Authentizität, Charakter, Humor und die Fähigkeit, sich sein zwanzigjähriges Ich zu bewahren. Hier bin ich ihm dankbar, denn über Ausstrahlung, Humor und Authentizität verfüge ich immer noch. Das mit dem zwanzigjährigen Ich muss ich noch mal überdenken.

Nur Ausnahmealte sind gute Alte

Mit den Ausnahmealten wird das negative Bild alter Menschen aber keineswegs verändert. Diese nicht erreichbaren Vorbilder machen uns normalen Alten deutlich, dass es nicht schön ist, wenn eine sechzig- oder siebzigjährige Frau wie eine sechzig- oder siebzigjährige Frau aussieht. Alte Frauen oder Männer sind nur dann attraktiv oder interessant, wenn sie eben nicht wie alte Männer oder Frauen aussehen und wenn sie immer noch interessante Dinge tun. Die Zweifel, ob ich dieses Ziel erreichen kann, sind gewollt: Wir sollen uns fortgesetzt bemühen, diesen Vorbildern ähnlich zu werden. In teuren Zeitschriften wird erklärt, wie ich zu einer schönen jungen Alten werden kann. Ich muss gesund essen, um eine gute Figur zu erhalten oder zu bekommen. Ich muss Sport machen, um fit zu bleiben. Ich sollte alle Bücher gelesen haben, über die im Literarischen Quartett gesprochen wird, und ich sollte den Kontakt zu ebenfalls originellen alten Menschen pflegen, weil zu meiner Authentizität auch gehört, dass meine sozialen Kontakte mich nicht intellektuell verkümmern lassen. Es liegt an mir, ob ich alt und langweilig und mit beiger Strickjacke daherkomme oder eine originelle alte Frau bin und ein tigergeflecktes Top und Zitronenohrringe trage wie Iris Apfel, die mit weit über neunzig Vogue-Model geworden ist. Mit alten Models wie Iris Apfel und Daphne Selfe, ebenso wie dem hippen Günther Krabbenhöft aus Berlin wird eine Hipsterisierung des Alters vorangetrieben. Einfach alt sein geht nicht mehr, erfolgreich und außergewöhnlich altern ist die Devise.

Meine Empfehlung

Das Alter kann schwierig sein oder schön, aufregend, traurig oder langweilig. Das hat nicht nur mit unserer Einstellung und unseren Gefühlen zu tun, sondern hängt auch davon ab, wie unser Leben verlaufen ist. War es hart oder langweilig, gelang uns das meiste, und lief es nach unseren Wünschen ab? Ist uns noch Kraft geblieben oder hat uns das Leben alle Kraft genommen? Können wir sorglos an die letzten Jahre denken oder müssen wir uns Sorgen machen, weil wir nicht wissen, wie lange die Gesundheit oder das Geld noch ausreichen wird? In keinem Fall sollten wir uns von den Meinungen anderer Menschen beeinflussen lassen.

Ich habe mir vorgenommen, mich von keiner Form der Altersdiskriminierung mehr einschüchtern zu lassen. Ich muss nicht erfolgreich altern. Ich werde aggressiv altern, mein Alter nicht verstecken, um als cool oder süß zu gelten. Ich werde ausführlich über meine Wehwehchen klagen oder über spannende koreanische Filme fachsimpeln. Ich darf alles. Ich muss keinem Altersbild entsprechen. Ich darf beige Strickjacken und Hallux-valgus-Schuhe, bequeme Leinenkleider mit Birkenstocksandalen oder rote High Heels und gefleckte Tiger-Tops und eine übergroße Brille tragen. Ich muss weder sportlich und schlank sein, noch muss ich eine coole oder ungewöhnliche alte Frau sein. Ich darf aber auch sportlich und fit sein, wenn ich Spaß daran habe. Ich werde mich mit meinem Rollator vordrängeln und - wenn es notwendig sein sollte - mit

meinem robusten E-Mobil die neuen hippen Elektro-
kleinstfahrzeugfahrer vom Bürgersteig fegen.

Manche können, aber niemand muss etwas Altersunty-
pisches tun, nur um nicht als langweiliger alter Mensch zu
gelten. Lassen Sie sich nicht entmutigen. Wir Alten kön-
nen alles sein. Wir können wie die gerade verstorbene Heidi
Hetzer mit achtzig in einem Sportflitzer durch die ganze
Welt fahren oder unseren Enkelkindern zeigen, wie man
Marmorkuchen backt, einen Fahrradschlauch repariert
oder eine Strickliesel bedient. Wir müssen die Stereotype
über alte Menschen nicht widerlegen. Wir können uns wie
Greta Silver einreden, das Alter sei wie ein Glas prickelnder
Champagner, aber wir dürfen auch schlecht gelaunt in der
Ecke sitzen und über die heutige Zeit schimpfen, wobei Ers-
teres vermutlich vorzuziehen ist. Wir dürfen ausführlich
über Krankheiten reden, aber uns auch begeistern lassen
von der neuen Inszenierung des »Ring des Nibelungen«
in Bayreuth. Wir dürfen uns sogar den Eurovision Song
Contest ansehen, wozu ein halbtrockenes Glas Rotkäpp-
chen sicher am besten passt. Madonna, eine Dame fast in
unserem Alter, war dieses Jahr doch auch dabei und hat
dafür sogar richtig viel Geld bekommen. Schlechte Kriti-
ken? Wen kümmert es? Sie macht es richtig.

Unser Alter und auch das Ende des Alters werden an
Schrecken verlieren, wenn wir entspannt altern und uns
nicht bemühen, dabei jung oder originell zu sein. Wir können, müssen aber nicht zur Hipsterisierung des Alters beitragen. Wir dürfen sogar Oma oder Opa sein. Wir sollten
den Mut haben, einfach alt zu sein.

3. Erfolgreich und kostengünstig altern

Mein Alter hatte ich mir entspannt vorgestellt. Ich würde auf dem Sofa liegen, meinen Kater streicheln, mir Champagnertrüffel in den Mund schieben und ein schönes Buch lesen. Natürlich würde auch ein Glas eisgekühlten Weißweins nicht fehlen – vielleicht der wunderbare Regaleali aus Sizilien, den Henriette und ich so gerne in einer kleinen Osteria trinken. Um mich herum zahllose Bücher, und im Fernsehen liefe ein Nachrichtensender, weil ich ohne Nachrichten aus aller Welt nicht glücklich bin. Mit meinen Kindern würde ich über Mail, WhatsApp oder Skype Kontakt halten. Wenn ich Lust hätte, würde ich mich an meinen Schreibtisch setzen und schreiben, und das ginge auch ungeschminkt und im Nachthemd. Alles das würde ich tun, bis ich mich mitten in einem wunderschönen Buch mit einem entspannten Seufzer vom Leben verabschiede und danach unter Mithilfe meines freundlichen Bestatters friedlich ins Grab sinke. Krankheiten kamen in meinen Vorstellungen eines entspannten Alters eher nicht vor.

Was haben Sie denn bloß mit Ihrem Körper gemacht?

Tatsächlich macht sich das Gesundheitssystem viele Gedanken um uns Alte, der amerikanische Trend zum erfolgreichen Altern ist auch zu uns herübergeschwappt. Wir sollen nicht entspannt altern, sondern uns auch mit weit über siebzig noch um unsere Gesundheit bemühen. Man könne auch mit siebzig noch mit Joggen, Yoga, Pilates, Tanzen oder sogar Boxen anfangen. Wir sollten uns bemühen, gesund zu sterben. Wir sollten wenig essen, nicht rauchen, möglichst keinen Kaffee und Alkohol nur in mikroskopischen Dosen zu uns nehmen. Aber ich habe keine Lust dazu. Ich habe mich genug um Gesundheit gekümmert, bin vor Operationen nicht zurückgeschreckt, wenn sie notwendig wurden. Ich habe in den letzten zweiundzwanzig Jahren genügend Dinge tun müssen, die ich nicht gerne getan habe. Dafür ist mein Gesundheitszustand noch ganz in Ordnung, und so kann es bis zum Sarg bleiben. Es geht doch vor allem ums Geld: Gesundheitspolitiker setzen in allen Bereichen auf Rentabilität und drücken die Kosten, während die Wellnessindustrie von kostenintensiver individueller Gesundheitsvorsorge profitiert. Wer etwas für sich tun will, zahlt. Wer nichts tut, zahlt doppelt.

Das wurde mir besonders deutlich, als die Schmerzen nach einer Operation vor zwei Jahren nicht nachließen und der Chefarzt besorgt eine Orthopädin hinzuzog. »Ihre rechte Hüfte sieht auch beschissen aus«, meinte der Arzt heiter mit Blick auf die Röntgenaufnahmen. »Was meinen Sie, Frau Kollegin?«

Die Orthopädie-Kollegin guckte ebenfalls besorgt. »Hüfte, Spinalkanal und auch noch das Fußgelenk mit Arthrose – bei den vielen Baustellen frage ich mich, was haben Sie denn bloß mit Ihrem Körper gemacht, Frau Berg-Peer?«

Was ich gemacht hatte? War ich schuld an meiner Hüftarthrose? Nie zuvor wurde mir so deutlich gezeigt, dass Ärzte uns die Schuld geben, wenn wir krank werden. Uns wird eingeredet, dass Gesundheit nur eine Frage des guten Willens und der Disziplin sei, Krankheit ist individuelles Versagen. Wenn wir nicht an unserer Gesundheit arbeiten, sind wir unsolidarisch gegenüber den nachwachsenden Generationen und der Allgemeinheit.

Nie wieder Krankenhaus!

Nach dieser Erfahrung war mir klar, dass ich alles daransetzen würde, nie wieder in ein Krankenhaus zu müssen. Sollte ich vielleicht doch noch etwas für meine Gesundheit tun? Und was genau? Aber liegt es überhaupt nur an uns, ob wir krank werden oder nicht? Wissenschaftliche Ergebnisse sagen etwas anderes: Studien belegen, dass mit dem Geld auch die Gesundheit ungleich verteilt ist. »Arme Menschen sterben fast zehn Jahre früher. Sie leiden häufiger an chronischen Krankheiten, an Magengeschwüren, Lungenentzündungen und Diabetes als besser gestellte Altersgenossen. Ihre Zähne sind schlechter, auch psychische Erkrankungen treten bei Armen deutlich öfter auf als bei Reichen«, sagt Gerhard Trabert, Professor für

Sozialmedizin an der Hochschule RheinMain und Gründer des Vereins »Armut und Gesundheit in Deutschland«. Ich frage mich, an wen sich dann die Appelle, gesünder zu leben, richten? Es gibt Menschen, die keine Wahl haben. Schlechte Wohnverhältnisse und Sorgen um den Arbeitsplatz erhöhen den Stress, der mit einer Achtsamkeitsübung nicht weggeräumt werden kann. Wer wenig Geld hat, kauft billig, wer keine Zeit hat, isst öfter Fertiggerichte. Wer gestresst ist, raucht mehr oder gönnt sich eher Alkohol zur Entspannung. Selbst schuld?

Es geht mir nicht schlecht, aber zweiundzwanzig Jahre Angst und Sorgen, weil eine meiner Töchter psychisch erkrankte, haben sich auch auf meine Gesundheit negativ ausgewirkt. Nach langen Jahren ständiger Alarmbereitschaft, Angst, wie es mit meiner Tochter weitergehen wird, Überforderung, weil ich meine Selbständigkeit managen und gleichzeitig meine Tochter unterstützen musste, war ich körperlich und emotional ausgelaugt. Auch bei Arbeitsplatzverlust, permanentem Stress bei der Arbeit oder in der Familie, Scheidung, Krankheit, Tod, Insolvenz oder Geldmangel kann die Gesundheit leiden. Wer arm ist, hat weniger Geld für gesundes Essen, wer sich um Kinder oder alte Eltern kümmern muss, hat keine Zeit, Sport zu treiben. Wer als Paketbote für DHL arbeitet, kann keine Achtsamkeitsübungen in den Arbeitspausen machen. Er hat nämlich gar keine Arbeitspausen. Natürlich ist es sinnvoll, gesund zu leben, aber es ärgert mich, wenn Gesundheitssystem und Wellnessindustrie behaupten, dass wir alle es selbst in der Hand hätten, auch im Alter noch kerngesund zu sein.

Gemüse und Optimismus

Ratschläge, wie wir auch noch im Alter unsere Gesundheit erhalten oder wiederherstellen können, gibt es im Internet und in einschlägigen Zeitschriften zur Genüge. Es
ist im Grunde ganz einfach. Wir sollten alles weglassen,
was Spaß macht. Stattdessen sollten wir uns viel bewegen, möglichst fettfrei essen, wenig Fleisch, nicht rauchen
und kaum Alkohol trinken. Ganz wichtig ist Optimismus,
ohne den geht es nicht. Nur, frage ich mich, wer bleibt
optimistisch bei fettfreiem Gemüse, Kartoffeln ohne Salz
und einem Glas Leitungswasser? Damit wir alten Menschen das verstehen, hat Hans-Werner Wahl, Direktor des
Netzwerks Altersforschung, für uns eine »Tun-und-Lassen-Formel« entwickelt. Eine »Tun-und-Lassen-Formel«?
Hält Herr Wahl Menschen im Alter von sechzig plus für
bereits dement? Seine Formel umfasst alles, was wir auch
ansonsten lesen, wirklich gebraucht hätte diese Formel
niemand. Vor allem aber sollten wir unser Alter positiv
sehen und optimistisch bleiben! Das alles hält den Alterungsprozess auf und beschert uns ein langes und schönes Leben. Diese Anleitungen zu langem Leben sind so
richtig wie banal. Sie vernachlässigen aber, dass nicht alle
Menschen das Privileg haben, so zu leben, dass es gut für
sie ist.

Ich bin gesund genug

Seitdem ich verstanden habe, dass mein Körper mit fünfundsiebzig nicht mehr ganz neu ist, geht es mir besser. Ich muss nicht mehr nach Ärzten suchen, die mich heilen. Ich will nichts mehr für meine Gesundheit tun, es reicht schon, wenn ich nichts gegen sie tue. Manchmal frage ich mich, warum ich so schnell müde bin, aber dann fällt mir wieder ein, dass alte Menschen eben öfter müde sind.

Wie die amerikanische Schriftstellerin Barbara Ehrenreich in ihrem empfehlenswerten Buch »Wollen wir ewig leben?« finde ich, dass ich nicht mehr die Zeit habe, mich um meine Gesundheit zu kümmern. Mit den vorhandenen Krankheiten kenne ich mich aus und kann mit ihnen leben. Manche haben durchaus auch ihre Vorteile. Mein kaputter Fuß ist eine wunderbare Rechtfertigung für alles, was ich nicht mehr kann – leider, füge ich dann immer mit einem traurigen Blick hinzu. Das verstehen alle. Auf Vortragsreisen werden mir Taxikosten bezahlt, oder ich werde sogar mit dem Auto abgeholt. Im Auto mit Freundinnen darf ich vorne sitzen, und die anderen müssen sich auf die Rücksitze quetschen – die arme Janine ist gehbehindert. Ich darf wegen meiner Histaminunverträglichkeit zwar keinen Wein mehr trinken, aber Mixgetränke mit Gin sind erlaubt – was bei meinen Kindern schon zu völlig überflüssigen Bemerkungen über Queen Mum geführt hat, die sich im Alter gern und häufig ein Gläschen Pink Gin zubereiten ließ. Wenn ich lange auf dem Bett lese, fängt mein Rücken an, weh zu tun, also stehe ich zwischendurch auf und trampele eine Runde auf meinem Ergometer. Wenn der Fuß weh tut, nehme ich eine starke Schmerztablette. Warum um alles in der Welt sollte ich mit fünfundsiebzig oder gar mit achtzig noch mehr für meine Gesundheit tun?

Ich kenne einen großartigen Osteopathen

Trotz dieser Einstellung bleibe ich von der Entschlossenheit guter Freundinnen, mich doch noch auf den Pfad eines gesunden Lebens zu bringen, nicht verschont. Jede von ihnen kann etwas empfehlen, mit dem mein alter Körper doch noch optimiert werden könnte. »Ich kenne da einen wunderbaren Osteopathen, zu dem solltest du gehen«, sagt Ursula. »Wenn ich hingehe, kann ich mich vor Schmerzen kaum bewegen. Auf dem Rückweg ist jeder Schmerz verschwunden.«

Das geht aber deutlich schneller mit einer Schmerztablette, denke ich.

Carla rät zur Meditation, Gudrun zu Yoga und Thea zum Spazierengehen. Ayse arbeitet mit dem Theraband. Alle wissen etwas, das alten Menschen wirklich guttun soll. Das Problem ist nur, dass alle zu etwas raten, das *ihnen* guttut. Zu etwas, das *ihnen* Spaß macht. Ich werde ihnen demnächst erklären, dass vor allem Bücherlesen auf dem Sofa und Filme auf Netflix gucken kognitiv fit, schmerzfrei und fröhlich hält. Im Internet lässt sich sicher eine amerikanische Studie finden, die das bestätigt.

Zu meiner Freude höre ich gerade ein älteres Interview mit dem Schriftsteller Günter Kunert, in dem er sagt, dass er denkt und schreibt, während andere Gymnastik oder Yoga machen. Er ist erst mit neunzig Jahren gestorben.

Mein innerer Schweinehund will sich nicht überwinden

Ich will keinen Sport machen, ich will vor allem meine Ruhe haben, höre aber von allen Seiten, genau das dürfe ich nicht. »Du musst etwas für deinen Muskelaufbau tun«, sagt meine Freundin Andrea. »Es tut unheimlich gut, wenn man sich jeden Tag mindestens eine Stunde bewegt. Seitdem ich wöchentlich einmal tanzen gehe, fühle ich mich wunderbar.«

Andrea kann zu allem, was sie mitteilt, eine wissenschaftliche Untersuchung zitieren, die genau das belegt, was sie glaubt.

»Ich bewege mich aber nicht gern«, versuche ich einzuwenden. »Mir tut es unheimlich gut, wenn ich auf dem Sofa liege.«

»Das ist nur eine Frage der Gewohnheit«, sagt Andrea erbarmungslos. »Auch Meditation hilft sehr.«

Bei Meditation muss man sich wenig bewegen, wenn man das Heben und Senken der Brust bei tiefen Atemzügen nicht mitrechnet. Aber bei meiner kurzen Einführung in die Meditation im indischen Ayurveda-Resort sagte mir der attraktive Meditationslehrer, ich solle an gar nichts denken, sondern mich einfach dem Atmen und dem Moment hingeben. Erspüren, ob mein Oberschenkel sich warm oder kalt anfühle. Kein Oberschenkel bleibt bei

38 Grad im Schatten kalt! Außerdem denke ich gern an
etwas. Warum sollte ich das lassen?

Jetzt kommt Andrea auch noch mit dieser entsetzlichen
Redewendung, die ich immer schon gehasst habe. »Man
muss einfach den inneren Schweinehund überwinden«,
sagt sie munter. »Mir ging das genauso und jetzt kann ich
gar nicht mehr ohne.«

Ich will meinen inneren Schweinehund nicht überwinden. Habe ich überhaupt einen inneren Schweinehund?
Wurde überhaupt jemals nachgewiesen, dass irgendjemand einen inneren Schweinehund hat? Falls ich aber
doch einen haben sollte, bin ich überzeugt davon, dass er
nicht überwunden werden, sondern seine Ruhe haben will.
In Wellnesszeitschriften ist auch zu lesen, dass nach regel-
mäßiger, körperlicher Anstrengung Glückshormone aus-
geschüttet werden. Ich habe es ausprobiert, aber es kam
kein einziges Glückshormon.

»So schnell geht das auch nicht«, sagt im Morgenmagazin der immer fröhliche Dr. Ingo Froböse, ein Ex-
perte für Sport und Fitness und Autor zahlloser Gesund-
heitsbücher. »Man muss einfach dranbleiben. Eigentlich
sollte man schon in jungen Jahren damit anfangen, dann
gehört es einfach zum Leben dazu«, erklärt er. Wie schön,
dann ist es bei mir zu spät! Aber ich entgehe ihm nicht.
Auch mit siebzig könne man noch viel für seinen Körper
tun, findet er. »Fangen Sie mit einer halben Stunde am Tag
an und steigern Sie sich langsam.«

Ich befolge seinen Rat und gehe ins Fitnessstudio – mit
Rollator. Schon die Fahrt plus Parkplatzsuche dauert fast
eine halbe Stunde. Im Sportstudio dauert es eine Viertel-

stunde, bis ich mich umgezogen habe. Der eigentliche Sport ist dann schnell zu bewältigen, es gibt sogar Geräte, die mir Spaß machen, weil man bequem auf ihnen sitzen und lesen kann. Aber das Schlimmste kommt nach dem Training. Holen Sie mal, im Umkleideraum mit nassem Boden und unter Getuschel und kaum verborgenem Gekicher der schlanken jungen Mädchen, die Strumpfanziehhilfe hervor und mühen sich damit ab, wieder in den Strumpf zu kommen. Ich bin sicher, dass die jungen Damen sich in dem Moment geschworen haben, sich lieber zu erschießen, als jemals in so eine peinliche Situation zu kommen.

Sterben wir jetzt alle an Einsamkeit?

Inzwischen kommt eine große Gefahr gerade auf uns Alte zu: Viele von uns leiden an Einsamkeit, die inzwischen als Krankheit gehandelt wird. Einsamkeit soll mittlerweile die größte Epidemie in Deutschland, vielleicht sogar weltweit sein. Natürlich hat Manfred Spitzer auch zu diesem Thema ein Buch geschrieben mit dem beunruhigenden Titel »Einsamkeit – die unerkannte Krankheit: schmerzhaft, ansteckend, tödlich«. Tödlich! Der Gesundheitsexperte der SPD, Karl Lauterbach, fordert nun – nach dem Vorbild von Großbritannien – ein Einsamkeitsministerium.

Es ist sicher nicht schön, einsam zu sein, aber ist Einsamkeit wirklich tödlich? Und inwiefern ansteckend? Wenn man allein ist, wen will man denn dann anstecken? Und was ist Einsamkeit eigentlich genau? Wissen wir, was Menschen meinen, wenn sie sich einsam fühlen? Sind sie sozial isoliert? Fühlen sie sich nicht zugehörig? Fehlen ihnen die Kinder? Der Discobesuch? Ein Liebespartner? Ein Hund? Manche Menschen – so wird behauptet – fühlen sich dermaßen einsam, dass sie zum Arzt gehen, um mit jemandem reden zu können. Bei den wenigen Minuten, die Ärzte für den einzelnen Patienten haben, halte ich den Besuch einer kleinen Eckkneipe, um beim Bier gemeinsam ein Fußballspiel anzusehen, für deutlich sinnvoller.

Warum, glaubt man den Studien, sind vor allem alte Menschen so einsam? Eine der besten Erklärungen kommt von meiner Freundin Andrea: »Einsamkeit ist ein Mangel an Fantasie«, sagt sie nüchtern. Das glaube ich sofort. Ich frage mich oft, warum alte Menschen so wenig von den vielen Möglichkeiten Gebrauch machen, die es vor allem in einer Großstadt gibt. Meine Nachbarin, ebenso alt wie ich, zog mit ihrem Mann vom Land in die Stadt, in der sie kaum Menschen kannten. Sofort fing sie an, bei Oxfam zu arbeiten, ihr Mann engagiert sich seither bei einer Bürgerinitiative. Sie sind nicht einsam. Man kann in Kirchengruppen gehen, im Chor singen oder Theater spielen. Man kann Kindern in einer Bibliothek vorlesen oder Flüchtlingskindern beim Deutschlernen helfen. Man kann zum Tanzen gehen oder in einen Sportverein. Man kann sich in politischen Parteien engagieren oder in einem Nachbarschaftsladen aushelfen. In Hamburg gibt es jetzt eine Alten-Disco, bei der Menschen über siebzig unter einer Discokugel hochvergnügt ihre Tanzfähigkeiten unter Beweis stellen. Ich könnte an dem schönen Platz bei mir einen monatlichen Stammtisch für alte Menschen organisieren. Besuche im Botanischen Garten sind möglich, dabei würde sogar der Begleitservice der BVG helfen, wie ich beim Rollator-Training gelernt habe. Eine achtzigjährige Freundin hat eine Gruppe gegründet, mit der sie wöchentlich zwei Stunden spazieren geht. Man kann sich frühzeitig mit anderen Sechzigjährigen zusammentun, um ein Projekt für das Wohnen im Alter aufzubauen. Nachbarschaftshilfe, Kinderbetreuung, gemeinsam kochen – das geht auch in der eigenen Wohnung, wenn man nicht mehr so mobil ist. Die Pflege von Nachbarschaften ist ein wunderbares Mittel gegen Einsamkeit. Mit dem Portal Granny Aupair können ältere Frauen ins Ausland gehen und Kinder hüten. Es mangelt also nicht immer an Möglichkeiten, sondern oft an Fantasie. Nur sollte man damit nicht beginnen, wenn man über neunzig ist. Beginnen Sie mit sechzig, sich auf die Zeit nach dem Berufsleben vorzubereiten.

Kann es sein, dass dieses Einsamkeitsgefühl auch daraus resultiert, dass heute gefordert wird, immer glücklich sein zu können oder gar zu müssen? Wer es nicht schafft, glücklich zu sein, hat etwas falsch gemacht. Auch erwarten viele Menschen, von anderen Menschen glücklich gemacht zu werden, der Familie, Enkelkindern, guten Freunden oder ehemaligen Kollegen. Wer sich in seine Wohnung zurückzieht und bedauert, dass die Kinder nicht jedes Wochenende anrufen oder zum Kuchenessen kommen, wird einsam. Für viele alte Frauen kann hier die lange Fokussierung auf die eigene Kleinfamilie zum Nachteil werden. Wenn die Kinder aus dem Haus sind und der Ehemann bereits gestorben ist, fehlt es an sozialen Kontakten.

Ein gutes Mittel gegen Einsamkeit ist nach meiner Erfahrung, selbst die Initiative zu ergreifen und anderen

Menschen etwas anzubieten. Einen gemeinsamen Abend oder auch Hilfe bei der Betreuung der Kleinkinder oder Katzen von Nachbarn anzubieten kann der Beginn neuer Kontakte sein. Ein Anruf, der eine Freundin freut, tut auch uns gut. Es fällt nicht allen Menschen leicht, auf andere zuzugehen und einen Vorschlag für eine gemeinsame Unternehmung zu machen, dafür habe ich Verständnis. Aber es ist nie zu spät, auch das zu lernen.

Ich habe das Glück, mich selten einsam zu fühlen. Ich bin gern allein, bin ständig mit etwas beschäftigt. Ich kenne viele Menschen, habe aber wenig enge Freunde. Einsam fühle ich mich nicht. Ich lese lieber ein Buch, als zu einem Fest am Potsdamer Platz oder zu einer Ausstellung zu gehen. Nach den langen Jahren mit der Krankheit meiner Tochter strengen mich große Menschenmengen an. Aber das ist kein Grund für mich, unglücklich oder einsam zu sein. Ich sitze lieber an meinem Rechner und schreibe, als mich mit anderen Menschen über Dinge zu unterhalten, die mich nicht interessieren.

Mir fällt auch vieles ein, was ich künftig noch tun möchte. Statt mich zu bedauern, dass es mit dem Reisen inzwischen schwierig wird, werde ich gedanklich auf Reisen gehen. Ich werde alle Bücher lesen, die ich über Indien oder Myanmar oder Ruanda finde, historische Bücher, Reiseberichte, Romane. Oder alle Filme von Regisseuren ansehen, die ich gut finde. Natürlich denke ich auch jetzt schon daran, wieder ein neues Buch zu schreiben.

Eine kreative Möglichkeit, weniger einsam zu sein, breitet sich in Japan aus. Man kann Menschen *mieten*, die dann am Wochenende als Ehefrau, Sohn oder Schwiegertochter mit dem alten Menschen Kuchen backen und Tee servieren. Was vielen Menschen äußerst merkwürdig erscheinen mag, gefällt mir gut. Bezahlte Wahlverwandtschaften. Eine junge Frau, die wöchentlich einen alten Mann als Tochter besucht, sagt, dass man trotz der Bezahlung anfinge, sich gegenseitig wirklich gern zu haben. Bedenkenswert.

Armut und Schicksalsschläge machen einsam

Natürlich kann nicht nur ein Mangel an Fantasie, sondern auch Armut eine Ursache für Einsamkeit sein. Mit Freunden essen zu gehen, an einem Stammtisch teilzunehmen, kostet Geld, auch wenn es nur ein paar Euro sind. Ein Sportverein, der Zoo oder der Botanische Garten, Kino oder Theater – alles kostet Geld, das manche nicht erübrigen können. Jemanden in die eigene Wohnung einzuladen, kann Scham auslösen, wenn man beengt lebt und nur kärglich eingerichtet ist. Auch um zusammen zu kochen, wird Geld benötigt, das man vom Wochenbudget womöglich nicht abzweigen kann. Auch Schicksalsschläge wie Arbeitslosigkeit, Krankheit, Tod oder Scheidung können Menschen in die Einsamkeit führen.

Meine Kämpfe mit der Krankenkasse und der Pflegekasse haben mir gezeigt, wie das Leben im Alter sein kann, wenn man keine privaten Mittel hat, um sich Hilfsmittel zu besorgen. Der wackelige und schwere Kassenrollator macht für viele alte Menschen jeden Weg außerhalb der Wohnung beschwerlich. Wer sich nicht mehr selbst die Fußnägel schneiden kann, bekommt nur bei Diabetes

Hilfe von der Krankenkasse. Die Schuhe fangen an zu drücken, und man bleibt lieber in der Wohnung, in der weite Pantoffeln es ermöglichen, ohne Schmerzen zu gehen. Armut macht einsam, und daher würden in erster Linie bessere Renten, bezahlbare Wohnungen und bessere Gesundheitsleistungen vielen alten Menschen helfen, aus ihrer Einsamkeit herauszukommen. Das Geld für ein Einsamkeitsministerium könnte gespart werden, stattdessen sollte alten Menschen kostenloser Eintritt in öffentliche Einrichtungen angeboten werden, verbilligte Kino- und Theatertickets und kostenlose Kleinbusse sollten alte Menschen zum Einkaufen, zum Arztbesuch oder zum Schlendern durch die Einkaufsstraße bringen. Die DLRG bietet kostenlose Schwimmkurse für alte Menschen an. Es gibt bereits gute Ideen und Ansätze. Mir und anderen alten Menschen würde vieles einfallen, das uns vor Einsamkeit schützen könnte.

Erfolgreich altern als Lebensaufgabe?

Als Vorbilder gegen kostenträchtiges Altern werden uns die rüstigen Senioren, Silversurfer oder auch Bestagers, die noch mit über achtzig Bungee springen oder auf den Mount Everest klettern, wie eine Karotte vor die Nase gehalten. So hat man uns Alte gern, dann geben wir allenfalls Geld aus für die Wellnessanbieter, aber kosten das Gesundheitssystem wenig. Wir dürfen gern alt werden, aber bitte nicht pflegebedürftig, denn dann fangen wir an, richtig teuer zu werden. Jetzt ist auch bei uns – wie in den

USA – erfolgreiches Altern die Devise. Und erfolgreiches Altern bedeutet, gar nicht zu altern. Wenn Alterssymptome auftauchen, haben wir etwas falsch gemacht. Ich habe mich immer gefragt, warum ich gesund altern solle. Wäre es nicht lohnenswerter, glücklich oder wenigstens entspannt zu altern? Aber um unser Glück geht es nicht. Wir sollen gesund leben und gesund sterben, weil das kostengünstiger ist. Wenn wir krank werden, belasten wir das Gesundheitssystem. Mit diesem Problem hat sich bereits 2003 der Vorsitzende der Jungen Union, Philipp Mißfelder, beschäftigt, wie im Tagesspiegel vom 3. August 2003 zu lesen ist. Er forderte, dass Menschen ab fünfundsiebzig keine künstlichen Hüftgelenke mehr auf Kosten der Solidargesellschaft bekommen sollten. »Früher«, fand Herr Mißfelder, »sind alte Menschen auch auf Krücken gegangen.« Er beklagte, dass die Politik das Prinzip des solidarischen Generationenvertrags zu einem Generationenverrat habe verkommen lassen. Ich bin froh, dass sich bislang noch nicht alle Gesundheitspolitiker diesen zynischen Überlegungen angeschlossen haben.

Alle Bereiche der Medizin müssen sich ökonomischen Erwägungen beugen, Kinderstationen etwa werden geschlossen, weil sie unrentabel sind, und Gesundheitsleistungen muss man sich verdienen. Wer der Gesellschaft nicht mehr nützlich ist, sollte auch weniger medizinische Leistungen bekommen. Vom Institut für Gesundheitsökonomie ist zu hören, dass Menschen, die nicht bereit sind, ein Organ zu spenden, dann im Ernstfall auch länger auf ein neues Organ warten müssen.

Blaue Zonen oder der Zwang, glücklich zu altern

Seit einiger Zeit wird in den Medien viel über die Blauen Zonen berichtet, von denen es nur fünf weltweit gibt. Als Blaue Zonen werden die Gegenden in der Welt bezeichnet, in der viele Menschen weit über hundert Jahre alt werden. Eine davon ist die japanische Inselgruppe Okinawa. Die dort lebenden über Hundertjährigen sind, wie nicht anders zu erwarten, gesund, aktiv und vor allem optimistisch. Sie pflanzen ihr eigenes Gemüse, holen sich jeden Morgen frischen Fisch von einem hundertjährigen Fischer, und außerdem haben sie einen wundervollen menschlichen Zusammenhalt. Aber könnte es nicht sein, dass in den Blauen Zonen vielleicht auch ein klein wenig Inzest die Gene gefördert hat, die zu Langlebigkeit führen? Die Hundertjährigen auf Okinawa sind nicht nur glücklich und äußerst gastfreundlich, sondern inzwischen auch geschäftstüchtig, denn sie haben sich auf den Tourismus eingestellt und verkaufen gern ihr lebensverlängerndes eingelegtes Gemüse. Denn inzwischen wollen viele Menschen, auch die Festlandjapaner, gerne die optimistischen Hundertjährigen auf Okinawa bewundern und ebenso alt werden. Diese Langlebigkeit wurde inzwischen intensiv erforscht, und man fand heraus, dass zu ihrer Langlebigkeit eine gesunde Diät beiträgt, die aus Fisch, Tofu und frischem oder eingelegtem Gemüse besteht, und, ganz heißer Tipp, die Menschen auf Okinawa füllen ihren Magen bei jeder Mahlzeit nur zu 80 Prozent.

Kann und soll uns dieses Leben ein Vorbild sein? Inzwischen nutzen deutlich jüngere Menschen das Blaue-Zonen-Modell weltweit geschäftstüchtig aus, schreiben Bücher, betreiben Webseiten, auf denen man täglich die besten Blaue-Zonen-Rezepte findet, und bieten »Blaue-Zonen-Sommer-Camps für Menschen ab fünfundfünfzig« an. Ich bin skeptisch. Schon die Japaner auf dem Festland scheinen nicht nach dem Okinawa-Modell leben zu können, wie sollten wir in Mitteleuropa das tun? Wer von uns Alten hat das Privileg, einen kleinen Gemüsegarten auf dem Balkon seines Mietshauses anzulegen? Woher bekomme ich jeden Tag fangfrischen Fisch, und kann ich mir das leisten? Es mag für Forscher interessant sein, herauszufinden, warum Menschen in den Blauen Zonen so alt werden. Aber wir leben weder in Okinawa noch in Esslingen, sondern in Berlin oder anderen Großstädten. Wir können die Zeit nicht mehr zurückdrehen. Sicher ist der Hinweis auf Aktivität, frisches Gemüse und Optimismus richtig, aber mit diesem Hinweis sollte dann gleich das Rezept dafür geliefert werden, wie nicht nur finanziell gut gestellte, sondern auch Menschen mit wenig Geld nach diesen Prinzipien leben können.

Ich freue mich, dass es aus anderen Kulturen auch noch weitere Anregungen gibt, wie wir gesund ein hohes Alter erreichen können. Die hundertsieben Jahre alte Spanierin Louise Signore führt ihr hohes Alter darauf zurück, dass sie nie geheiratet hat. »Viel Schnaps und keine Männer« ist das Rezept einer weiteren hundertzweijährigen Frau. Die fünfundneunzigjährigen Tipton-Twins Lil & Doris benennen »viel Guinness und keinen Sex« als Rezept für heiteres

Altern. Das kommt zwar zu spät für mich, es gefällt mir
aber schon viel besser als Tofu und Optimismus.

Erfolgreiches Altern – ökonomisch sinnvoll?

Wir sollten die vielen fürsorglichen oder mahnenden Aussagen von Ärzten und Wellnessgurus nicht nur als Fürsorge für uns Alte verstehen. Es geht nicht nur darum,
dass wir uns wohler fühlen, sondern es geht auch darum,
das Gesundheitssystem zu entlasten. Wir Alten sind teuer,
je älter wir werden, umso teurer. Das weiß auch Christine
Lagarde, die neue Chefin der Europäischen Zentralbank,
und hat darauf hingewiesen, dass die zunehmende Alterung der Weltbevölkerung allmählich zu einer ökonomischen Bedrohung werde. Die WHO weist bereits seit Jahren
darauf hin.

Gleichzeitig jedoch glaubt der in Harvard lehrende Ge-
netiker David A. Sinclair (»Das Ende des Alterns. Die re-
volutionäre Medizin von morgen«), eine Formel gefunden
zu haben, die es Menschen ermöglicht, mindestens hun-
dertzwanzig Jahre alt zu werden. Dazu müsse man sich
frühzeitig um ein gesundes Leben kümmern, bestimmte
Substanzen und Medikamente zu sich nehmen, die den
Alterungsprozess aufhalten, und – ganz wichtig – weniger
essen. Ökonomisch müsse das kein Problem werden, da
die Kosten für gängige Alterskrankheiten wie Herzerkran-
kungen, Alzheimer, Osteoporose und Krebs viel höher
seien als die Ausgaben für Medikamente, die den Alterungsprozess aufhalten.

Sehen wir dann einer Welt entgegen, in der die meisten Menschen sehr viel später in Rente gehen können, niedrigere Renten erhalten und deutliche Einschränkungen bei den Gesundheitsleistungen akzeptieren müssen? Und stünde dann dem gegenüber eine Minderheit, die ihr Leben lang privilegiert lebt und die sich auch mit zunehmendem Alter die medizinischen Errungenschaften leisten kann, die ihr Alter und ihren Tod aufhalten? Für mich keine schöne Vorstellung.

Ich weiß nicht, wie Christine Lagarde und die WHO das sehen, die eine weltweit zunehmende Alterung der Menschen als ökonomisches Problem erkannt haben. Ist es vor diesem Hintergrund nicht widersprüchlich, wenn wir von Ärzten und der Wellnessindustrie mit lebensverlängernden Ratschlägen überschüttet werden? Sind das – volkswirtschaftlich betrachtet – dann nicht eher unkluge Ratschläge?

Meine Empfehlung

Wir Menschen sollten uns nicht von Ärzten und Gesundheitsgurus unter Druck setzen lassen, sondern uns darauf konzentrieren, im Alter vor allem das zu tun, was uns Freude macht. Das kann natürlich auch Sport und gesundes Essen sein, wenn es einem alten Menschen Spaß macht. Wenn junge Menschen sich nach dem Blaue-Zonen-Modell oder den Empfehlungen von Professor Sinclair richten wollen, dann sollen sie das tun. Für mich ist das erfreulicherweise zu spät.

Aber etwas habe ich von den klugen und optimistischen Hundertjährigen aus Okinawa gelernt. Außer Tofu, körperlicher Anstrengung, Gartenarbeit und wunderbarem menschlichem Zusammenhalt gibt es noch etwas anderes, das sie für ihr langes Leben verantwortlich machen. Es gibt dort eine alte Tradition für ein lebenswertes Leben, die mit *Ikigai* beschrieben wird. Das persönliche *Ikigai* beschreibt den Grund, warum das Leben auch mit achtzig noch schön sein kann und warum ich mich auch im Alter noch jeden Tag darauf freue aufzustehen.

Ich bin gegenüber östlichen Weisheiten mehr als skeptisch eingestellt, was meine Freundin Andrea oft bedauert. Aber das Prinzip *Ikigai* gefällt mir gut. Mein *Ikigai* beschreibt den Sinn und die Bedeutung, die ich meinem Leben gebe. Statt mich um die Gelenkigkeit meiner arthritischen Hüften zu kümmern oder Kreuzworträtsel zu lösen, um einer Demenz vorzubeugen, werde ich mich jetzt ausschließlich Dingen widmen, die mir Freude bereiten. Davon gibt es viele: Wenn ich aufwache und das üppige Grün auf meiner Terrasse sehe, weiß ich, warum es schön ist, dass ich lebe. Wenn mich mein British-Shorthair-Kater Giacometti morgens durch sein Gefiepse weckt, bin ich gut gelaunt. Wenn mein zwölfjähriger Enkel mir eine aufmunternde Karte schickt, auf der steht »Liebe Omama, sei nicht traurig. Wir werden alle alt«, dann finde ich mein Leben schön. Ich freue mich, wenn meine Kinder mit ihrem Leben zufrieden sind, und dass sie viele Fehler vermieden haben, die ich in meinem Leben gemacht habe. Ich freue mich, dass sie in manchen Lebenslagen noch meinen Rat suchen.

Ich stehe gern morgens auf, weil ich weiß, dass es noch viele Bücher gibt, die ich lesen, und vielleicht auch noch einige, die ich schreiben kann. Ich empfinde es als ein Geschenk für mein Alter, dass meine Bücher und Vorträge vielen Angehörigen psychisch Erkrankter zu helfen scheinen. Meine Erfahrungen, auch wenn sie schwierig waren, waren nicht nutzlos, denn heute kann ich anderen Eltern ein wenig helfen. Es gibt meinem Leben Sinn, andere dabei zu unterstützen, ihren Alltag mit einem psychisch erkrankten Kind besser zu bewältigen.

Es gibt große und kleine Dinge, die mir im Leben Freude machen. Es motiviert mich, wenn meine Tochter, die jahrelang unter ihrer psychischen Erkrankung litt, jetzt mit Engagement und Kompetenz ihrer beruflichen Arbeit nachgeht. Ich glaube, dass es besser für meine Gesundheit ist, mich mit neuen Gedanken zu beschäftigen und damit, etwas für andere Menschen zu tun, als darüber nachzudenken, wie ich erfolgreich altern könnte. Es lohnt sich für mich, noch zu leben, weil ich sicher sein kann, dass ich jeden Tag neue Gedanken, neue Bücher, neue Erkenntnisse finden kann.

Denken Sie weniger an die Gesundheit, wenn Sie schon über siebzig sind. Genießen Sie Ihr Leben, und nur wenn etwas gar nicht mehr geht, suchen Sie nach Hilfe. Wenn etwas schmerzt, dann gibt es wirkungsvolle Tabletten. Sie werden davor gewarnt, süchtig zu werden? Mein Vater litt mit einundachtzig Jahren unter extremen Schmerzen, und sein Arzt weigerte sich, ihm weiterhin Morphium zu geben, mit der Begründung, dass er süchtig werden könne. Na und?

Bedauern Sie sich nicht und fühlen Sie sich nicht einsam, sondern suchen Sie nach etwas, das Ihnen Freude macht oder mit dem Sie anderen Menschen eine Freude machen können. Dann bleiben Sie bestimmt nicht einsam.

4. »Mami, ich will nicht, dass du stirbst!«

Mein Alter betrifft nicht nur mich, sondern auch meine Kinder. Was ist, wenn ich pflegebedürftig werden sollte? Die Pflegebedürftigkeit nimmt zu: Seit 1999 ist die Zahl der pflegebedürftigen alten Menschen beträchtlich gestiegen, 65 Prozent davon sind Frauen. Ich habe also gute Chancen, ebenfalls pflegebedürftig zu werden. Daher muss ich mit meinen Kindern besprechen, was ich mir in so einer Situation wünsche und wie sie mich dabei unterstützen können.

Überalterung und Pflegenotstand!

Kaum ein Tag vergeht, an dem in den Medien nicht das böse Wort Pflegenotstand auftaucht. Altersheime müssen schließen, Pflegekräfte sind überlastet und geben ihren Beruf auf und, noch schlimmer, wir Alten werden in Pflegeheimen nachlässig versorgt oder gar misshandelt, weil die Pflegekräfte einfach keine Zeit haben. Viel wird darüber diskutiert, dass das Ansehen von Pflegekräften aufgewertet werden müsste, weniger wird darüber gesprochen, dass es auch die Gewinninteressen großer Investoren an

Pflegeheimen sind, die einen knappen Personalbestand voraussetzen.

Lange Zeit wurde in Talkshows diskutiert, ob Kinder ihre alten Eltern pflegen sollen oder können. Wir alten Eltern waren bei solchen Talkshows nicht dabei, stattdessen wurde *über uns* gesprochen. Bei den Talkshowteilnehmern herrscht Einigkeit, dass wir alten Eltern es verdient haben, von unseren Kindern gepflegt zu werden. »Ins Heim geben?« Niemals. Eine patent aussehende Frau Anfang fünfzig berichtet, dass sie ihre Eltern bis zu ihrem Tode aufopferungsvoll gepflegt hat, was ihr auch ein inneres Bedürfnis gewesen sei. Klatschen im Publikum. Wie sie das denn mit der Unterbringung der Eltern organisiert hätte, fragt die Moderatorin. »Das war gar kein Problem. Wir haben einfach im Haus umgebaut, alles behindertengerecht, sodass meine Mutter ihre eigene Wohnung hatte.« Wieder zustimmendes Klatschen. Das klingt ideal, nur frage ich mich, was, wenn das Ehepaar mit zwei Kindern in einer Drei- oder Vierzimmer-Mietwohnung wohnt, nichts umbauen darf und auch weder Geld noch Platz für solche Aktionen hat? Was, wenn Schwiegersohn und Tochter Vollzeit berufstätig sind und auch noch auf zwei minderjährige Kinder aufpassen müssen? Dann gibt es die Ministerin, die berichtet, dass die Pflege ihres dementen Vaters trotz allem auch sehr schöne Seiten hatte. Einfach sei es natürlich nicht gewesen, räumt sie mit tapferem Lächeln ein. Es habe allen viel abverlangt. Aber als sie zum Schluss gemeinsam mit dem Vater Volkslieder gesungen habe, sei dann noch einmal viel Nähe dagewesen. Publikum und Moderatorin sind gerührt. Auch hier stellt sich mir die

Frage: Wie oft wurde die Ministerin von ihrem Fahrer aus Berlin zum Volksliedersingen zu ihrem Vater gefahren, und wer hat den Vater gepflegt, wenn die Ministerin an sieben Tagen in der Woche unser Land mitregieren musste? Die patente Tochter erzählt dann noch, dass ihr ihre Eltern in der Zeit noch einmal viel nähergekommen seien. Man habe so viele schöne Momente miteinander gehabt. Zustimmendes Klatschen vom Publikum. Dann erklärt ein Teilnehmer bedauernd, dass es früher ganz anders war. Man lebte in Großfamilien zusammen – es wird nicht ganz klar, ob in einer großbürgerlichen Stadtwohnung, auf einem Bauernhof oder in der Hinterhofwohnung mit Außenklo, und dort seien die alten Großeltern auf ihrem Altenteil liebevoll versorgt worden. Zum Schluss seien sie dann im Kreise ihrer Lieben – vermutlich im Schein einer Kerze – sanft entschlafen. Die Zuschauer haben die Botschaft verstanden: Nur schlechte, verantwortungslose Kinder geben ihre Eltern in eine Pflegeeinrichtung, gute pflegen selbst. Das ist schwierig? Die Ministerin hat es doch auch geschafft!

Mutter, wann stirbst du endlich?

Nur einmal bringt eine Talkshowteilnehmerin mehr Realität in diese Diskussion. Martina Rosenberg berichtet in ihrem Buch »Mutter, wann stirbst du endlich?«, wie die Zeit der Pflege ihrer alten Eltern sie an den Rand ihrer Kräfte gebracht hat und wie wenig die Situation dem romantisierten Bild entsprach, das gern propagiert wird. Ihre Eltern hatten ihr das Versprechen abgenommen, sie niemals ins Heim zu schicken und auch das elterliche Haus nie zu verkaufen. An dieses Versprechen wollte sie sich halten, was aber ihr Leben zu einem Horrortrip machte. Sie beschreibt anschaulich, in welche emotionalen und finanziellen Nöte sie kam, als sie einerseits ihre Eltern unterstützen wollte, aber andererseits mit den unentwegten Forderungen und Ansprüchen der Eltern vollkommen überfordert war. Ich ärgere mich über diese beschönigenden Erzählungen. Das Bild der sterbenden Eltern in der Großfamilie ist eine romantisierte Vorstellung von einem glücklichen Zusammenhalt, der so nie da war. Familien haben sich damals nicht besser verstanden, waren aber aus ökonomischen Gründen stärker aufeinander angewiesen. Auf dem Altenteil wurden nicht alle Menschen gut versorgt, es gibt ausreichend Literatur darüber, wie schlecht sie oft behandelt wurden. Außerdem wird häufig nicht berücksichtigt, dass die Pflegephasen damals deutlich kürzer waren, weil die Menschen früher starben. Mit dem Verweis auf ein Früher, in dem es immer glückliche Familien gab, wird ein moralischer Druck für erwachsene Kinder aufgebaut, der belastend sein kann.

Selten wird bedacht, dass die Beziehungen zwischen Kindern und Eltern nicht immer nur harmonisch sind, was eine Pflege, die große Nähe und Intimität erfordert, erheblich erschwert. Es gibt die nicht immer konfliktfreie Ablösung der Kinder von den Eltern, und es gibt auch Eltern, die es genießen, wenn sie sich nicht mehr so viel um ihre erwachsenen Kinder kümmern müssen. Ich finde es schöner, Weihnachten allein in der milden Wintersonne von Lanzarote frischen Fisch mit diesen herrlichen salzigen kleinen Kartöffelchen – papas arrugadas – mit roter oder grüner Soße zu essen und dazu einen trockenen Weißwein mit Aromen von tropischen Früchten und Mango zu trinken, anstatt zu Hause Weihnachtsliedern zu lauschen, die ein Enkel auf einer C-Flöte darbietet. Natürlich gibt es Großeltern, die sich nichts Schöneres vorstellen können, als alle Feste gemeinsam mit Kindern und Enkelkindern zu feiern und dafür auch eine Woche lang auf der aufgeklappten Couch im Wohnzimmer zu schlafen, wo sich morgens bereits um kurz nach sieben ein klebriges Kinderhändchen auf das Gesicht legt mit der Frage:»Oma, schläfst du noch?«

Meine Freundin Andrea gehört zu diesen großartigen Großmüttern. Ihre Enkeltöchter beten sie an, sie bringt ihnen Klavierspielen und Häkeln bei und ist als Babysitterin immer verfügbar. Vielleicht müssen sich solche wunderbaren Großeltern weniger Sorgen um die künftige Pflege durch ihre Kinder machen?

Wir schulden unseren Eltern nichts?

Ich freue mich, dass in den Talkshows inzwischen eine Trendwende zu erkennen ist. Vermehrt wird der Gesetzgeber für die schwierige Situation alter Menschen und vieler erwachsener Kinder verantwortlich gemacht. Jetzt wird der Staat kritisiert, weil es versäumt wurde, genügend Pflegekräfte auszubilden und für gute ambulante oder stationäre Wohnmöglichkeiten für alte Menschen zu sorgen. Noch ein weiterer Trend soll erwachsene Kinder entlasten. Die Philosophin Barbara Bleisch hat mit ihrem Buch »Warum wir unseren Eltern nichts schulden« einen Nerv getroffen. Sie stellt sich die Frage, ob wir unseren Eltern etwas schulden, und antwortet: nein. Auf Facebook lässt sich verfolgen, welche Begeisterung die Aussagen von Bleisch bei vielen Nutzern und Nutzerinnen auslösen. Die Mehrzahl scheint sich entlastet zu fühlen und berichtet, wie unerträglich ihre Eltern immer schon gewesen seien. Vielleicht ist das nicht die Intention der Autorin gewesen, aber deutlich wird, dass man sich – Gott sei Dank – nicht um seine Eltern kümmern muss – es sei denn, sie waren auch wirklich nett.

Ich finde diese Betrachtung problematisch: Noch vor ein paar Jahren wurde den Kindern die ganze Verantwortung für die Pflege ihrer Eltern zugeschoben. Jetzt heißt es, Kinder, ihr müsst kein schlechtes Gewissen haben, ihr schuldet euren Eltern nichts, schon gar nicht, wenn es ohnehin schlechte Eltern waren. Schlechte Eltern können keine Dankbarkeit fordern. Dazu passt auch die Klage eines Mannes vor ein paar Monaten, der keinen Unterhalt für seinen Vater zahlen wollte, weil der Vater sich ab einem bestimmten Zeitpunkt nicht mehr um ihn gekümmert habe und ihm in seinem Testament nur den Pflichtteil zuerkannte. Es mag familiäre Konstellationen geben, bei denen es für Kinder schwer einzusehen ist, dass sie für ihre Eltern im Alter zahlen müssen. Sowohl die Argumentation von Bleisch als auch die Klage des Sohnes zeigen aber, dass es inzwischen auch bei den Beziehungen zwischen Eltern und Kindern zu einer Entsolidarisierung gekommen ist. Jeder und jede bekommt nur das, was er oder sie verdient.

Ich stimme Bleisch zu, dass unsere Kinder nicht verpflichtet sind, uns im Alter zu versorgen, vor allem, weil sie es oft gar nicht können. Ich lehne es aber ab, die Beziehung zwischen Eltern und Kindern unter dem Gesichtspunkt von Schulden zu betrachten. Nein, meine Kinder sind nicht verpflichtet, mich zu pflegen, und zwar ganz unabhängig davon, ob ich eine gute Mutter war oder nicht. Wenn es nur danach ginge, ob ich eine gute Mutter war, dann hätte ich ohnehin keine guten Chancen: Auf der großartigen-Mutter-Skala bin ich vermutlich maximal eine 7plus, mit Wohlwollen eine gute 8. Bis jetzt sind meine Kinder allerdings erstaunlich nett zu mir. Aber wir schulden es unseren Kindern, uns frühzeitig mit unserem Leben im Alter zu beschäftigen, und unsere Kinder schulden es uns, mit uns darüber zu reden.

»Ich kann dich nicht waschen!«

Wie die meisten erwachsenen Kinder können auch meine Kinder mich nicht pflegen. Sie wohnen weit entfernt, es passt nicht in ihre aktuelle Lebenssituation, sie sind berufstätig, und – das sollten wir alten Eltern auch nicht vergessen – sie haben vor allem einen Anspruch auf ein eigenes Leben. Es ist daher meine Verantwortung, ihnen frühzeitig mitzuteilen, wie ich im Alter leben möchte, wenn ich pflegebedürftig werden sollte. Vielleicht können sie mich dabei unterstützen, das Richtige zu finden. Aber ich muss dieses Gespräch beginnen.

»Also, ich kann dich einfach nicht waschen und pflegen!«, sagt mein Sohn Michael verlegen lächelnd. »Ich kann so etwas einfach nicht, auch nicht bei einem anderen Menschen. Aber ich könnte für dich einkaufen und den Kasten Sprudelwasser nach oben tragen.« Das ist doch schon etwas, denke ich. Ich hatte ihn bereits vor einem Jahr gefragt, ob er mir helfen könne, wenn ich vollkommen klapperig bin. Meine Tochter Amelie ist nicht verlegen, sondern zeigt sich als die tatkräftige Frau, die sie ist. »Also, Pflegen kann ich auch nicht, wenn es dabei um Waschen und Nachthemd anziehen und Fußnägel schneiden und so etwas geht. Das habe ich alles mit meiner Schwiegermutter machen müssen. Sie war so scheußlich zu mir, als sie dement wurde. Sie hat mich beschuldigt, sie zu bestehlen, und das lauthals in der Straßenbahn allen Menschen erzählt, wenn ich mit ihr zum Arzt fuhr.« Ich versichere ihr, dass ich sie nicht beschuldigen werde, wenn wir zusammen Straßenbahn fahren sollten, was wegen der großen Entfernung zwischen Berlin und Köln ohnehin unwahrscheinlich ist. Wir müssen beide lachen.

»Außerdem bin ich Vollzeit berufstätig und habe tagsüber gar keine Zeit. Aber wenn du hier nach Köln ziehen würdest, Mami, dann würde ich dir hier ein schönes Altersheim suchen, ich kenne mich inzwischen gut aus, würde alle Formalitäten erledigen und sogar Sozialhilfe beantragen für dich, falls das nötig werden würde.«

So ist sie, praktisch und umsichtig. Das wäre schon eine große Hilfe.

Meine Tochter Teresa reagiert ebenfalls für sie typisch. Sie ist sehr emotional und geht nicht gern mit schwierigen

Situationen um. »Ich will nicht, dass du stirbst, Mami«, sagt sie aufgeregt. Ich merke, dass es für sie nicht leicht ist, über dieses Thema zu reden. »Du sollst auch nicht wollen, dass ich sterbe«, versichere ich ihr. »Du sollst ganz, ganz traurig sein, wenn ich sterbe. Ich möchte, dass ihr alle traurig seid, und ihr dürft auch gern ein bisschen weinen. Aber dann sollt ihr von dem Geld, das dann hoffentlich noch übrig ist, ein schönes Fest mit Kindern und Enkelkindern feiern und viel lachen und euch daran erinnern, dass es mit mir manchmal sehr unterhaltsam war. Daher will ich auch mit euch allen besprechen, was ich plane und welche Hilfe ich gern von euch dabei hätte. Was ich nicht möchte, ist, dass ihr eines Tages sagt: ›Hoffentlich stirbt sie bald!‹, weil ihr einfach nicht mehr zwischen Berlin und Köln oder Frankfurt hin- und herpendeln könnt, oder Schuldgefühle habt, wenn ihr das nicht tut. Ich möchte auch nicht, dass ihr darüber nachdenken müsst, ob ich eine Magensonde zur Lebensverlängerung bekomme oder nicht, sondern ich will das alles in einer Patientenverfügung festlegen, damit ihr keine Entscheidungen treffen müsst. Auch die Bestattung werde ich festlegen, darüber sollt ihr euch keine Gedanken machen müssen.« Teresa wirkt beruhigt und verspricht mir, dass sie alle sich selbstverständlich nach meinen Wünschen richten werden. »Ihr müsst nur entscheiden, wo ihr das schöne Abschiedsfest feiern wollt. Wie wäre es mit grüner Soße in Frankfurt? Die esse ich doch so gern, und du trinkst so gern Apfelwein.« Jetzt können wir beide lachen. Melina, meine jüngste Enkelin, hatte schon vor ein paar Monaten verkündet, dass sie es absolut geil fände, wenn ich nach Köln in ein Altersheim ziehen würde. Als ich sie nach der Pflege frage, sagt sie sofort:»Ich würde dich sofort bei mir aufnehmen. Du kannst zu mir ziehen, ich habe genug Platz. Und ich würde dich auch pflegen.« Jetzt habe ich doch ein paar Tränen in den Augen. Ich bin gerührt. Sie ist auch wirklich eine richtig Süße. Aber wer weiß, wo sie in ein paar Jahren leben wird?

Als Letztes frage ich Henriette, die auch in Berlin wohnt und mit der ich wegen der langen Krankheitszeit den engsten Kontakt habe. Sie guckt traurig. »Ich weiß nicht, ob ich dich pflegen könnte, Mami. Du hast mich jahrelang durch meine Krankheit begleitet, und es war so gut für mich, dass du immer so stark warst. Wenn ich dich jetzt schwach und pflegebedürftig erleben müsste, dann wäre das wirklich sehr schwer für mich. Ich bin auch nicht gut darin, andere Menschen zu pflegen, wenn es um körperliche Pflege geht. Ich glaube, das kann ich einfach nicht. Außerdem«, fügt sie leise hinzu, »außerdem habe ich auch Angst, dass es mir so nahegehen würde, dass ich vielleicht wieder in eine psychische Krise käme. Verstehst du das, Mami?«

Mir kommen schon wieder die Tränen. Auch ich habe Angst davor, wie es ihr gehen wird, wenn ich nicht mehr als Alltagscoach, wie ich das nenne, zur Verfügung stehen werde. Wen kann sie dann schnell anrufen, wenn sie Hilfe bei einer Formulierung oder einem Verhalten in einer Konfliktsituation braucht? Mit wem kann sie dann begeistert über einen Film oder Bücher reden? Ich versichere ihr, dass ich das gut verstehe und dass wir gerade deshalb jetzt darüber reden, damit wir alle gemeinsam eine gute Lösung finden. Ich erzähle ihr, was ihre Geschwister gesagt haben und dass Teresa das Gespräch eher vermeiden wollte, indem sie sagte, dass sie nicht wolle, dass ich sterbe. Henriette setzt sich kerzengerade hin. »Nur mal zum Verständnis, Mami«, sagt sie streng. »Ich möchte auch nicht, dass du stirbst. Das weißt du doch, oder?«

Ich nehme sie in den Arm, wieder kommen mir Tränen. »Natürlich weiß ich das.«

»Aber es hilft ja nichts, Mami, wir müssen darüber sprechen. Wir müssen der Realität ins Auge sehen. Wir wissen durch meine Krankheit, dass man nicht einfach darauf vertrauen kann, dass im Leben schon alles gut gehen wird. Es kann von einem Tag auf den anderen alles nicht mehr gut gehen.«

Wir trinken noch viele Tassen Cappuccino an diesem Nachmittag. Zum ersten Mal sagt sie mir, dass es sie beruhigen würde, wenn ich in ein Seniorenheim ziehen würde. »Da kannst du anrufen, und jemand hilft dir, wenn etwas nicht funktioniert. Oder wenn du nicht mehr aus der Badewanne kannst, oder wenn du die Dose Tomatenmark nicht mehr öffnen kannst.«

Ich hatte ihr erzählt, dass ich jetzt schon manchmal vor derart kleinen Aufgaben kapitulieren muss. Wir verabreden, dass wir uns gemeinsam Seniorenheime ansehen werden, obwohl wir wissen, dass die Auswahl in ihrer Nähe nicht allzu groß sein wird.

Ich bin froh, dass ich mit meinen Kindern gesprochen habe und dass ich jetzt weiß, was sie – vielleicht – tun können. Es ist mir und ihnen nicht leichtgefallen, aber es ist auch für uns alle beruhigend, weil wir etwas geklärt haben.

Bring mich nie in ein Heim!

»Meine Töchter wollen aber nicht darüber reden«, sagt Andrea. »Ich glaube, sie haben einfach Angst davor.« Ich denke, dass es dennoch unsere Aufgabe ist, das Thema bei unseren Kindern anzusprechen, auch wenn sie zunächst einmal Angst davor haben. Unsere Kinder sind erwachsen, und wir sollten ihnen klarmachen, dass es für uns und für sie belastend bleibt, wenn wir nicht früh genug vernünftig und offen über dieses Thema sprechen. Ich bin überzeugt davon, dass sich die Angst auf beiden Seiten verringern wird, wenn wir klare Vereinbarungen für unser Alter und ebenso für unseren Tod getroffen haben.

Aber es gibt auch Eltern, die sich weigern, über dieses Thema zu sprechen. »Meine Schwester und ich haben versucht, mit unseren Eltern zu reden, weil wir beide nicht wissen, was sie wollen, falls sie krank werden oder einen Unfall haben«, erzählt Monika. »Uns geht es doch gut, und wir sind gesund«, habe die Mutter vergnügt beim Kaffeetrinken gesagt. »Lasst uns doch jetzt nicht über solche hässlichen Dinge reden. Nimm noch ein Stück von dem Apfelkuchen, den isst du doch so gern.« Auch der Vater wehrte das Gespräch ab. »Ich weiß schon, was ich tue, ich bin ja noch nicht senil.«

Die Schwestern machen sich aber Sorgen, weil sie beide nicht wüssten, wie sie die Beerdigung bezahlen sollten, falls den Eltern etwas passiert. Nun haben die Eltern ein Konto für die Schwestern eingerichtet, auf dem eine Summe liegt, die für die Beerdigung ausreichen sollte. Eine Vorsorge-

vollmacht für die Bankkonten wollen sie den Schwestern
dennoch nicht ausstellen. Das könnte aber für den Fall
der Pflegebedürftigkeit der Eltern wichtig sein. Es ist nicht
leicht, an einem bestimmten Punkt unseres Lebens jede
Verantwortung an unsere Kinder abzugeben. Aber Eltern
vergessen dabei – oder wollen nicht wissen –, dass ihre Kinder vielleicht gezwungen sein werden, später Entscheidungen zu treffen, die für sie nicht einfach sein werden.

Obwohl alte Menschen häufig davor zurückscheuen, ihr
Lebensende zu ordnen, haben sie selten Scheu, ihren Kindern unrealistische und emotional erpresserische Versprechen abzunehmen. »Bringt mich nie in ein Heim«, flehen
sie ihre Kinder an. »Versprecht mir, dass ihr das Haus nicht
verkauft, das haben wir uns damals mühsam erspart und
gebaut.« Oft versprechen die eingeschüchterten Kinder
dann etwas, von dem sie bereits im Moment des Verspre-
chens wissen, dass sie es nicht einhalten können.

Ich ärgere mich auch über törichte Sprüche wie »Einen
alten Baum verpflanzt man nicht«, mit dem Alte starrsinnig ihren Anspruch darauf, sich nicht verändern zu
müssen, legitimieren wollen. Dieser Spruch ist nicht nur
töricht, sondern er ist auch falsch: Man kann sehr wohl
alte Bäume verpflanzen, sollte sich aber kompetente Hilfe
dazu holen. Der Fachmann kommt dann mit einem Ballenstecher, der auch unter dem Namen Rundspatenma-
schine gehandelt wird, und bereitet den Boden am neuen
Standort vor. Wir brauchen sicher keinen Ballenstecher,
aber wir können uns frühzeitig Heime ansehen oder nach
Pflegemöglichkeiten erkundigen. Wir können auch unsere

Kinder bitten, das gemeinsam mit uns zu tun. Wir können auch in hohem Alter noch umziehen und unsere Kinder darum bitten, uns dabei zu helfen.

Zu große Nähe kann schwierig werden

Die meisten erwachsenen Kinder haben Angst davor, sich mit dem Alter und damit auch mit dem Tod ihrer Eltern zu beschäftigen. Es kann auch mit Scham behaftet sein, bei der Pflege plötzlich eine große körperliche Nähe zu den Eltern haben zu müssen. Wie für Henriette ist es für viele Kinder nicht einfach, wenn sich die familiären Rollen umkehren und sie mit der zunehmenden Schwäche und sogar Hilflosigkeit ihrer Eltern konfrontiert sind. Auch ist das Verhältnis zwischen Kindern und Eltern nicht immer nur gut. Es gibt Konflikte, die eine Zeitlang andauern, es gibt Zeiten, in denen ein Kind mit den eigenen Lebensproblemen beschäftigt ist. Eltern und Kinder können sich auseinandergelebt oder einfach unterschiedliche Interessen haben. Es gibt erwachsene Kinder, die das Bedürfnis haben, alle Schwierigkeiten aus der Kindheit restlos zu klären, und die frustriert sind, wenn die Eltern das verweigern. Manche können es nicht aushalten, dass ihre Eltern, die sie immer als groß und mächtig empfunden haben, nun plötzlich alt und schwach werden oder allmählich das Interesse an vielen Dingen verlieren, über die sie früher in der Familie angeregt diskutiert haben. Das alles ist normal, macht aber das Verhältnis zwischen Kindern und Eltern nicht immer einfach.

Den erwachsenen Kindern wird empfohlen, behutsam mit ihren alten Eltern umzugehen und die Gefühle der alten, gebrechlichen Menschen zu berücksichtigen. Es ist sicher schön, wenn das gelingt, aber oft wird dabei eine Seite des Altseins ausgeblendet, die es für Kinder schwierig machen kann, behutsam und sensibel mit ihren alten Eltern umzugehen. Gefühle sind keineswegs immer nur »schön«. Wir können im Alter halsstarrig, uneinsichtig, fordernd und sogar bösartig werden. Das können Symptome einer beginnenden Demenz sein, aber unangenehme Charakterzüge eines Menschen können sich im Alter auch einfach verstärken oder neu auftreten. Viele erwachsene Kinder beschweren sich darüber, dass ihre Eltern keine Rücksicht auf ihre Bedürfnisse nehmen, ständig darüber klagen, dass sie nicht oft genug besucht werden, oder sie kritisieren die Liebes- oder Berufspläne ihrer Kinder. In ihrem Buch »Böse alte Mutter« beschreiben Birgit und Matteo Scheele anschaulich, wie feindselig die achtzigjährige Mutter von Birgit wurde. Wir Alten können unerträglich werden.

Ich möchte das alles meinen Kindern ersparen. Sie sollen wissen, dass sie mich umgehend in ein Altersheim bringen dürfen, wenn eine Versorgung in meiner Wohnung nicht mehr möglich ist. Aber bitte in ein schönes mit Balkon! Ich werde mich darüber freuen, wenn sie telefonisch, über E-Mail oder WhatsApp mit mir in Kontakt bleiben und mich ab und zu besuchen. Ich würde auch gern weiterhin wissen, wie es ihnen geht und was sie mit ihrem Leben anfangen.

Wenn wir alten Eltern »schwierig« werden

Viele erwachsene Kinder scheinen sich ebenfalls Gedanken um ihre Beziehung zu ihren alten Eltern zu machen. Das entnehme ich den vielen Buchtiteln, in denen erwachsenen Kindern Ratschläge für den Umgang mit alternden und vor allem uneinsichtigen Eltern gegeben werden. »Wenn alte Eltern schwierig werden« oder »Wenn die Eltern plötzlich alt werden« oder, ganz schlimm, »Mutti baut ab«. Mich ärgert das Bild, das hier von uns Alten gezeichnet wird: das Bild nämlich, dass wir unfähig oder unwillig sind, einzusehen, dass wir alt sind. Dass wir uns den Ratschlägen unserer Kinder entziehen wollen, obwohl diese es doch nur gut mit uns meinen. Aber nicht immer sind wir schwierig oder uneinsichtig, sondern vielleicht haben wir unsere eigenen Vorstellungen darüber, wie wir den Rest unseres Lebens verbringen wollen.

Ich weiß schon lange, dass ich alt bin. Mir fehlt keine Alterseinsicht. Die Ratschläge in diesen Büchern erinnern mich an Ratgeber für den Umgang mit Kleinkindern. Die erwachsenen Kinder sollten behutsam mit den alten Eltern umgehen, wir können manches nicht so schnell begreifen, wir müssen vorsichtig mit der Realität konfrontiert werden. Man soll uns nicht drängen, aber wenn wir nur noch zu Hause sitzen und nichts mehr tun, dann sollte man uns vorsichtig an ein Hobby heranführen. Warum um alles in der Welt sollte ich im Alter plötzlich an ein Hobby herangeführt werden?

In seinem schönen Büchlein »Meine Lebensverfügung

für ein gepflegtes Alter« schreibt Erich Schützendorf, dass man ihn doch bitte in seinem Lehnsessel sitzen lassen solle, wenn er vor sich hindösend den Baum vor seinem Fenster betrachte. Er genieße diese Zeit und möchte nicht dazu gezwungen werden, an einer lebhaften Aktivität teilzunehmen, die sich Kinder oder Pfleger für alte Menschen ausgedacht hätten. Mir geht es ebenso. Woher wollen Kinder – oder auch Pfleger – wissen, was besser für uns wäre? Wir werden als unmündige und unvernünftige Greise dargestellt und behandelt, als ob wir kleine, schwierige Kinder seien.

Zu diesem herablassenden Umgang mit uns Alten gehören auch so lieb gemeinte Bücher wie »Wir geben Opa nicht ins Heim«. Ist Opa ein Objekt, das irgendwo hingegeben wird? Kann Opa das nicht selbst entscheiden? Nun muss ich zugeben, dass das Buch wirklich liebevoll geschrieben ist und die Autorin reizende Dinge über Opa twittert. Dennoch verfestigt so ein Titel die Vorstellung, dass die Kinder über uns entscheiden dürfen und müssen, und operiert dazu noch mit einer Moralkeule: Gute Kinder oder Enkelkinder pflegen, schlechte lassen pflegen oder geben ins Altersheim.

Aber auch wenn uns diese paternalistische Betrachtung nicht gefällt: Wir sind nicht immer unschuldig an dieser Haltung gegenüber uns Alten. Wenn wir uns weigern einzusehen, dass wir alt sind und Hilfe brauchen, dann leidet unsere Umgebung an unserer fehlenden Alterseinsicht. Wenn wir uns weigern, mit unseren Kindern über unser Alter und unseren Tod vernünftig zu reden, dann verhalten wir uns auch wie störrische Kinder.

»Meine Kinder müssen finanziell nicht für mich sorgen!«

Monikas Eltern haben gerade ausreichend Geld für die Bestattung auf ein Konto überwiesen. Mehr Einblick in ihre Finanzen wollen sie den Schwestern nicht geben. Aber was passiert, wenn es plötzlich zu einer Situation kommt, in der die Eltern nichts mehr entscheiden können? Wenn wir den Kindern den Überblick über unsere Finanzen verweigern, sind wir nicht nur vorsichtig, sondern vor allem rücksichtslos: Kinder oder Enkelkinder müssen sich um alles kümmern, wenn wir krank oder tot sind, ob sie wollen oder nicht. Das sollten wir ihnen möglichst leicht machen. Vielleicht müssen sie sogar zahlen, wenn die Rente oder das Vermögen der Eltern nicht ausreichen, obwohl erfreulicherweise der Gesetzgeber neu geregelt hat, dass Kinder erst ab einem Jahreseinkommen von hunderttausend Euro für die Eltern aufkommen müssen.

»Ich will doch gar nicht, dass Eva für mich aufkommt«, sagt Gudrun fürsorglich. »Ich möchte sie damit nicht belasten.« Gudrun, die selbst wenig Geld hat, sollte wissen, dass es nicht ihre Entscheidung ist, ob Eva sie im Alter versorgt oder nicht. Als Anwältin wird Eva das kaum vermeiden können. Ab fünfundsechzig sind wir durchaus in der Lage, uns mit den Gesetzen vertraut zu machen und entsprechend zu planen. Da erwachsene Kinder verpflichtet sein können, ihre alten Eltern finanziell zu unterhalten, finde ich es nur fair, wenn wir unsere Kinder über unsere finanzielle Situation informieren. Die Kinder können nicht darauf hinweisen, dass ihre Eltern niemals nett zu ihnen waren und sie deshalb keine Kosten übernehmen wollen. Nur in Ausnahmefällen, etwa bei einer Sucht der Eltern oder wenn schwere Prügel im Kindesalter nachgewiesen werden können, haben Gerichte schon einmal gegen die Pflicht zum Elternunterhalt entschieden. Meine Empfehlung ist es, vorher gemeinsam mit den Kindern zu prüfen, wie die rechtliche Situation aussehen könnte, wenn Ihr eigenes Einkommen und Vermögen nicht ausreichen sollten.

Auch für meine Bestattung und das Ausräumen meiner Wohnung sind meine Kinder verantwortlich, ich kann nicht in meine Vorsorgevollmacht oder mein Testament schreiben, dass meine Kinder nicht dafür aufzukommen haben. Sie müssen sich darum kümmern. »Nein«, sagt meine Freundin Waltraud. »Das stimmt nicht. Wenn die Kinder das Erbe ausschlagen, dann müssen sie die Bestattung und alles, was damit zusammenhängt, nicht bezahlen. Das ist überhaupt kein Problem, das übernimmt dann der Staat.« Sie hatte eine hohe Position in einer Stadtverwaltung und weiß das daher. Ich würde ihr gern sagen, dass es vielleicht nicht nur eine Frage der Gesetze ist, sondern dass die Bestattung der eigenen Eltern auch eine emotionale Komponente hat. Aber ich wage nicht, ihr zu widersprechen. Waltraud hat sehr gefestigte Ansichten.

»Bitte schreib alles genau auf«

Ich verstehe, dass es vielen alten Menschen Angst macht, an ihr Lebensende und an ihren Tod zu denken. Aber wenn diese Angst dazu führt, dass wir allen Gedanken daran möglichst aus dem Weg gehen, dann ist das nicht nur rücksichtslos gegenüber unseren Kindern, sondern es kann auch negative Konsequenzen für uns selbst haben. Es kann dazu führen, dass später entweder unsere Kinder oder sogar fremde Menschen für uns und über uns entscheiden müssen, und die wissen weder, was wir genau wollen, noch würden sie es immer berücksichtigen, wenn es ihren eigenen Vorstellungen widerspricht. Dann kommen wir im hohen Alter in eine Situation, die wir niemals wollten: Wir werden tatsächlich wie unmündige Kinder behandelt.

»Aber es ist doch auch schwierig, darüber zu sprechen«, gibt meine Freundin Ursula zu bedenken. Sie kennt mich aber gut genug und fängt schon an zu lachen, während sie den Satz ausspricht. Sie weiß, was ich jetzt sage. »Dass etwas schwierig ist, ist doch kein Grund, es nicht zu tun!« ist einer meiner Lieblingssätze. Natürlich verstehe ich, dass es schwierig ist, aber das ist kein Grund, nicht wenigstens zu versuchen, sich vorzubereiten und ein gutes Gespräch mit den Kindern zu führen. So gehen erwachsene Menschen miteinander um.

Man hat untersucht, wie Sterbensprozesse alter Menschen verlaufen. Je mehr sich Menschen mit ihrem Ende beschäftigt hatten, desto ruhiger verlief der Prozess des Sterbens. Es scheint so, als ob Menschen friedlicher sterben, die sich mit ihrem Leben und dem Tod auseinandergesetzt haben und die sich frühzeitig überlegt haben, wie sie in den letzten Jahren oder Monaten leben wollen. Es hat ihnen geholfen, ihre Gedanken und Wünsche aufzuschreiben und darüber mit den Menschen in ihrem Umfeld zu sprechen.

Und da ist noch etwas Wichtiges, das für mich zum Abschiednehmen gehört: Ich möchte mich mit allen für mich wichtigen Menschen versöhnen, um in Frieden zu sterben.

Unseren Kindern geht es besser, wenn sie wissen, was wir uns in unseren letzten Lebensjahren wünschen. »Ich möchte, dass du alles genau aufschreibst, Mami, was du dir wünschst und wie wir das organisieren sollen«, sagt mein Sohn Michael am Telefon. »Wichtig ist auch, wo die Urkunden und Unterlagen sind, denn wie sollen wir das sonst schnell finden? Es soll alles genau nach deinen Wünschen ablaufen, aber dazu musst du uns dann auch einweihen. Das wäre eine große Erleichterung für mich.«

Wer wird mich denn nun pflegen?

Eigentlich müsste ich mir über die Pflege im hohen Alter keine Gedanken machen, denn wir haben ja – wie uns immer wieder versichert wird – eines der besten Gesundheitssysteme der Welt. Der Gesetzgeber hat sicher die demografische Entwicklung verfolgt und entsprechend vorgesorgt. Das war, wie ich heute weiß, eine naive Vorstellung.

Wie wenig der Gesetzgeber vorgesorgt hat, wird deutlich, wenn man hört, dass die Mehrzahl der Pflegebedürftigen trotz aller Schwierigkeiten zu Hause mit geringer Unterstützung durch einen Pflegedienst von ihren Angehörigen, also von Töchtern, Schwestern, Ehefrauen und Schwiegertöchtern, betreut werden. Da weder meine Kinder noch ich das wollen, muss ich mich frühzeitig um ein gutes Pflegeheim kümmern. Vielleicht können sie mir dabei helfen. Das wird in Berlin nicht einfach werden, vor allem, wenn man in einem bestimmten Stadtteil suchen muss. Glaubt man Berichten in den Medien, dann gibt es kaum Heime, die freie Plätze haben, und die Pflegedienste sind überlastet.

In Japan haben die Menschen es besser. Dort werden inzwischen Roboter in der Altenpflege eingesetzt. Ich höre schon wieder den Aufschrei, dass ein Roboter doch keine menschliche Zuwendung ersetzen könne. Aber wenn es keine Pfleger gibt, dann gibt es auch keine menschliche Zuwendung. Wenn mir ein Roboter helfen würde, meine Strümpfe anzuziehen, aus der Badewanne zu kommen oder mich im Bett umzudrehen, dann fände ich das eine gute Lösung. Ich melde mich sofort, wenn Probandinnen für einen Pflegetest mit einem niedlichen Roboter mit freundlichen Lichtaugen gesucht werden.

Nicht alle Menschen haben die finanziellen Möglichkeiten, um in eine Seniorenresidenz zu ziehen, in der sie von lieblich anzusehenden Philippininnen oder – für mich lieber – gut aussehenden Pflegern aus Sri Lanka umhegt und gepflegt werden. Auch andere Möglichkeiten erfordern eine große Wohnung und Geld. Freunde von mir wollen in ihrer großen Wohnung ein Zimmer mit Bad abtrennen, sodass dann eine Altenpflegerin – vermutlich aus Polen – dort einziehen und sie pflegen kann. Das mag eine gute Möglichkeit sein, obwohl ich diesem Modell eher kritisch gegenüberstehe. Es kann nicht schön sein für eine Ehefrau und Mutter, monatelang oder sogar länger fremde Menschen in einem anderen Land pflegen zu müssen. Aber ich weiß, dass es manchmal nicht anders geht. Noch skeptischer bin ich, seitdem ich gelesen habe, dass Polen ebenfalls einen Pflegenotstand hat und überlegt, Pflegekräfte aus China nach Polen zu holen. Ich bin gespannt, wie es sein wird, wenn es in den Ländern, aus denen die Pflegekräfte zu uns kommen müssen, allmählich zu einem wirtschaftlichen Aufschwung kommt. Dann werden diese liebevollen Pflegerinnen lieber in ihren Ländern einen gut bezahlten Job in der Wirtschaft oder Verwaltung annehmen und sich zu Hause eine Hilfskraft aus einem immer noch armen asiatischen Land oder aus Mexiko leisten. Vielleicht auch eine Angehörige der verfolgten uigurischen Minderheit aus China?

Vor der Pflege kommt der Kampf um den Pflegegrad

Aber selbst wenn wir ein Pflegeheim oder einen ambulanten Pflegedienst finden: Vor die Pflege hat der Gesetzgeber den Kampf um den Pflegegrad gestellt. Meine Tochter Amelie rät mir, umgehend einen Pflegegrad und einen Schwerbehindertenausweis zu beantragen. Das, sagte mir der Krankenkassenmitarbeiter, sei Sache der Pflegekasse und nicht der Krankenkasse. Den Schwerbehindertenausweis bekäme ich wieder bei einer anderen Stelle. Er leitet meinen Wunsch weiter, und eine Mitarbeiterin des Medizinischen Dienstes der Krankenkassen, MDK, kündigt sich an. Wie immer, wenn ich Besuch bekomme, versuche ich, ein wenig aufzuräumen, ziehe mich ordentlich an und schminke mich. Das war ein Fehler, wie ich hinterher weiß. Die junge Dame ist freundlich, packt ihren Laptop aus und beginnt, nicht enden wollende Fragen zu stellen. Wird mir schwindelig? Kann ich mich noch allein waschen und mich nachts im Bett noch allein umdrehen? Ja, kann ich, aber was wäre denn, wenn ich das nicht könnte? Käme dann nachts alle zwei Stunden eine Pflegekraft, um mich umzudrehen? Vergesse ich oft Dinge? Nehme ich regelmäßig meine Tabletten? Weiß ich, welcher Tag heute ist? Eine Stunde später ist sie fertig, geht noch einmal in der Wohnung herum und tippt noch ein paar Notizen ein. Sie verabschiedet sich freundlich, das Ergebnis würde mir dann zugeschickt. Wie nicht anders zu erwarten, wird mir kein Pflegegrad zuerkannt. Null Punkte. Ich kann alles, bin vollkommen selbständig, benötige keine Hilfe. Die Tatsache, dass ich mich nicht mehr bücken und auch den Staubsauger nicht mehr anheben kann, spielt keine Rolle. Ich lege Widerspruch mit einer umfangreichen Begründung ein und erhalte einen Brief mit endlosen Formularen, in die ich alles noch einmal eintragen soll. Der Widerspruch mit Begründung wird abgeschickt. Innerhalb von sechs Monaten erhalte ich vier Briefe von der Pflegekasse, in denen sie mir mitteilt, dass die Bearbeitung noch etwas dauern kann, aber dass sie für den Fall, dass ich den Widerspruch zurücknehmen wolle, ein praktisches kleines Formular beigefügt haben, in dem ich nur etwas ankreuzen und unterschreiben müsse. Verärgert lasse ich diese Briefe liegen.

Dann sehe ich im Fernsehen einen Bericht, der diese Praxis des MDK als ungesetzlich bezeichnet. Wenn ich von dem netten Angebot des Zurücknehmens Gebrauch gemacht hätte, hätte ich keinen erneuten Widerspruch einlegen können. Nach sechs Monaten kommt dann ein Brief, in dem der Pflegegrad endgültig abgelehnt wird. Das war zu erwarten, denn ich hätte alles falsch gemacht, erklärt mir Regine eine Woche später. »Die Wohnung darf nicht aufgeräumt sein, und du solltest auch möglichst verwahrlost aussehen. Mein Mann wollte beim Besuch des MDK aufstehen und sich anziehen, aber die Pflegerin hatte mich gewarnt. Er solle im Bett bleiben, ich solle ihm die Haare ein bisschen durcheinanderwuscheln und den Schlafanzug falsch zuknöpfen.«

Wenn alles ordentlich sei, bekomme man nie einen Pflegegrad, hätte die Pflegerin noch gesagt. Bei der Besichtigung eines Seniorenheims sagt mir die freundliche Leiterin sofort, dass meine Aussichten auf einen Pflegegrad gegen null tendierten.

»Warum denn?«, frage ich überrascht.

»So, wie Sie aussehen, bekommen Sie keinen Pflegegrad, Sie sehen einfach nicht schwach genug aus.«

Ich weise darauf hin, dass mein kaputter Fuß und die ebenfalls defekte Hüfte sich ja nicht direkt auf meinen äußeren Gesamteindruck auswirken würden.

Sie verstünde das natürlich, aber so würde der MDK eben die Situation beurteilen. »Sie müssen wissen«, sagt sie leise, »dass der Mitarbeiter des MDK nicht kommt, um Ihnen einen Pflegegrad zuzuerkennen, sondern um Gründe zu finden, einen Pflegegrad abzulehnen, und um auszuschließen, dass der alte Mensch die Pflegekasse betrügt.«

Glaubt der MDK wirklich, dass Menschen versuchen, sich den Besuch einer Pflegerin betrügerisch zu erschleichen, um sich waschen oder nachts im Bett umdrehen zu lassen, obwohl es nicht nötig ist? Es ist also eine Pflegeverhinderungskasse, denke ich verärgert.

»Das glaube ich nicht«, sagt Ursula. »Meine Freundin Jutta hat sofort Pflegestufe 2 bekommen.«

Habe nur ich mich so dumm angestellt? Ich gehe wieder ins Internet. Siehe da, eine Fülle von Texten, in denen dargestellt wird, wie man sich auf den Besuch des MDK vorbereiten solle: »Hilfe, der Gutachter kommt!«, »Tipps, um Fehler bei der MDK-Begutachtung zu vermeiden«, »Was tun, der MDK kommt nicht in die Puschen!« und »Was tun, wenn der MDK kommt?« Ich bin also nicht die Einzige, die Schwierigkeiten mit dem MDK hat. Besonders drastisch beschreibt Rainer Bartelt die Praxis des MDK und vieler Ärzte in seinem Buch »Tod einer Kassenpatientin: Wenn die Medizin versagt«. Er schildert anschaulich die dramatische Odyssee seiner Mutter durch Pflegeheime, Arztpraxen und Krankenhäuser. Sein Buch macht mir Angst. Dennoch sollten wir nicht lockerlassen; wir zahlen in die Pflegekasse, um für das Alter oder bestimmte Behinderungen vorzusorgen. Dann sollten wir es auch nicht hinnehmen, wenn die Pflegekasse uns systematisch abschmettert. Alle Menschen, mit denen ich darüber gesprochen habe, erhalten zunächst eine Ablehnung. Dann liegt es an uns alten Menschen oder an der Durchsetzungsfähigkeit unserer Kinder, dass wir – vielleicht – doch noch zu unserem Recht kommen.

Ich habe dazugelernt. Falls es mir noch schlechter gehen sollte, und das ist abzusehen, werde ich später noch einmal einen Pflegegrad beantragen, dann aber bis zur gerichtlichen Auseinandersetzung vor dem Sozialgericht. Diese Verfahren müssen von den Klägern nicht bezahlt werden, wie mir meine Freundin Stephanie rät, die Juristin ist. Ab sechzig sollte man unbedingt in den Sozialverband VdK Deutschland e. V. eintreten, dort ist eine Rechtschutzversicherung eingeschlossen. Der VdK klagt in solchen Fällen, und meistens erfolgreich. Die sieben Euro im Monat sind hier gut investiert. Seit Kurzem bin ich nun also Mitglied des VdK.

Bei mir ist es inzwischen für manche Kassenleistungen zu spät, aber in meinem nächsten Leben werde ich mich frühzeitig beraten lassen. Auch über den Kauf eines Rollators. Der Testbeitrag in der Untersuchung der Stiftung Warentest 2019 nennt eine Krankenkasse, die sich bei der Wahl des Rollators nicht nach den Kosten, sondern nach der Zufriedenheit des alten Menschen richtet. Vielleicht gilt das auch in anderen Bereichen? Wenn alles nichts fruchtet, weiß ich inzwischen, dass es bei den gesetzlichen Krankenkassen Beschwerdestellen gibt. Für privat Versicherte gibt es eine Ombudsfrau. Ich lerne viel in den Monaten der Suche nach Hilfsmitteln fürs Alter.

»Jetzt hören Sie mir doch erst mal zu!«

Um keine weiteren Fehler zu machen, suche ich Hilfe beim nächstgelegenen Pflegestützpunkt. Es ist nicht weit, aber es gibt dort weder eine Bus- noch eine U-Bahn-Haltestelle. Wie kommen nur alte Menschen hierhin, die kein Auto und keine Kinder haben, die sie dorthin fahren können? Das interessiert den Gesetzgeber wenig. Aber inzwischen weiß ich durch mein Rollator-Training, dass es bei den Berliner Verkehrsbetrieben, über die ich nie mehr schimpfen werde, kostenlose Begleiter für uns alte Menschen mit und ohne Rollator gibt.

»Worum geht es?«, fragt die Dame des Pflegestützpunktes weniger freundlich, als ich erwartet hatte.

Ich erkläre ihr, dass ich Fragen zum Pflegegrad und zur Patientenverfügung habe.

»Pflegegrad? Für Sie selbst?«

Ja, sicher, für wen denn sonst?

»Also einen Pflegegrad bekommen Sie niemals, Sie können doch alles, bei Ihnen liegt doch gar nichts vor, das sehe ich sofort«, erklärt sie barsch.

Sieht sie mir etwa an, ob ich mich nachts noch selbst im Bett umdrehen kann oder nicht? Aber ich will nicht konfrontativ sein, schließlich brauche ich noch Informationen von ihr. Ich weise auf meine Schwierigkeiten hin, mich zu bewegen oder gar zu bücken, und die Unfähigkeit, etwas Schweres zu heben. Das alles sei kein Grund für einen Pflegegrad, den bekämen nur Menschen, die wirklich hilflos seien, erklärt sie wenig freundlich. Pflegestützpunkte beraten individuell und unabhängig, hatte ich im Internet gelesen. Meine Recherchen haben allerdings inzwischen ergeben, dass die Pflegestützpunkte Einrichtungen der Kranken- und Pflegekassen sind. So viel zur Unabhängigkeit.

Ich frage nach der Patientenverfügung, ob sie mir da helfen könnte. Das kann sie und kommt zurück mit einigen kopierten Blättern.

»Wir haben Ihnen das Wichtigste kopiert, man liest ja nicht so gern so viel. Jetzt schauen Sie mal auf Seite 1«, sie zeigt mir mit dem Finger, wohin ich schauen soll, »da steht genau, was Sie in die Patientenverfügung eintragen sollen. Verstehen Sie das?« Ihre Stimme nimmt an Volumen zu.

Ich nicke artig. »Aber Sie müssen schon alles ganz genau durchlesen, am besten ist es, wenn Sie das gemeinsam mit einem Ihrer Kinder durchlesen, die können Ihnen dann alles erklären, was Sie nicht verstehen.«

Ich sehe schon die hochgezogenen Augenbrauen meiner Kinder vor mir. Auch das verstehe ich. Aber ich will von der Expertin noch etwas anderes wissen. »Ich habe gelesen, dass die Ärzte in Kliniken oder auch Pflegeheimen nicht immer genau das befolgen, was in der Patientenverfügung ...«

»Jetzt hören Sie mir doch erst mal zu!«, unterbricht sie mich mit lauter Stimme. »Sie müssen doch erst einmal alles verstehen. Hier auf Seite 3 sind zwei Zeilen, die Sie beachten müssen.« Sie zeigt wieder mit dem Finger auf die Stelle. »In der ersten Zeile steht ›Ich stimme einer Magensonde zu‹, und in der zweiten Zeile steht ›Ich stimme einer Magensonde nicht zu‹. Sie dürfen nicht beides ankreuzen,

Sie müssen sich für eine der beiden Möglichkeiten entscheiden. Verstehen Sie das?«

Ich verstehe auch das und habe es inzwischen aufgegeben, etwas Nützliches von dieser Dame zu erfahren. Noch einmal versuche ich, darauf zu sprechen zu kommen, dass möglicherweise nicht alle Ärzte das befolgen, was in der Patientenverfügung steht.

Also das glaube sie nicht, es gebe Gesetze, und an die müssten sich Ärzte halten.»Ich weiß nicht, wo Sie das gelesen haben, das stimmt nicht«, sagt sie entschieden.»Wir müssen jetzt aber noch einen zweiten Termin machen«, meint sie dann.

Ich habe keine Lust auf einen zweiten Termin und verweise auf meine Terminschwierigkeiten.

»Sie sind doch Rentnerin, was haben Sie denn zu tun?«

»Ich schreibe Bücher.«

Jetzt ist sie etwas verwirrt.»Ach so, also na ja, dann kann ich Ihnen auch die ganze Broschüre geben, Sie lesen dann sicher öfter.« Sie reicht mir ein schmales Heftchen über den Tisch.»Gut, aber den zweiten Termin müssen wir trotzdem machen, das dauert mindestens anderthalb Stunden. Sie bringen dann die angekreuzten Seiten mit, und dann kommt Frau Krause dazu. Frau Krause füllt im Computer alles aus, was Sie angekreuzt haben, und dann haben Sie anschließend die fertige Patientenverfügung.«

Mir fällt nichts mehr ein, was ich dazu noch sagen könnte.»Das ist eine große Hilfe, vielen Dank«, bedanke ich mich. Nie wieder.

Der Kampf um die Schwerbehinderung

Schon etwas klüger beantrage ich nun beim Landesamt für Gesundheit und Soziales – Lageso – einen Schwerbehindertenausweis. Ich kopiere zahllose Befunde aus Krankenhäusern, radiologischen Praxen und füge ein Attest meines netten Orthopäden hinzu. Im Begleitbrief begründe ich meinen Antrag auf einen Schwerbehindertenausweis mit Merkmal G (Gehbehinderung) mit Verweis auf meine nachgewiesenen Schwierigkeiten beim Gehen. Rechtsgrundlage für das Merkzeichen G ist die Schwerbehindertenausweisverordnung, erfahre ich. Die Mindestvoraussetzung ist ein Grad der Behinderung (GdB) von mindestens 50 Prozent und dass man in seiner Bewegungsfähigkeit im Straßenverkehr erheblich eingeschränkt ist. Das gilt, wenn jemand »... infolge einer Einschränkung des Gehvermögens (...) nicht ohne erhebliche Schwierigkeiten ... Wegstrecken im Ortsverkehr zurückzulegen vermag, die üblicherweise noch zu Fuß zurückgelegt werden«. Und jetzt kommt es: Die ortsübliche Wegstrecke wird mit zwei Kilometern angegeben. Zwei Kilometer! Diese kann, so hat das Bundessozialgericht beschieden, von einem Menschen ohne Behinderung in dreißig Minuten zu Fuß zurückgelegt werden. Also wenn das Bundessozialgericht sich hier nicht täuscht. Schon bevor mein Fußgelenk sich verabschiedete, konnte ich keine zwei Kilometer laufen. Heute habe ich schon Schwierigkeiten, nur vierhundert Meter zu laufen – mit Rollator. Dennoch versucht das Lageso, mich auszutricksen. Ich erfahre vier Monate später, dass aus Sicht des Lageso für einen Schwerbehindertenausweis mit Merkzeichen G keine Voraussetzungen gegeben sind. Also nur Schwerbehinderungsgrad 30 Prozent und Merkzeichen »G« abgelehnt.

Ich lege Widerspruch ein und begründe die Notwendigkeit des Merkzeichens G erneut mit fast identischen Worten. Auch der nette Orthopäde schreibt noch einmal, dass dieses Merkzeichen erforderlich ist, weil ich tatsächlich kaum mehr laufen kann. Ich lege aber dieses Mal den Gesetzestext dazu. Ein Brief vom Lageso folgt, in dem darauf hingewiesen wird, dass der Sachverhalt noch einmal geprüft wird. Er muss sehr sorgfältig geprüft worden sein, denn erst sechs Monate später wird mir schriftlich mitgeteilt, dass ich nun zu 50 Prozent von Amts wegen schwerbehindert bin, und das sogar mit Merkzeichen G. Es hat sich bei mir nichts geändert, weshalb wurde es dann beim ersten Mal abgelehnt? Um ängstliche alte Menschen zu entmutigen, ihre Rechte zu verfolgen? Ich weiß zwar nicht, wie ich von diesen 50 Prozent profitieren kann, aber das Merkzeichen G verhilft mir dazu, dass ich für achtzig Euro eine Jahreskarte für den gesamten Verkehrsbetrieb in Berlin und Brandenburg erhalte. Das ist dann mal eine gute Nachricht. Inzwischen freue ich mich bereits über kleine Erfolge.

»Was, Sie haben Pflegegrad 5? Toll!«

Die Schwierigkeiten, zu Pflegegraden oder auch einem Ausweis der Schwerbehinderung zu kommen, führen zu merkwürdigen Verhaltensweisen bei uns alten Menschen.

Es kommt zu einem Wettbewerb um Pflegegrade und Behinderungsmerkzeichen.

»Ich habe jetzt Pflegestufe 3!«, erzählt Brigitte bei einem Treffen stolz.

»Wirklich? Das ist ja toll. Ich habe nur mit viel Mühe Pflegestufe 2 bekommen«, sagt Annemarie, die auch schon weit über siebzig ist.

»Dafür habe ich jetzt Schwerbehinderungsgrad 70, das war viel Mühe, aber jetzt habe ich es geschafft«, erzählt ihre Tischnachbarin sichtlich stolz. Sie muss ein Gerät mit sich herumtragen, weil sie auf ständige Sauerstoffzufuhr angewiesen ist.

Der Mann von Karina hat jetzt sogar Pflegegrad 5. »Das ist der höchste«, sagt Karina zufrieden. »Mehr geht nicht.« Ob sie bei diesem Wettbewerb ausblendet, dass ihr Mann mit Pflegestufe 5 nicht mehr weit vom Lebensende entfernt ist? Ist das ein Anlass für Stolz oder Freude?

Bei diesem Wettbewerb um die Trophäe der höchsten Schwerbehinderung will ich nun auch nicht hintanstehen. »Ich will ja nicht angeben, aber ich habe jetzt sogar Merkzeichen G«, lasse ich die anderen bescheiden wissen. Jetzt herrscht erst einmal Stille an unserem Tisch.

»Merkzeichen G?«, fragt Simone deutlich beeindruckt. »Das ist wirklich toll. Wie hast du denn das hinbekommen?«

Das neue Vorsorgemodell: Unser Lebens-Bonusheft

Wir sollten uns nichts vormachen: Unsere Kinder können oder wollen uns nicht pflegen, und nach Barbara Bleisch müssen sie das auch nicht. Ich fürchte, die Zeit wird bald kommen, in der wir nachweisen müssen, dass wir uns die Pflegeleistungen des Gesundheitswesens und die Fürsorge unsere Kinder auch verdient haben. Wir müssen dann bereits ab achtzehn ein Lebens-Bonusheft führen, analog zum Bonusheft beim Zahnarzt. Wer nicht genügend Bonuspunkte anhäufen kann im Lauf seines Lebens, hat nichts zu essen, wird nicht gepflegt und bekommt keine Besuche von den Kindern. Spätestens ab achtzehn müssen wir in eine private Renten-, Kranken- und Pflegeversicherung einzahlen, selbst wenn uns dann kaum etwas für Miete und Essen bleibt. Alles wird sorgfältig kontrolliert und in unser Lebens-Bonusheft eingetragen. Wer zu wenig an Krankenversicherung gezahlt hat, wird auch später weniger Operationen und andere Gesundheitsleistungen bekommen. Wer nicht bereits ab achtzehn täglich Sport treibt, kann auch später nur ein Minimum an Behandlung einfordern und wird auch später keine Physiotherapie verschrieben bekommen. Mit der Gesundheitstracker-App wird alles elektronisch kontrolliert, sodass nicht geschummelt werden kann. Die Intensität der Pflege im Alter richtet sich dann nicht danach, was körperlich und geistig erforderlich ist, sondern danach, was im Bonusheft über unser sportliches Verhalten und – jetzt neu – über unsere Bonus-Punkte als Eltern steht. Unsere Kinder werden, möglichst schon ab sechs Jahren, wöchentlich in unser Bonusheft eintragen, ob wir gute Eltern waren oder nicht. Analog zu den Pflegegraden wird es künftig Grade für elterliches Wohlverhalten geben. Wenn wir auf der Gute-Eltern-Skala nicht ausreichend gepunktet haben, sind unsere Kinder weder finanziell noch emotional und schon gar nicht praktisch dazu verpflichtet, sich um uns zu kümmern. Das wird dann ganz schlecht für mich. Ich habe weder in meine private Altersvorsorge investiert noch in die Gesundheit meines Körpers durch Sport. Und was meine Gute-Mutter-Werte angeht – ich fürchte, die werden nicht so hoch sein. Ob ich meine Kinder jetzt noch ein bisschen bestechen kann? Es versteht sich von selbst, dass wir Alten umgekehrt nicht fordern dürfen, nur dann für unsere Kinder sorgen zu müssen, wenn sie auf einer Gute-Kinder-Skala hoch gepunktet haben. Sie sind die Zukunft. In die muss investiert werden.

Ich hätte deutlich früher nüchtern auf meine Situation schauen sollen. Schon vor über vierzig Jahren sagte meine Professorin, die Volkswirtin ist, dass Kinder früher eine Möglichkeit der Einkommenssicherung, und zwar eine gute, waren. Heute seien Kinder nur eine Möglichkeit der Einkommensverwendung, und zwar die schlechteste.

Für mich kam dieser Rat schon damals leider zu spät.

Meine Empfehlung

Sprechen Sie jetzt mit Ihren Kindern. Schieben Sie es nicht hinaus. Es wird Ihnen nicht leichtfallen, aber bedenken Sie, dass es Ihren Kindern noch schwerer fallen wird. Sie haben Angst davor, dass ihre Mutter nicht mehr der Mensch sein wird, der sie einmal war. Noch mehr Angst haben sie, dass es sie bald nicht mehr gibt. Wir alten Menschen wissen, dass unser Ende naht, und sollten besser damit umgehen können und den Kindern die Angst nehmen. Je klarer wir über diese Themen mit den Kindern sprechen, desto leichter wird es auch ihnen fallen.

5. »Das hat der Gesetzgeber nicht vorgesehen!«

Auch wenn wir Yogakurse absolvieren und viele gesunde Vitamine zu uns nehmen: Sie kommen, die Gebrechen. Bei den einen früher, bei anderen später. Bei mir zu früh, finde ich. Aber da machte ich mir keine Sorgen: Jahrelang hatte ich die Beiträge für die Krankenkasse und die Pflegekasse von meinem Konto abbuchen lassen. Jetzt würde man für mich sorgen.

Wir leben in einem reichen Staat mit einem der besten Gesundheitssysteme der Welt, das lesen oder hören wir häufig, wenn wir uns darüber beklagen, dass der Termin für das CT erst in drei Monaten möglich ist. Wohlgemerkt, auch dann nur für ein Fußgelenk. Das zweite Fußgelenk kann dann erst wieder im nächsten Quartal unter das CT kommen. Das ist Jammern auf hohem Niveau, sagt mir Magda, die das weiß, weil ihr Mann Arzt ist. Von ihm weiß sie auch, dass Patienten sich ständig beschweren und mit jedem kleinen Zipperlein in die Sprechstunde rennen, obwohl ihr Mann doch nur einmal für den Patienten im Quartal abrechnen kann. Aber so eine Patientin bin ich nicht. Ich hasse Arztbesuche, und meine Ärzte können sicher sein, dass ich nur komme, wenn es unbedingt erforderlich ist.

Womit ich nicht gerechnet hatte, war die eisenharte Entschlossenheit meiner Krankenkasse und der Pflegekasse, möglichst viele meiner berechtigten Wünsche nach medizinischer Hilfe abzuschmettern. Ich spreche dabei nicht von Operationen, davon würde mir meine Krankenkasse so viele finanzieren, wie ich möchte. Es geht um Hilfsmittel, die den Alltag eines alten Menschen vereinfachen und eine aktive Teilnahme am normalen Leben weiterhin möglich machen. Meine Erwartungen erfüllten sich nicht. Statt schnell und unkompliziert Hilfe von der Krankenkasse zu erhalten, höre ich immer wieder »Das hat der Gesetzgeber nicht vorgesehen!«

Wo gibt es Hilfe für mich?

Nach der Operation an meiner Spinalkanalstenose litt ich wochenlang an extremen Schmerzen. In meiner Wohnung war ich nicht einmal mit Hilfe eines geliehenen Wohnungs-Rollators in der Lage, mir auch nur einen Espresso selbst zuzubereiten. Gut, ich kann ohne Espresso leben, aber auch anderes, weniger Verzichtbares ist nicht möglich, wenn man sich kaum bewegen kann. Ich brauchte eindeutig Hilfe. Vorsorglich hatte ich schon vor der Operation bei zehn Pflegediensten angerufen, sodass die Ärztin im Krankenhaus kein Problem hatte, über den Pflegedienst Careship zweimal die Woche eine nette und tüchtige Dame zu organisieren, die mir im Haushalt half. Mein Glaube an die Krankenkasse wurde bestätigt. Das läuft gut in Deutschland, erzählte ich allen Menschen.

Vier Wochen lang kam eine freundliche und tüchtige Frau zu mir, die mir half. Da die Schmerzen aber auch nach den vier Wochen noch anhielten, fragte ich bei der Krankenkasse nach, ob ich diese Hilfe noch länger, wenigstens einmal die Woche, in Anspruch nehmen könnte.

»Nein, das hat der Gesetzgeber nicht vorgesehen!«, beschied mir die Krankenkassendame. »Leider«, fügte sie hinzu. Immerhin. Ich war schon froh, dass sie zumindest etwas Empathie zeigte, wenn sie mir schon nicht helfen konnte.

»Aber was mache ich denn, wenn ich mich nicht selbst versorgen kann?«, wollte ich wissen.

»Dann müssen eben Ihre Kinder einspringen«, meinte die empathische Dame.

Ich erklärte ihr, dass diese aber nicht in Berlin lebten.

»Dann müssen Sie eben privat einen Pflegedienst oder eine Hauswirtschaftshilfe organisieren. Etwas anderes kann ich Ihnen auch nicht sagen.« Die Dame war nun schon deutlich weniger empathisch.

»Wenn ich aber das Geld dazu nicht habe?«, wandte ich ein.

»Ich habe die Gesetze nicht gemacht, ich kann daran nichts ändern. Kann ich sonst noch etwas für Sie tun?«

Nein, das konnte sie nicht. Ich konnte das Problem dann privat finanziert noch drei Wochen überbrücken, danach sind die Schmerzen allmählich verschwunden.

Das war meine Einführung in die Welt der Krankenkassen- und Pflegekassenleistungen. Ich fing an, mir Sorgen zu machen, weil abzusehen war, dass wieder etwas Neues bei mir kaputt gehen würde. So ist das im Alter. Wenn einmal etwas am eigenen Bewegungsapparat brüchig geworden ist, folgt schnell eine neue Baustelle.

Genau so kam es auch. Kaum war der operierte Spinalkanal in Ordnung, fing mein linker Fuß an, immer stärker zu schmerzen. Jedes Auftreten wurde zur Qual. Ich ging zu drei unterschiedlichen Orthopäden und zweimal in eine radiologische Praxis, dann stand die Diagnose fest.

Das linke Fußgelenk ist durch Arthrose zerstört, nur eine Operation kann helfen, sagt der erste Arzt. Nach intensiven Recherchen im Internet finde ich ein Berliner Krankenhaus, in dem ein Arzt sehr gern solche Operationen durchführt. Er könne es machen, gleich nächste Woche. Und das mit der Reha würden sie dann auch organisieren, alles kein Problem, behauptet er. Der nächste Arzt – ein freischaffender Fußgelenkspezialist – rät ebenfalls dringend zu einer Operation und der schon erwähnten Versteifung – er muss seine Belegbetten füllen. Die Operation am Fußgelenk sei kein Problem, er mache das täglich und danach müsse ich zwei Monate im Rollstuhl sitzen, dann ein bisschen Reha und eine Krücke und dann sei alles wieder fast wie vorher. Oder besser als vorher, fügt er schelmisch lachend hinzu.

Meine Internetrecherchen haben mich aber etwas abgeschreckt von dieser Operation. Vor allem dieser kräftig gebaute Arzt, der im Fußversteifungsvideo mit einem riesigen Bohrer und viel Kraft versucht, die Schraube im Gelenk festzudrehen, macht mir Angst. Ich bin noch nicht überzeugt, habe auch schon zu viele dramatische Berichte von Menschen gehört, die eine solche Operation haben durchführen lassen.

Ich suche also einen weiteren Fußgelenkchirurgie-Spezialisten im Internet und werde sogar in meiner Nähe fündig. Der Spezialist und ich verstehen uns sofort, unterhalten uns heiter, und ich gehe, wie ich bereits im ersten Kapitel erzählt habe, zutiefst zufrieden nach Hause, weil er mir von dieser Operation abrät. Es geht doch nichts über Ärzte, die das bestätigen, was man gerne hören möchte. Er verschreibt mir noch einen Maßschuh und entlässt mich mit dem Ratschlag: »Kaufen Sie sich zusätzlich noch einen Fritzstock. Dann können Sie sich aufstützen und den linken Fuß entlasten.«

Welcher Fritzstock steht mir zu?

Ein Fritzstock, erfahre ich von Google, ist die Sorte Stock, auf die der alte Fritz sich immer gestützt hat. Mir ist der alte Fritz zutiefst unsympathisch, aber wenn so ein Stock hilft? Ich mache mich tapfer auf den Weg in ein Sanitätsfachgeschäft und bringe meinen Wunsch nach einem Fritzstock vor. Entgegen meinen Erwartungen zeigt man mir daraufhin keine Auswahl an Fritzstöcken, sondern fragt als Erstes: »Welche Krankenkasse?« Das, werde ich in den nächsten Monaten merken, ist stets die erste Frage, bevor ich Hilfsmittel für meine nachlassende Gesundheit gezeigt bekomme. Ich nenne der Beraterin meine Krankenkasse. Nun legt sie drei Stöcke auf den Verkaufstisch, von denen einer scheußlicher als der andere ist.

»Diese Stöcke zahlt Ihre Krankenkasse. Aber ich sage Ihnen gleich, dass wir keinen Vertrag mit Ihrer Krankenkasse haben, sodass Sie diesen Fritzstock auch nicht bei uns kaufen können.«

Wo ich ihn denn ansonsten kaufen sollte, frage ich.

»Da müssen Sie bei der Krankenkasse nach dem Vertragspartner fragen, dort können Sie dann den Fritzstock bekommen. Aber Sie müssen natürlich zuerst eine Verordnung von Ihrem Arzt haben.«

Ich blende diese organisatorischen Probleme für einen Moment aus und inspiziere die Fritzstöcke. Ich probiere alle aus, einer ist bequemer als die beiden anderen, aber sie gefallen mir alle nicht. Hässliche Form, schlammbraune Gummipfropfen am unteren Ende. Wenn ich schon behindert herumlaufe, dann sollte es doch wenigstens nett aussehen. Ein Luxuswunsch, stelle ich fest.

Wer krank ist, sollte dankbar sein, dass die Krankenkasse oder die Pflegekasse überhaupt ein Hilfsmittel bezahlt. Ob ich einen schöneren Stock kaufen könnte, und dann etwas zum Krankenkassenbeitrag hinzuzahlen dürfte? Die Beraterin ist skeptisch, da müsste ich die Krankenkasse fragen. Aber, warnt sie, meistens lehnen die Krankenkassen das ab.

Sie hat recht, weiß ich zwei Tage später nach meinem Telefonat mit der Krankenkasse. Es erschließt sich mir nicht, warum die Kasse etwas dagegen haben sollte, dass der Patient dazuzahlt, aber nach vielen weiteren Telefonaten, Ablehnungen und vielfachen Aufforderungen, Röntgenbilder und Befunde wieder und wieder an unterschiedliche Stellen zu schicken, habe ich erkennen müssen, dass man dem Krankenkassenprozedere mit gesundem Menschenverstand nicht immer folgen kann. Monate später stellt sich heraus, dass die Krankenkasse doch etwas zugezahlt hätte, aber die Mitarbeiterin hatte mir eine falsche Information gegeben. »Das haben Sie bestimmt falsch verstanden«, vermutet ein anderer Mitarbeiter der Krankenkasse. »Wir informieren unsere Mitglieder immer korrekt.« Natürlich, es ist mein Fehler.

Um endlich mit weniger Schmerzen kurze Wege gehen zu können, kaufe ich mir selbst einen wunderschönen Fritzstock mit Silbergriff, der natürlich nicht aus Silber ist, den man aber zusammenklappen kann, damit ich ihn auf Reisen auch in einer Handtasche verstauen kann. Genau das ist es vermutlich, was die Krankenkasse mit ihren Ablehnungen und Vorschriften erreichen will: Der Patient zahlt selbst. Immerhin wird mein eleganter Fritzstock überall bewundert, und meine Friseurin Sandra flüstert mir beim ersten Besuch mit Fritzstock zu: »Das hat einen Hauch von ›Der Pate‹, Frau Berg-Peer!« Na also.

Hilfsmittel sind unser ästhetischer Tod

Diese medizinischen Hilfsmittel sind aber nicht nur Hilfsmittel. Mit ihnen müssen wir anerkennen, dass unser Leben unaufhaltsam seinem Ende entgegengeht und dass dieses Ende mit unserem ästhetischen Tod beginnt.

»Klar«, sagt Andrea. »Das erkenne ich jeden Morgen, wenn ich mich im Spiegel sehe.« Leider muss ich ihr auch darin zustimmen. Wir Alten brauchen Hilfsmittel, die selbst den letzten Anspruch an Ästhetik vermissen lassen. Nicht nur Fritzstöcke sind ästhetisch eine Zumutung,

sondern genau so verhält es sich mit allen anderen Hilfsmitteln, die meine nachlassenden körperlichen Fähigkeiten ausgleichen sollen. Beige Orthesenbandagen, Hallux-
valgus-Filzpantoffel mit Klettverschluss und Fritzstöcke
mit schlammbraunen Gummipfropfen am Fritzstockende:
Von uns Alten wird ein Verzicht auf Würde und Ästhetik
verlangt, der noch einmal verständlicher macht, warum
die Beschäftigung mit dem Alter so verdrängt wird. Oder
warum Männer sich damit abfinden, nur noch zu Hause
zu sitzen, anstatt sich mit einem Rollator auf der Straße
lächerlich zu machen. So etwas erfahren wir Rollator-Fah-
rerinnen, wenn wir uns auf der Straße oder beim Discoun-
ter über das Leben mit Rollator austauschen. »Mein Mann
geht jetzt nicht mehr raus«, sagt die heitere Dame mit dem
Rollator in Rosé. »Der setzt ja nicht mal eine Brille auf, er
will nicht alt sein.«

Aber auch wir Frauen müssen tapfer sein. Ich habe versucht, im Internet herauszufinden, was »Orthesenban-
dage« auf Italienisch heißt, denn die Italiener sind für ihre
ästhetischen Alltagsprodukte bekannt. Ich denke an diese
wunderbaren Kühlschränke, die es schon in allen Farben des RAL-Classic-Farbfächers gab, als in Deutschland
außer den klassischen weißen Kühlschränken gerade mal
einer in Eierschale oder Silber matt verkauft wurde. Nur
leider konnte ich zwar herausfinden, dass Bandage *benda-
tura* heißt, aber weiter waren dazu keine Informationen zu
haben. Ich bin aber sicher, dass die elegante italienische
alte Dame abends zu ihrem Kleid und dem Pashmina darüber eine Bandage in der passenden Farbe trägt. Wenn es
diese Bandagen wenigstens in Schwarz gäbe! Das könnte

ich mit meinen schwarzen Kleidern kombinieren. Aber
nein: Grau, Hellblau, Weiß und Eierschale! Es bleibt dabei,
bevor wir endgültig aus dem Leben scheiden, sterben wir
ästhetisch. Niemand möchte hingucken, wenn wir mit
einer eierschalfarbenen Fußgelenkbandage und einem
dieser entsetzlichen plumpen Schuhe mit Klettverschluss,
ebenfalls gern in Eierschale, daherschlurfen. Diese Schuhe
sollen die Schmerzen am Hallux valgus verringern, aber
wer möchte schon bei meinem Anblick immer an einen
Hallux valgus erinnert werden?

Die maßgefertigte Zumutung

Mein Kampf geht weiter. Auch der schöne silberne Fritzstock hilft nicht wirklich. Ich kann mich zwar auf ihn
stützen, aber der Fuß tut weiterhin bei jedem Schritt weh.
Der Arzt empfiehlt einen Rollator. Einen Rollator? Wort-
los und beleidigt verlasse ich seine Praxis, was ihn und die
Mitarbeiterinnen überrascht, aber diesen Schock muss ich
erst einmal verdauen. Einen Rollator! Ich habe schon vieles im Leben bewältigen müssen, nichts war einfach. Aber
dieser letzte Schritt zum Rollator fällt schwer. Der Verzicht
auf das letzte bisschen Würde tut wirklich weh. Es ist der
Schritt kurz vor dem endgültigen Ende.

Vier weitere Wochen wackele ich unter Schmerzen auf
meinen Fritzstock gestützt durch die Welt, dann bricht
mein Widerstand zusammen. Ich werde jetzt den ebenfalls ästhetisch unerträglichen Maßschuh und auch gleich
noch einen Rollator kaufen. Der orthopädische Schuhma-

chermeister in meiner Straße freut sich. Nein, ich müsse mir keine Sorgen machen, das seien nicht mehr diese hellbraunen grässlichen Klumpfußschuhe – ich bitte um Entschuldigung für diesen diskriminierenden Ausdruck, aber solche Schuhe sind auch für Menschen, die einen verformten Fuß haben, eine Zumutung! Er könne mir jeden Schuh basteln, den ich wolle. In seinem Prospekt kann ich sehen, dass tatsächlich auch ästhetisch erträgliche Schuhe angefertigt werden können. Einige Wochen später kommt ein freundlicher Schuhmachermeister zu mir und misst meinen Fuß und das Fußgelenk aus. Er zeigt mir wieder die schöne Broschüre und meint, ich könne mir daraus ein Muster auswählen, das er nachbauen würde. Da mir keiner der Musterschuhe wirklich gefällt, frage ich ihn, ob ich ihm auch einen Musterschuh aus dem Internet schicken könne?

»Kein Problem«, meint er. »Ich kann Ihnen alles nachbauen.«

Schon etwas vergnügter surfe ich im Internet nach diesen absolut hinreißenden Schuhen, die ein attraktiver spanischer Schuhmacher fabriziert und die ich unbedingt als Vorbild nehmen möchte. Jesus Canovas bastelt Samtschuhe in den schönsten Farben, in vier verschiedenen Grüntönen, fünf verschiedenen Rosatönen und natürlich auch in mehreren Rottönen, und in Tiefschwarz. Er verziert seine Werke entweder mit kleinen Totenschädeln, Äpfeln, Ananas oder auch kleinen Pizzadreiecken. Selbstverständlich kann man auch sein Monogramm darauf sticken lassen.

Wir tauschen uns auf Facebook aus, und Jesus ist begeistert von meiner Begeisterung und versichert, dass er mir passend jeden Schuh herstellen würde. Gut, das kommt dann nach dem Maßschuh im nächsten Sommer. Aber er hat auch halbhohe Schuhe, die ein bisschen wie Nikes aussehen, aber natürlich viel schöner sind. Ich kopiere sie aus dem Internet und schicke sie dem Orthopädiemeister. Jetzt freue ich mich auf meine Maßschuhe, vielleicht wird durch die Vorlage von Jesus das Schlimmste verhindert.

Vier Monate später erhalte ich einen Anruf, und er bringt mir die neu angefertigten Schuhe vorbei. Was er aus der Schachtel holt, ist das scheußlichste, schwarze Schuhungetüm, das ich je gesehen habe. Riesige abstehende Lederklettverschlüsse, dicke genarbte Schuhsohlen und das Ganze kiloschwer!

»Ich hatte Ihnen doch den spanischen Schuh als Vorbild geschickt, der hier sieht ja ganz anders aus!« Ich bin fassungslos.

Jetzt ist der Orthopädiemeister seinerseits erschrocken. »Ich wollte den Schuh doch extra ein bisschen nett machen für Sie, der Schuh, den Sie geschickt hatten, war ja so schlicht, ganz ohne Verzierung. Ich fand das so viel hübscher.«

Was soll ich dazu sagen? So ist das, wenn ein orthopädischer Schuhmacher aus Berlin auf die Kreationen eines spanischen Schuhkünstlers trifft. Er sieht so traurig aus, dass ich es nicht fertigbringe, ihn mit seinem Klumpfußschuh zurückzuschicken. »Dann probiere ich ihn jetzt mal an«, sage ich nachgiebig.

Der Schuh passt und hält auch das defekte Fußgelenk gut fest, sodass ich tatsächlich beim Gehen weniger

Schmerzen habe. Aber die Schuhe sind dermaßen schwer, dass ich mir vorkomme wie ein Tiefseetaucher, der noch in der alten Montur samt Bleistiefeln über den Meeresgrund stapft. Jeder Schritt ist eine Herausforderung, mehr als zehn Schritte werde ich damit kaum laufen können. Er könne den Schuh auch noch ein bisschen leichter machen, bietet der Berliner Schuhmachermeister an, als er meinen gequälten Gesichtsausdruck sieht. Wir vereinbaren, dass ich diese Klotzschuhe erst einmal draußen ausprobiere, ehe ich mich wieder melde.

Die Schuhe stehen nun seit sieben Monaten ungetragen im Flur. Ich denke nicht, dass ich sie anziehen werde. Dann ist ein Rollator vielleicht doch besser. Den kann ich auch vorher besichtigen, sodass nicht mit schlimmen ästhetischen Überraschungen zu rechnen ist.

Jetzt auch noch ein Rollator!

Nachdem ich die Klotzschuhe verworfen habe, stelle ich mich tapfer der Realität eines Rollators. Zunächst beobachte ich alte Frauen, die schwerfällig und über ihren Rollator gebeugt über das Kopfsteinpflaster holpern und Schwierigkeiten haben, sich und den Rollator am Ende des Zebrastreifens wieder auf den Bürgersteig zu hieven. Es sieht nicht so aus, als ob das Fahren mit einem Rollator einfach sei. Könnte das nicht mit einem stabileren Modell mit großen Gummireifen verbessert werden? Ich mache mich im Internet auf die Suche und stelle fest, dass es durchaus Modelle gibt, die das Gehen deutlich erleichtern würden. Hoch motiviert wandere ich mit Fritzstock in das nächste Geschäft mit Sanitätsbedarf – schön, dass es nur dreihundert Meter entfernt ist. Der ebenfalls motivierte Verkäufer zeigt mir unterschiedliche Modelle und erklärt mir die Vor- und Nachteile.

Ich bin fast so weit, dass ich einen seiner Rollatoren gekauft hätte, bis ich ihn frage, wie ich das denn mit der Krankenkasse abrechnen könne. Wieder die Frage, die ich jetzt ständig höre: »In welcher Krankenkasse sind Sie denn?« Meine Antwort führt dazu, dass seine Motivation deutlich sinkt. Ich muss dazu sagen, dass ich nicht bei irgendeiner obskuren Krankenkasse versichert bin, weil ich monatlich 3 Euro 90 sparen wollte. Nein, es ist eine große bekannte Krankenkasse, die auch noch im Ruf steht, besonders gut zu sein, nicht zuletzt, weil sie auch homöopathische Leistungen bezahlt. Gibt es homöopathische Rollatoren? Wieder wird mir erklärt, dass die Krankenkassen Verträge mit möglichst günstigen Sanitätsgeschäften abschließen und damit mich als Mitglied dazu zwingen, in genau diesen Geschäften einzukaufen. Das muss nicht unbedingt schlecht sein, nur führt es dazu, dass ich bei den drei Sanitätsgeschäften, die in meiner unmittelbaren Nähe sind, nicht einkaufen darf.

Bei einem erneuten Telefonat mit der Krankenkasse wird mir der Standort des Vertragsgeschäfts genannt. Natürlich liegt dieses Geschäft sehr, sehr weit entfernt von meiner Wohnung. Als ich den Krankenkassenmitarbeiter darauf hinweise, dass ich äußerst immobil sei, was auch der Grund für den Rollator sei, meinte er, dass ein Mitarbeiter des Geschäfts gern vorbeikommen würde und zwei

Rollatoren mitbrächte. Nein, den wolle ich mir doch selbst aussuchen, nachdem das Internet mich schon über die unterschiedlichen Modelle informiert hat. Mit dem Auto fahre ich zu der angegebenen Adresse in einem Industriegebiet, die ohne GPS sicher nicht einfach zu finden gewesen wäre. Ich brauche fast eine Dreiviertelstunde, bis ich dort angekommen bin. Kann mir jemand erklären, warum immobile Menschen so weit fahren müssen, um zu mehr Mobilität zu kommen? Da könne mich doch eines meiner Kinder, hinfahren, hatte der Krankenkassenmitarbeiter noch gemeint. Aber in Berlin wohnt nur eines meiner Kinder, und sie hat zurzeit noch keinen Führerschein. Was macht also die alte Frau, die keinen Wagen hat, kein Kind mit Führerschein und kein Geld, um sich ein Taxi zu diesem weit entfernten Sanitätsgeschäft zu leisten? »Das ist eben vom Gesetzgeber so vorgesehen«, meint der Krankenkassenmitarbeiter abschließend. Da könne er auch nichts machen.

In dem fernen, von der Krankenkasse zugelassenen Sanitätsgeschäft angekommen möchte ich nun aus der Fülle der Rollatoren den aussuchen, der mir von den Funktionen her und der Ästhetik am besten geeignet erscheint. Ich stehe vor zahllosen Rollatoren, als sich mir ein mittelalter Mann in Shorts und beigen Sandalen mit weißen Socken nähert. Er lutscht ein Eis. Es ist dieser heiße Sommer 2018.

Was ich denn wolle, nuschelt er. Es ist nicht einfach, mit Vanilleeis im Mund deutlich zu sprechen.

»Was führen Sie denn so?«, frage ich leicht angesäuert. Ich finde es unhöflich, einen potenziellen Kunden mit vollem Mund anzusprechen.

Jetzt schaut er mich an, als ob ich verrückt sei. »Rollatoren und andere Gehhilfen«, kann er jetzt deutlicher formulieren, weil er das Eis heruntergeschluckt hat.

»Sehen Sie, genau deshalb bin ich hier. Ich suche einen Rollator. Ich möchte einen, bei dem ...«

»Nun mal halblang, junge Frau«, unterbricht er mich. »Erst sagen Sie mir, in welcher Krankenkasse Sie sind.«

Ich überlege kurz, ob ich mit meinem Fritzstock oder besser mit meinen stabilen Birkenstocksandalen auf seine nur durch Socken geschützten Zehen treten soll. Aber eine Dame tut so etwas natürlich nicht. Leider. Ich nenne meine Krankenkasse, und er weist gelangweilt auf zwei mickrige Modelle. »Die Krankenkasse zahlt nur diese hier.« Er widmet sich wieder seinem Eis.

»Aber ich möchte gern noch andere sehen ...«

Wieder unterbricht er mich. »Aber die Krankenkasse zahlt nur diese Modelle, da haben Sie keine andere Auswahl. Das habe ich Ihnen doch schon gesagt!«

Ich schlucke meinen aufkommenden Ärger herunter und erkläre ihm, dass ich vielleicht einen guten Rollator auch selbst bezahlen würde.

Sofort verändert sich seine Haltung. Er wirft das Eispapier in einen Papierkorb, richtet sich auf und strahlt mich an. »Das ist eine vernünftige Entscheidung, das sage ich meinen Kundinnen auch immer. Ein Rollator ist schließlich eine Investition fürs Leben. Da wäre Sparen völlig falsch. Diese Kassenmodelle führen wir auch nur, weil die Krankenkasse das möchte. Sie sind völlig veraltet und keine Hilfe für die älteren Kundinnen. Ich zeige Ihnen jetzt einmal einen sehr schönen Rollator, der hat ein Carbongestell, ist dadurch leicht, aber dennoch stabil. Außerdem hat er ...«

Heiter und zugewandt zeigt er mir zahllose, immer teurere Rollator-Modelle, ich darf auch mal fahren oder mich darauf hinsetzen und die Bequemlichkeit vergleichen. Ob ich ein Glas Wasser wolle? Es sei schließlich sehr heiß. Ich will. Außerdem könne ich noch zusätzliche Dinge kaufen, die den Gebrauch meines Rollators noch deutlich bequemer machen würden. Ich kann einen Schirm und einen Becherhalter kaufen, eine Befestigung für den Stock ist bei den teuren Modellen schon vorhanden. Auch einen Rollator-Regenumhang gäbe es. Passend zu der Einkaufstasche, die selbstverständlich auch dazugekauft werden könnte. Und sollte, wie er ernst hinzufügt.»Sie gehen doch noch selbst einkaufen, oder?« Ja, mache ich. Noch. Das Schönste kommt zuletzt. Ich könne auch eine Handy- und iPad-Halterung dazukaufen, er habe gesehen, dass ich noch (!) sehr fit sei und ein Handy hätte. Ich hatte die unterschiedlichen Rollator-Modelle fotografiert. Jetzt gewinnt der stoffelige Verkäufer fast mein Herz. Eine Handyhalterung! Herrlich. So scheußlich sind Rollatoren eigentlich gar nicht. Wir scheiden – fast – als Freunde, und ich versichere ihm, dass ich nachdenken werde und wieder auf ihn zukäme. Nach intensiver Lektüre über die Erfindung von Rollatoren – in Norwegen – und ihrer Ausstattung komme ich zu der Erkenntnis, dass die meisten Rollatoren meine künftige Fortbewegung eher behindern als erleichtern werden. Mit meinem neuen Wissen über stabile und leichte Rollatoren kaufe ich das Luxusmodell mit Handyhalterung bei einem virtuellen Sanitätshaus, das deutlich günstiger ist als in dem von der Krankenkasse empfohlenen Sanitätshaus und dessen Verkäufer schon freundlich ist, bevor ich ihm meinen teuren Wunsch mitteile.

Abschließend frage ich mich, warum man eigentlich noch nicht über Rollator-Sharing oder E-Mobil-Sharing nachgedacht hat? In meinem Haus wohnen mit mir schon vier alte Damen, die auch einen Rollator benötigen. Wenn wir Rollator-Sharing machen oder gemeinsam ein E-Mobil kaufen würden, kämen wir mit einem oder höchstens zwei Rollatoren prima aus. Auch einen E-Mobil-Garagenplatz könnten wir uns dann teilen. Denn eine Garage braucht man auch für das E-Mobil, wenn die Krankenkasse etwas übernehmen soll. Ich wage gar nicht, an alte Menschen zu denken, die in ihrem Mietshaus keine Garage haben.

Seit Kurzem bin ich nun auch stolze Trägerin eines Notfallknopfes von den Maltesern. Allerdings ist er nicht an meinem Arm befestigt, wie das die glücklich und gesund aussehenden Seniorinnen auf den Anzeigen bei Facebook tragen. Mir hat der junge Mann von den Maltesern anschaulich erklärt, dass ich unglücklich stürzen könnte und dann nicht mehr an den Knopf an meinem Handgelenk komme, während so ein Notrufknopf am Bändchen immer zu erreichen ist. Er war so freundlich, dass ich ihm sofort geglaubt habe. So nebenbei habe ich bei unserem netten Gespräch auch noch erfahren, dass ich einen Schlaganfall daran erkennen kann, dass ich meine Zunge nicht mehr rausstrecken kann. Auch Lachen funktioniert dann wohl nicht mehr. Man lernt immer dazu. Den Notfallknopf zahlt die Krankenkasse sicher auch nicht. Aber das ist vielleicht Absicht: Mit Notfallknopf werden wir gerettet. Ohne so ein Ding leben wir vielleicht nicht mehr, wenn uns endlich jemand findet.

Augen auf bei der Wahl der Krankenkasse

Ich weiß nicht, ob jemand meinen Rat möchte, aber ich gebe ihn dennoch: Augen auf bei der Wahl der Krankenkasse. Oder ein kleines Sparbuch anlegen für den Rollator, das ist viel besser angelegt als das Sparbuch für den Enkel. Wir Alten müssen an uns denken. Auch wenn mit zwanzig die Frage nach der Finanzierung eines stabilen Rollators fast noch ferner liegt als die Überlegung, an der nächsten bemannten Marsmission teilzunehmen: Fragen Sie dennoch nach diesen Leistungen. Wenn Sie mit jungen sechzig auch noch nicht über einen Rollator oder eine Strumpfanziehhilfe nachgedacht haben, erkundigen Sie sich dennoch sofort, was es gibt und wo man die besten und günstigsten Hilfswerkzeuge fürs Alter bekommt. Das ist wichtig, denn im Alter bekommen wir keinen kurzfristigen Kredit für einen guten und teuren Rollator mehr von der Bank.

Leider zu spät, aber immer noch entsetzt lese ich in der Ausgabe 3/2019 der Zeitschrift von Stiftung Warentest einen Vergleich von Rollatoren mit dem Ergebnis, dass die instabilen und billigen Modelle, die von den Krankenkassen finanziert werden, die schlechteste Bewertung bekamen. Die Krankenkassen-Rollatoren sind wackelig, man klemmt sich beim Zusammenfalten, sie gehen schnell kaputt und vor allem sind sie extrem schwer. Man hätte Stiftung Warentest gar nicht mit diesem Test beauftragen müssen, sie hätten einfach mich fragen können. »Diese Kassenschocker kann man wirklich in die Mülle schmeißen«, sagt Anneliese Becker, 85 Jahre alt, Rentnerin, in der Zeitschrift der Stiftung Warentest (3/2019). Es sind diese schlecht bewerteten Billigmodelle, die es für alte Menschen schwierig machen, sich damit problemlos vorwärtszubewegen. Kleine instabile Rädchen, mit denen jede Bordsteinüberquerung eine Herausforderung darstellt. Die Rollatoren-Hersteller wissen selbst um die instabile Konstruktion, weshalb sie auch bei manchen Modellen empfehlen, den Rollator über unebene Bodenstellen zu tragen! In der Zeitschrift Madame lese ich vor einigen Monaten, dass der Rollator die Designertasche der Zukunft sei, weil immer mehr gut betuchte alte Menschen dieses Hilfsmittel benötigen. Nun, die Krankenkassen-Rollatoren sind eher die chinesische Plastiktasche vom Grabbeltisch beim Ein-Euro-Shop. Vielleicht hofft die Krankenkasse aber auch, dass der wackelige Rollator schneller zu dem bekannten Oberschenkelhalsbruch führt, an dem wir Alten so häufig sterben.

Meine Rechte als Patientin

Viel zu spät, aber mit großem Interesse lese ich, dass ich als Patientin durchaus auch Rechte habe. Mein Arzt muss mir Einblick in meine Krankenakte gewähren. Ich muss Hilfsmittel wie Rollatoren, aber auch Zahnersatz, Fahrtkosten etc. bei der Krankenkasse schriftlich beantragen, die Krankenkasse hat drei Wochen Zeit zur Überprüfung. Wenn der MDK hinzugezogen werden soll, sind es fünf Wochen. Bei mir waren es mehrere Monate! Bei zahnärztlichen Gutachten sind es sechs Wochen. Und jetzt wird es interessant: Wenn die Krankenkasse länger als die festgesetzte Frist braucht, gilt eine »fiktive Genehmigung«, das heißt, ich könnte mir dann den Rollator schon einmal kaufen, und die Krankenkasse muss die angefallenen Kosten erstatten. Über diese und mehr Rechte kann ich mich beim Sozialverband VdK informieren. Dort bekomme ich fachkundigen Rat und, falls erforderlich, als Mitglied auch eine rechtliche Vertretung.

Es darf niemals bequem sein

Vielleicht liegt die Sparsamkeit der Krankenkassen aber auch darin begründet, dass ein Rollator eigentlich gar nicht empfohlen wird für alte Menschen. »Gerold rät ab von einem Rollator«, sagt Magda. »Damit werden die alten Menschen nur bequem und strengen sich beim Gehen nicht mehr an.« Gerold weiß das, weil er Hals-Nasen-Ohren-Arzt ist. Mein ehemaliger Orthopäde war auch dagegen, und meine Freundin Dita hält ebenfalls nichts von Rollatoren. Sie ist Ärztin, noch älter als ich, und kann sich aufgrund eines schweren Rückenleidens nur schlecht bewegen. Als wir uns treffen, schleppt sie sich mühsam auf einen Stock gestützt zu meinem Auto. »Das ist wirklich viel besser als ein Rollator, auch gesünder«, sagt sie, als sie sich ächzend auf den Sitz neben mir fallen lässt. Eine Freundin, die bald die hundert erreichen wird, schwört auf Nordic-Walking-Stöcke mit Schlaufen, in die man sich hineinfallen lassen muss. »Damit gehst du viel besser, Janine. Der Rollator ist vielleicht bequemer, aber überhaupt nicht gesund.«

Auch der Physiotherapeut ist skeptisch in Bezug auf Rollatoren: »Man darf es sich nicht zu bequem machen im Alter!«, meint er. »Wenn Sie ihn schon nutzen, dann müssen Sie damit auch stramm durchmarschieren. Nein, Ihre Haltung ist falsch! Nicht über den Rollator beugen, gerade stehen!«

Ich wende vorsichtig ein, dass es aber bequemer sei und mir der Fuß weniger weh tut, wenn ich mich auf den Rollator stütze.

»Es geht nicht um Bequemlichkeit!«, sagt er streng. »Es geht darum, dass Sie sich im Alter immer noch beweglich und fit halten. Jeden Tag üben. Immer schnell durchstarten. Mit dreihundert Metern anfangen, dann steigern Sie sich. So ein Kilometer müsste schon möglich sein.«

Ich werde den Physiotherapeuten wechseln! Es geht nicht um Bequemlichkeit? Worum denn sonst? Im Alter sollte es nur um Bequemlichkeit gehen.

Was die Krankenkasse nicht zahlt

Bei immer neuen Telefonaten mit der Krankenkasse ergeben sich immer mehr Dinge, die von der Krankenkasse nicht bezahlt werden. Das Taxi zum Augenarzt wird nicht bezahlt, weil ich nur zum Nachschauen dort war, ich also sehen könne. Mein Einwand, dass ich nicht mit dem Auto fahren könne, weil dort weit und breit kein Parkplatz in Sicht ist und ich nicht fünfhundert Meter zur Praxis laufen kann, andererseits aber auch nicht mit dem Rollator die U-Bahn nutzen könne, weil an meiner Station kein Aufzug sei, zieht nicht. Die Krankenkasse erklärt mir erneut, dass ich meine Kinder bitten solle, mich hinzufahren oder eben das Taxi privat bezahlen müsse. Meine Frage, was denn eine alte Frau tun solle, die keine Kinder und kein Geld habe, weist die Krankenkassenmitarbeiterin barsch ab. »Dann kann sie eben nicht zum Arzt gehen. Ich habe die Gesetze nicht gemacht.«

Auch Fußpflege zahlt die Krankenkasse nicht, obwohl ich mir wegen der Hüftarthrose nicht mehr die Fußnägel schneiden kann. »Oder haben Sie Diabetes?« Nein, habe ich nicht. Sie verweist mich wieder auf meine Kinder, die mir dann eben die Fußnägel schneiden müssten. Die augenärztliche Versorgung für Menschen in Altenheimen weist deutliche Defizite auf, wie die Stiftung Auge der Deutschen Ophthalmologischen Gesellschaft (DOG) 2019 feststellt. Das wurde auch 2016 bereits festgestellt, aber offensichtlich hat der Gesetzgeber – oder die Krankenkasse? – nicht reagiert. Das zentrale Problem sei der Transport zum Augenarzt. Da der Besuch beim Augenarzt keine pflegerische Maßnahme sei, müsse der Transport über die Krankenkasse geregelt werden, dafür gibt es bislang noch keine Abrechnungsziffer. Alte Menschen können nicht zum Augenarzt gehen, weil die Krankenkasse den Transport nicht bezahlt? Man mag es kaum glauben. Wie gut, dass es inzwischen

Augenärzte gibt, die ihre Patienten in Seniorenheimen auf-
suchen. Auch Brillen werden nicht mehr bezahlt, es gibt
nur noch eine Bezuschussung für Sehhilfen bei Kindern,
Jugendlichen und behinderten Menschen. Ich bin doch
jetzt behindert! Sollte ich nachfragen?

»Sie haben Glück«, sagt mein sympathischer ägyptischer
Optiker, mit dessen Vater ich mich so gerne über meine
Zeit in Kairo unterhalte. »Sie sind nicht nur kurzsichtig,
sondern ...« Er erklärt mir etwas mit meinen Prismen, was
ich nicht verstehe. »Dadurch sind die Gläser zwar teurer,
aber wenn Sie mir ein Rezept von Ihrem Augenarzt bringen, dann übernimmt die Krankenkasse diese zusätzlichen
Kosten.«

Was habe ich für ein Glück, dass meine Augen besonders schlecht sind!

Rollator-Training bei der BVG

Inzwischen habe ich mich daran gewöhnt, mit mehr Gelas-
senheit als Grazie zum Einkaufen oder zur Bibliothek zu
holpern, langsam und über den Rollator gebeugt. Um auch
mit dem Bus oder der U-Bahn fahren zu können, werde ich
an einem Rollator-Training bei den Berliner Verkehrsbetrieben teilnehmen. Kurz vor zehn steht schon eine Traube
rüstiger Alter mit Rollatoren vor unserem BVG-Trainings-
bus. Ich geselle mich dazu. Wir sind ein munteres Trüpp-
chen, die Stimmung erinnert an einen Schulausflug.

»Ach, Sie haben den schönen dunkelroten Troja, das
hatte ich auch überlegt, aber die Einkaufstasche war grö-

ßer bei dem Modell von Dietz«, sagt die rüstige Dame mit dem eleganten Kamelhaarmantel und Hut. Eine fröhliche Nonne rollt heran mit einem Rollator, der sicher noch aus den Klosterbeständen von Hildegard von Bingen stammt. »Ich bin schon ein paar Mal eingestiegen«, lacht sie. »Das macht Spaß. Jetzt muss ich noch das Aussteigen üben.« Wir alle steigen ein und wieder aus und noch mal ein. Aussteigen immer nur rückwärts! Und nein, niemals auf den Rollator setzen im Bus, das ist zu wackelig und daher gefährlich. Im Bus immer mit dem Rücken an eine Wand lehnen, nicht irgendwo frei an einer Stange festhalten. Das schaffen wir in unserem Alter nicht mehr, wenn der Bus plötzlich bremst.

Rollator-Training macht Spaß. Aber es gibt noch ein weiteres Angebot der BVG. »Wir sind der Begleitservice der BVG«, erklärt mir ein großer Mann mit roter Jacke. »Wenn Sie irgendwohin wollen, zum Beispiel in den Zoo oder zu einer Ausstellung, dann bin ich pünktlich zur verabredeten Zeit bei Ihnen, fahre mit Ihnen mit Bus, Straßenbahn oder U-Bahn, wohin Sie wollen, und bringe Sie bis zu Ihrem Ziel. Ich kann auch mit Ihnen in den Zoo gehen, wenn Sie sich dann sicherer fühlen.« Ob er denn auch gern in den Botanischen Garten gehen würde, frage ich ihn. Er lacht und nickt. Wunderbar. Jetzt habe ich einen persönlichen Begleitservice in den Botanischen Garten. Den liebe ich sehr. Nein, nicht den Begleitservice, den Botanischen Garten.

Die nette BVG-Dame erklärt mir noch, mit welchem Bus ich fast vor meine Haustür komme, und gut trainiert mache ich mich nun fröhlich rollend auf den Nachhauseweg. Es ist tatsächlich nicht so einfach mit Rollator im Bus, aber ich habe jetzt gelernt, wie ich einsteigen soll und wo ich mich festhalten muss. Ein bisschen enttäuscht bin ich, weil ich dem Busfahrer gern meinen neuen Schwerbehindertenausweis mit Merkzeichen G gezeigt hätte, aber er winkt mich einfach durch. Schade. Aber dann durfte ich vorne aussteigen, rückwärts, wie ich es gelernt hatte. Vorne! Wer Berliner Busfahrer nicht kennt, weiß nicht, was das bedeutet. Jeder andere wird vorne angebrüllt, aber ich darf jetzt vorne aussteigen. Alle, die einsteigen wollten, mussten warten. Herrlich.

Sockenanziehhilfe und Badewannenlift

Mich erwarten noch weitere Herausforderungen. »Es kommt der Tag«, schrieb der Schriftsteller John Mortimer, »an dem man seine bleichen Füße mühsam hochhebt und vergeblich versucht, sie in die kleine Öffnung der vorsichtig zusammengerollten Strümpfe zu stecken.« Ich bin dankbar, dass er dieses schwierige Thema anspricht, weil es doch ein bisschen peinlich ist. Ich fühle mich verstanden. In den vielen heiteren Romanen, die von alternden Schriftstellern über das Altwerden und das Altsein geschrieben werden, werden diese täglich zunehmenden kleinen Akte des Versagens nie erwähnt. Stattdessen schreibt eine wunderschöne ältere Frau mit dem noch schöneren Namen Greta Silver – vermutlich ein *nom de plume* –, dass Altsein doch nur eine Frage des Gefühls sei. Für sie sei jeder Morgen wie ein prickelndes Glas Sekt. Das möchte ich sehen.

Bei mir ist das anders. Jeder Morgen beginnt erst einmal mit einem Kampf. Langsames Aufstehen, weil der Rücken sich an die neue Stellung gewöhnen muss. Während der Espresso durchläuft, beharren die beiden Kater darauf, ihr Essen zu bekommen. Da sich beide vor Aufregung eng an meine Beine schmiegen, muss ich mühsam mit den beiden Tellerchen balancieren, ohne über sie zu stolpern, und mich dann bücken, um diese auf dem schwarzen Tablett auf dem Fußboden zu platzieren. Auch das Anziehen geht deutlich langsamer als früher. Im Sommer ist es unkompliziert, weil die schwarzen Strumpfhosen wegfallen, die ich inzwischen nur noch mit Hilfe einer Strumpfanziehhilfe anziehen kann. Im Sommer schlüpfe ich in meine schwarzen Birkenstocksandalen, weil sie die einzigen Schuhe sind, mit denen das Gehen mit zerstörtem Gelenk nicht allzu sehr schmerzt. Selbst zum Einkaufen ziehe ich sie inzwischen an, obwohl ich den missbilligenden Blick meiner französischen Mutter vor mir sehe, wenn sie mich mit dieser Fußbekleidung gesehen hätte.

Wegen der Tücken der Badewannennutzung hatte mir die Dame vom Pflegestützpunkt dazu geraten, mir einen Badewannenlift verschreiben zu lassen. »Sagen Sie dem Arzt, dass der nicht auf sein Budget angerechnet wird!« Sie hatte fürsorglich die prekäre finanzielle Situation der Ärzte im Auge, die doch tatsächlich nur so wenig pro Patient abrechnen können, wie mir Magda und Ursula erklären. Beide haben Kinder, die Ärzte sind.

Das Rezept kommt und der Badewannenlift nur ein paar Wochen später. Die Freude währt kurz. Erst einmal muss man unendlich geduldig sei, wenn man ihn benutzen möchte. Was ich nicht bin. Man steht – unbekleidet und frierend – neben der Badewanne und drückt auf den Knopf, der dieses Gerät so weit nach oben bringen soll, dass ich mich bequem daraufsetzen kann. Es dauert. Wenn ich endlich sitze, drücke ich wieder auf den Knopf, der mich nun nach unten ins gewärmte Wasser bringen soll. Das dauert ebenfalls, und ich friere auf dem Badewannenlift sitzend weiter. Unten angekommen muss ich realisieren, dass der Badewannenlift und ich keine Freude miteinander haben werden. Entweder befindet er sich in der Badewanne oder ich, beide zugleich geht nicht, zumindest dann nicht, wenn ich vom warmen Badewannenwasser bedeckt sein möchte. Der Badewannenlift muss wieder abgebaut werden, und ich werde mich daran gewöhnen müssen, auf einem Badewannenhöckerchen sitzend zu duschen. Lange, ausgedehnte Badewannensitzungen mit Buch sind also auch etwas, auf das ich im Alter verzichten muss.

Etwas erstaunt mich. Ich verstehe, dass die Kranken- und Pflegekassen sparen müssen. Ich verstehe auch, dass sie gebrechliche alte Menschen daran hindern müssen, sich Leistungen der Pflegekasse, wie etwa das nächtliche Umdrehen oder das Füttern mit der Schnabeltasse, zu erschleichen. Aber eines verstehe ich nicht. Irgendjemand muss bei den Krankenkassen nicht gut rechnen können. Ich bekomme nur einen billigen Rollator, und das Taxi zur Augenoperation wird nicht bezahlt. Ich muss mich nachts selbst umdrehen und meine Fußnägel bei einer Kosmetikerin schneiden lassen, die von mir bezahlt wird. Ich könnte mich aber jederzeit einer Fußgelenkoperation unterziehen, danach ein paar Tage im Krankenhaus bleiben, dann für lange Zeit einen Rollstuhl und Krücken geliehen bekommen, anschließend drei Wochen Reha und danach andauernd Physiotherapie machen. Danach könnte ich mir auch gleich eine neue Hüfte einsetzen lassen. Das alles würde die Krankenkasse klaglos zahlen. Aber das alles zusammen würde doch deutlich mehr kosten?

»Die Operation zahlt die Krankenkasse«, erklärt meine Freundin Eva. Sie ist Ärztin. »Die Pflege hingegen wird von der Pflegekasse gezahlt, und die hat zu wenig Geld.« Meine Recherche ergibt, dass sie recht hat. Der Spitzenverband der Krankenkassen ist ebenfalls der Meinung, dass es ein Defizit in der Pflegekasse gibt. Ich frage mich, ob die Politik diese Entwicklung nicht voraussehen konnte? Wurde sie davon überrascht, dass wir Alten plötzlich länger leben, als wir leben sollten?

Meine Empfehlung

Hilfsmittel für Senioren – wer hat sich eigentlich diesen albernen Namen für uns Alte ausgedacht? Ich bin auf jeden Fall nicht gefragt worden – werden im Alter immer wichtiger. Allen Menschen in meinem Alter kann ich nur empfehlen, sich frühzeitig zu erkundigen: Viele dieser Hilfsmittel zahlt die Krankenkasse, noch mehr allerdings nicht. Wenn die Kasse es ablehnt, sollte man insistieren und vielleicht an einem anderen Tag anrufen, weil man dann eine andere Mitarbeiterin erreicht. Das ist alles nicht einfach zu verstehen, aber wir werden ja auch zum ersten Mal alt.

Ich empfehle allen den Besuch in einem Sanitätsfachgeschäft oder im Internet, um herauszufinden, welches Hilfsmittel Sie haben wollen. Danach bitten Sie erst Ihren Arzt um ein Rezept für genau dieses Hilfsmittel, also etwa einen leichten Rollator, weil Sie nicht mehr in der Lage sind, einen schweren Rollator über Stufen zu tragen oder in Ihr Auto zu verfrachten.

Prüfen Sie die Leistungen Ihrer Krankenkasse und der Pflegekasse frühzeitig! Wechseln Sie oder schließen Sie zusätzliche private Versicherungen ab. Wenn Sie keine Rechtsschutzversicherung haben, denken Sie über eine nach oder werden Sie Mitglied beim Sozialverband VdK. Dort bekommen Sie auch eine rechtliche Beratung und werden in strittigen Fällen vertreten. Lassen Sie sich weder bei der Schwerbehindertenstelle noch bei den Pflegekassen entmutigen oder abwimmeln, rufen Sie wieder und wieder an und bestehen auf Ihrem Recht. Immer wieder Widerspruch einlegen, zur Not beim Sozialgericht. Bei den gesetzlichen Krankenkassen gibt es Beschwerdestellen, bei den privaten Krankenkassen gibt es eine Ombudsfrau für strittige Fälle.

6. Nicht einfach mit dem Alterswohnsitz

Eigentlich wollte ich mir schon seit Langem ein Altersheim suchen. Aber wie viele alte Menschen habe ich immer noch nichts unternommen, um tatsächlich einen Alterswohnsitz zu finden. Meinen Freundinnen geht es ähnlich. »Ich habe auch schon darüber nachgedacht, aber bis jetzt noch nicht so richtig angefangen«, sagt Tamara, die bereits zweiundachtzig ist. »Ich habe mich in München mal nach Senioren-Residenzen umgeschaut. Die eine im Zentrum war auch sehr schön. Aber weiter bin ich noch nicht gekommen«, sagt Hannelore, achtzig Jahre alt. Gerda, die im nächsten Jahr fünfundsechzig wird und als Lehrerin in Pension geht, findet sich noch zu jung, um sich damit zu beschäftigen. »Ich habe so viel vor, habe gerade angefangen, Klarinette zu spielen. Da will ich an diese Sachen gar nicht denken.« Ganz deutlich sagt es meine Nachbarin, mit der ich mich im Treppenhaus über unsere Rollatoren austausche und die sicher die Siebziger-Marke auch schon lange überschritten hat. »Sie haben ja recht. Aber dazu habe ich im Moment noch keine Lust.« Lächelnd rollt sie aus dem Fahrstuhl.

Es ist nicht leicht, sich für so eine gravierende Umstellung zu entscheiden, vor allem, weil uns klar ist, was am

Ende dieses Weges stehen wird. Aber auch die täglichen Horrormeldungen über Altersheime und Pflegeheime können uns entmutigen, aktiv nach einem Alterswohnsitz zu suchen. »Das Heim ist ein angstbesetzter Ort«, schreibt Anette Dowideit in der Welt am Sonntag. Es gibt zu wenig Personal, es gibt kaum attraktive und altersgemäße Angebote, mit denen die Bewohner noch ein wenig am Leben teilnehmen können. »Pflegenotstand führt zu dramatischer Situation in Altersheimen!«, heißt es. Hilflose alte Menschen werden im Altersheim vernachlässigt oder gar geschlagen. »Alte Menschen mit Antidepressiva ruhiggestellt!«, wird an einem Tag geklagt, am nächsten Tag heißt es, dass viele Fachleute gar nicht erkennen, dass viele alte Menschen an Depressionen leiden und – Skandal! – sie daher nicht einmal mit Antidepressiva behandelt würden. Eine Altenpflegerin erklärt, dass sie das nicht mehr vor sich und ihrem Anspruch verantworten kann und sie daher jetzt lieber als Verkäuferin arbeiten will. Ein Pfleger steht vor Gericht, weil er das Schicksal alter Menschen in seine Hände genommen und sie mit Injektionen frühzeitig in den Tod befördert hat. Auch Angehörige werden damit unter Druck gesetzt: Wie können sie ihre Eltern in eines dieser schlechten Heime geben?

Wie kann ich wissen, ob ein Heim gut geführt wird? Der Pflege-TÜV des MDK überprüft die Pflegeheime und verteilt Noten für die Qualität der einzelnen Heime. Nun können aber nach diesem System fast alle Heime exzellente Noten bekommen, weil eine Gesamtnote errechnet wird. Pflegetechnische und verwaltungsbezogene Kriterien

könnten damit einen schlechten menschlichen Umgang
ausgleichen. Das ist keine Hilfe für mich. Aber auch hier
soll nun ein besseres, passenderes Beurteilungssystem ein-
geführt werden. Leider zu spät für mich.

Pflegeheime – ein Milliardengeschäft

Weshalb sind Altersheime oder Pflegeheime so schlecht
ausgestattet? Pflegeheime und Residenzen sind heute ein
Milliardengeschäft, denn eine Investition in Pflegeheime
bringt mehr Gewinn als Hotel-, Büro- und Handelsimmo-
bilien, und es ist davon auszugehen, dass die Nachfrage
nach stationärer Pflege bis zum Jahr 2030 um 50 Prozent
zunehmen wird. Ungefähr 50 Prozent aller Pflegeheime
in Deutschland werden privat geführt. Wenn Heime vor
allem mit Hinblick auf Renditemöglichkeiten geführt werden, dann müssen die Ausgaben für Personal und gutes
Essen oder auch abwechslungsreiche Unterhaltung möglichst niedrig gehalten werden. Anders ist es im Hoch-
preissektor. Hier gibt es Seniorenresidenzen mit Luxus-
betreuung: Schwimmbad, Fitnessräume und Sprachkurse,
manchmal sogar ein hauseigenes Theater stehen zur Verfügung. Allerdings werden dort monatlich zwischen 2 260
und 4 659 Euro verlangt. Die soziale Spaltung in der Gesellschaft zeigt sich bei den Wohnmöglichkeiten für alte
Menschen besonders deutlich.

Ein Häuschen am Meer in Pondicherry

Natürlich hatte ich bereits vor Jahren eine romantische Vorstellung von einem paradiesischen Leben im hohen Alter. Ein Häuschen an einem warmen Strand in Pondicherry in Tamil Nadu in Südindien, in dem ich morgens durch das Rauschen des Meeres geweckt würde. Dort könnte ich fernab vom schlechten deutschen Wetter meine Freude an indischen Farben und indischem Essen ausleben. Bei mir wären meine Katzen, Giacometti und Basquiat, die am Strand vergnügt und erfolglos nach Vögeln jagen würden. Abends sitzen meine Kater und ich auf der Terrasse mit Blick aufs Meer, ich lese ein Buch oder skype mit Kindern, Enkeln und Freunden. Zum Abendessen brate ich mir einen frisch gefangenen Fisch in Öl, dazu vielleicht ein Rosmarinzweiglein – gibt es in Indien Rosmarin? Am Morgen werde ich von der Sonne geweckt, die weißen Gardinen wehen im Wind, und mein erster Blick fällt wieder auf das Meer. Den täglichen frischen Fisch bringt mir ein freundlicher alter Fischer. Gemüse kaufe ich mit Rollator auf dem lokalen Markt, der nette Schneider um die Ecke schneidert mir aus den herrlichen indischen Saris gemütliche Umhänge. Natürlich wäre ich technisch auf dem neuesten Stand versorgt – ohne eine leistungsstarke Internetverbindung wäre auch ein Häuschen am warmen Meer nicht attraktiv. Tagsüber würde ich, nach einem erfrischenden Bad im Meer, an meinem Schreibtisch sitzen und ein schönes Buch nach dem anderen schreiben. Die Kinder könnten mich besuchen, nur bitte nicht alle auf einmal.

Das Leben hat etwas anderes für mich vorgesehen. Ich werde in Berlin bleiben müssen, weil ich meine jüngste Tochter unterstützen möchte, auch wenn es ihr inzwischen gut geht. Auch meine eigenen Gebrechen lassen mich jetzt etwas vorsichtig werden, wenn es um eine zu große Entfernung zwischen mir und einem gut ausgestatteten deutschen Krankenhaus geht. Indische oder Thai-Krankenhäuser sollen zwar inzwischen modernen Standards entsprechen, aber man weiß ja nie.

Für das Häuschen am Meer ist es jetzt zu spät, aber ich bin inzwischen in einem Alter, in dem der letzte Umzug aktuell wird. Doch mir kommen Bedenken. Meine Wohnung ist klein, aber sehr schön. Sie liegt in einem attraktiven Kiez in Berlin, ich habe eine riesige Terrasse, um mich herum alle notwendigen Geschäfte und ein kleines exotisches Restaurant neben dem anderen. Eigentlich will ich gar nicht ausziehen, merke ich. Aber es gibt natürlich auch Argumente für den Umzug in ein Altersheim.

Ich erstelle eine Pro-und-Contra-Tabelle. Was ist, wenn ich mich nicht mehr selbst versorgen kann? Im Altersheim gäbe es Personen, die für mich einkaufen oder auch meine Wohnung saubermachen. Aber in meiner jetzigen Wohnung kann ich mir auch Lebensmittel und Getränke bestellen, es gibt inzwischen ausreichend Lieferservices. Das ist also kein Argument. Hier wie dort kommt jemand zum Saubermachen, das könnte in einem Altersheim oder gar einer Seniorenresidenz sogar teurer sein. Aber wenn ich pflegebedürftig werde, gibt es dort eine Pflegeetage mit ausgebildeten Pflegern.

»Wenn du im Altersheim bist, ist immer jemand da,

wenn du hinfällst oder nicht mehr aus der Badewanne kommst«, gibt Henriette zu bedenken. Ich hatte ihr von meinem Badewannendesaster erzählt. »Aber ich könnte ja auch für zu Hause den Notfallknopf von den Maltesern bestellen«, sage ich. »Die bekommen einen Schlüssel von meiner Wohnung. Den Knopf hänge ich mir um den Hals, und wann immer sich ein Drama ankündigt, drücke ich einfach auf den Knopf und die Rettungsleute kommen sofort. Sie rufen dich dann auch an.«

»In den eigenen vier Wänden lebt es sich einfach viel schöner«, findet auch Gesine. »Hier habe ich so viele Erinnerungen und auch so viel Krimskrams, von dem ich mich nicht trennen möchte. Diese Atmosphäre würde mir in einem sterilen Seniorenheim fehlen.«

Das ist bei mir anders. Ich hätte immer schon am liebsten in einem Hotel gewohnt. In Kairo lebten Henriettes Vater und ich in Hotels; dort gab es alles, was ich brauchte: ein Bett, ein Bücherregal, ein Bad. Die Zimmer wurden sauber gehalten, essen gingen wir in die umliegenden kleinen Restaurants. Heute bräuchte ich dazu noch stabiles Internet. Eine herrliche Vorstellung, ich müsste mich um nichts kümmern.

Reise durch Berliner Seniorenresidenzen

Henriette und ich beschließen, uns Altersheime und Residenzen anzusehen.

»Was ist dir denn wichtig bei deinem Alterswohnsitz?«, fragt sie.

»Das weiß ich genau. Ich will meine beiden Katzen mitnehmen und brauche unbedingt eine stabile WLAN-Ver-
bindung.«

Henriette schreibt es auf. »Was noch?«

»Kleiner als fünfunddreißig Quadratmeter sollte die
Wohnung möglichst nicht sein, ich möchte kochen können, brauche aber keine Badewanne. Damit habe ich abgeschlossen.«

»Und wie ist es mit einem Balkon?«

»Ja, natürlich, ein Balkon ist absolut notwendig. Wenigstens für ein paar Blümchen, etwas Schnittlauch, Koriander
und Basilikum. Radieschen wären auch schön.«

»Mami, es wird kein sehr großer Balkon werden«, Henriette schaut mich nachsichtig an. »Vielleicht etwas Schnittlauch und ein paar Maßliebchen, aber Radieschen kannst
du wirklich bei Edeka kaufen.«

Ich sehe schon, der Alterswohnsitz wird Opfer von mir ver-
langen. Wir machen eine Liste der Seniorenresidenzen, die
nicht zu weit von ihr entfernt liegen. Es wird eine übersichtliche Liste. Am nächsten Morgen beginne ich mit den Anrufen.
Ein Seniorenheim ist nur zwei Kilometer entfernt, wodurch
ich meine guten Einkaufsmöglichkeiten behalten würde.
Außerdem gibt es eine Bushaltestelle fast unmittelbar vor
dem Eingang. Die Wohnungen sehen nett aus, kein Luxus,
aber sie sind praktisch und hell. Kleine Balkons haben alle
Wohnungen, aber, Henriette hat recht, zur Radieschenzucht
werden sie nicht reichen. Zu meiner Freude sind die Wohnungen sehr günstig, eine Einzimmerwohnung mit Balkon
kostet fünfhundertfünfzig Euro im Monat. Das ist weniger,
als ich jetzt zahle. Wunderbar, denke ich und rufe an.

Die Dame am Telefon ist ebenso freundlich wie bestimmt. »Wir haben hier eine zehnjährige Wartezeit.« Ich lache. »Dann lebe ich ja gar nicht mehr!« »Das wissen Sie nicht«, antwortet die Dame unbeirrt. »Sie können sich gern auf die Warteliste setzen lassen.« Ich überlege, wie viel Bewohnerinnen und wie viele Wartelistenanwärterinnen sterben müssten, damit ich wenigstens innerhalb der nächsten zwei Jahre die Möglichkeit für eine Wohnung hätte. Die Berechnung überfordert mich intellektuell. Ich bedanke mich. Ein Heim weniger auf unserer Liste.

In einer schön zentral gelegenen Residenz am Kurfürstendamm sieht es besser aus. »Kommen Sie doch vorbei, damit wir uns kennenlernen. Wir haben keine langen Wartezeiten«, sagt die freundliche Leiterin. Ich fahre hin und merke, dass es aber nicht einfach wird mit den Parkplätzen. Der Eingang ist elegant, die Rezeption liegt in der ersten Etage, mit Fahrstuhl natürlich. Auf so etwas muss ich jetzt achten. Ich gehe durch eine große Halle mit kleinen Sitzgruppen. Man kann in das hauseigene Restaurant sehen, das gutbürgerlich wirkt. Nicht unbedingt mein Stil. Die junge Dame an der Rezeption bittet mich, auf die Residenzleiterin zu warten. Ich setze mich in eine Sitzgruppe. Nicht weit von mir haben drei Damen Platz genommen: Weiße Haare, Bundfaltenhosen oder Faltenrock, Blusen mit Thatcherschleife am Hals, darüber hellblaue und hellgraue Strickjäckchen. Natürlich ausreichend Perlenketten und Ohrstecker, dazu viele goldene Ringe an den Händen. Sie begrüßen mich mit einem huldvollen Nicken. Ich greife mir eine Zeitung, immerhin haben sie hier Tageszeitungen und nicht das Goldene Blatt.

»Sehen Sie sich hier Wohnungen an?«, fragt eine von ihnen.

Ich bestätige das.

»Für sich oder für Ihre Eltern?«, fragt eine andere.

Jetzt bin ich überrascht. Sehe ich noch so jung aus, obwohl ich auf meinen Fritzstock gestützt hier ankam? »Nein, die Wohnung soll für mich sein«, erkläre ich. »Ich denke über einen Alterswohnsitz für mich nach. Sind Sie denn hier zufrieden?«

Die Damen tauschen Blicke. »Na ja, eigentlich schon, aber es gibt natürlich ...« Die Dame schaut sich nach der Rezeption um. »Das mit dem Haushandwerker klappt nicht immer so. Und das Essen ist auch nicht immer sehr gut.«

Ich nicke. Mit so etwas muss ich rechnen. Die drei Damen reden miteinander, nicht ohne immer wieder Blicke in meine Richtung zu werfen. »Suchen Sie eine Einzimmerwohnung oder eine Zweizimmerwohnung?«, fragt die Älteste.

»Nur eine Einzimmerwohnung«, sage ich. »Eine Zweizimmerwohnung wäre mir zu teuer, die könnte ich mir nicht leisten.«

Die drei Damen schauen sich an und wenden sich etwas von mir ab. Die soziale Einordnung hat funktioniert. Ich bin keine passende Gesellschaft für sie. Ich kann mir keine Zweizimmerwohnung leisten. Damit kann ich leben, denke ich und vertiefe mich wieder in den Berliner Tagesspiegel. Freundinnen suche ich hier nicht.

Endlich kommt die Residenzleiterin und nimmt mich mit zur Wohnungsbesichtigung in die siebte Etage. Die

Wohnung ist klein und quadratisch, aber hell wegen des Balkons. Hier könnte ich abends über meine Radieschen oder wenigstens den Schnittlauch hinweg auf den Kurfürstendamm herunterschauen. Das Bad ist klein, aber funktional, in der ebenerdigen Dusche steht sogar ein Höckerchen, damit ich sitzend duschen könnte. Die Miete in der obersten Etage mit Balkon beträgt circa tausendvierhundert Euro, die Putzfrau und noch einiges ist inbegriffen. Ich werde darüber nachdenken. In der kleinen Küche sehe ich leider nur zwei kleine Kochplatten. Schade, ich koche so gern, obwohl ich damals in Kairo auch keine Küche hatte. Aber in Kairo reiht sich auf den Straßen eine Garküche an die andere. Das war gut auszuhalten. Um die Residenz herum gibt es viele Restaurants und Imbisse, sodass ich mir dort etwas holen oder auch schicken lassen kann. Die zwei kleinen Kochplatten sind also vielleicht doch kein Problem. Oder ich werde einen Dauerauftrag mit dem Dönerimbiss, dem kleinen Thai-Restaurant und dem großen Italiener vereinbaren.

Der Residenzleiterin ist mein besorgter Blick auf die kleinen Kochplatten nicht entgangen. »Die meisten Gäste essen unten im Restaurant, das ist auch praktischer«, tröstet sie mich. »Sie müssen sich nur einen Tag vorher anmelden, dann ist das kein Problem.«

Oh doch, das ist ein Problem, denn als wir im Fahrstuhl nach oben fuhren, begleitete uns eine junge Frau mit gefülltem Tablett für eine bettlägerige Bewohnerin. Neugierig hatte ich den Tablettinhalt beäugt. Neben trockenen Salzkartoffeln schwammen graue Fleischstückchen in einer blässlichen Soße. Auf einem kleinen Tellerchen lagen ein paar welke Salatblättchen, die von einer joghurtartigen Soße überzogen waren. Das Schlimmste kam in einer kleinen Glasschüssel: Vanillepudding mit Haut und einem Klacks Schokoladensoße. Nein, ich glaube, dass mein Imbissabonnement doch sehr viel besser wäre. Eigentlich wäre diese Wohnung nicht schlecht. Gute Lage, hoch oben, Sonnenbalkon, Geschäfte und Restaurants um mich herum. Meine Katzen kann ich behalten und auch eine Katzentür in die Balkontür einbauen lassen. Angeblich sei das Internet auch stabil.

»Das musst du auf jeden Fall beim Probewohnen testen«, rät mein Sohn Michael. »Nicht dass die alten Herrschaften abends alle Bingo-Online spielen und das Netz vollkommen überlastet ist.«

Das werde ich bedenken, aber in jedem Fall ist das eine Residenz, in die ich gern einziehen würde. Zu Hause hole ich Millimeterpapier und Stift hervor und fange an, meine neue Wohnung einzurichten.

Der nächste Besuch führt uns in eine Seniorenresidenz, die unmittelbar an der Havel liegt. Das ist zwar nicht um die Ecke von Henriette, aber eine Wohnung am Wasser war immer schon mein Traum. Herrlich, der Blick vom Zimmer aus auf das Wasser. Allerdings zieht sich der Weg dorthin endlos. » Es würde ganz schön lange dauern, wenn ich dich besuchen soll«, meint Henriette. Dann strahlt sie. »Du gibst mir einfach das Auto, dann bin ich schneller da. Du brauchst es dort auch kaum. Eigentlich willst du ja nur aufs Wasser gucken und schreiben.«

Ganz schön unverschämt, die Süße. Aber wir entscheiden schnell: zu weit, zu teuer und kein Leben in der Umgebung. Rundherum wird gebaut. Baustellen, Kräne und Straßensperren werden noch die nächsten Jahre das Gebäude umrahmen. »Das wird«, sagt Henriette lachend. Ich glaube gern, dass das hier in zehn Jahren eine lebendige Gegend sein wird. Aber in meinem Alter kann ich darauf nicht mehr warten.

Das nächste Seniorenstift hat ein Schwimmbad. Jeden Morgen und jeden Abend eine Runde schwimmen – das wäre auch ein Traum. Man zeigt mir Ein- und Zweizimmerwohnungen mit Balkon, beide könnte man sicher sehr hübsch einrichten. Aber es gibt wieder zwei Haken: Erstens kostet schon die Einzimmerwohnung über zweitausend Euro im Monat, und außerdem gibt es auch hier vier Jahre Wartezeit. Nein, sie führen keine Warteliste, ich solle einfach jedes Jahr anrufen. Auch das verstehe ich, es ist nicht einfach abzusehen, wann eine Wohnung »freigestorben« ist. Dann gibt es noch ein weiteres Geschäftsmodell für Seniorenresidenzen. Dort muss ich für eine Wohnung nur ein Jahr warten, aber vorher hundertzwanzigtausend Euro für lebenslanges Wohnrecht einzahlen. Das ist mir zu viel. Wer weiß, wie lange ich noch lebe? Daran hätte ich vor Jahren denken sollen.

Alters-Wohngemeinschaft mit Prinzipien

Muss es überhaupt ein Heim oder eine Seniorenresidenz sein? Ich könnte doch auch in eine Wohngemeinschaft ziehen. Aber wie würde es sein, wenn fünf Alte, die sich vorher nicht kennen, plötzlich auf engem Raum zusammen wohnen? Die Anzeigen, die ich abonniert habe, verstärken meine Skepsis. »Freundliche Dame gesucht, um gemeinsam die Kultur in Berlin zu erkunden«. Nein, auf keinen Fall. »Pärchen um die sechzig sucht gesellige Frau für gemeinsames Wohnen. Zimmer ist 18qm groß, aber der Garten wird gemeinsam genutzt.« Das heißt vermutlich, dass es dann für uns drei alte Menschen nur ein Badezimmer und eine Küche gibt. Auch das ist nichts für mich. Ich beschließe, eine Alten-WG zu besuchen, die zwar gerade kein Zimmer anbietet, aber mir etwas über das Zusammenwohnen erzählen kann.

Die erste Wohngemeinschaft liegt in Zehlendorf, einem bürgerlichen Viertel mit vielen alten und neuen Botschaftsvillen. Die zweite Wohngemeinschaft liegt im privilegierten Charlottenburger Bezirk Westend. Mein Fazit nach den zwei Besuchen: niemals! Schon die ästhetische Gestaltung in der Zehlendorfer Villa wäre nichts für mich. Gediegen, dunkel, rustikale Teppiche, die vermutlich vor dreißig Jahren von einem Griechenlandurlaub mitgebracht worden sind. Vor allem aber besteht in beiden Wohngemeinschaften ein starkes Bedürfnis nach Gemeinsamkeit. Im Westend wird immer gemeinsam gefrühstückt. Immer! »Uns ist es wichtig, uns gemeinsam auf den Tag einzustimmen. Der Nachbar von unten bringt jeden Morgen frische Brötchen vorbei. Es ist überhaupt so eine schöne Gemeinschaft in diesem Haus. Beim Frühstück erzählt jede ein wenig von ihren Plänen für den Tag, danach machen wir dann alle das, was uns Freude macht.« Jeden Morgen gemeinsam frühstücken? Wie würden sie reagieren, wenn ich mich mit einer großen Tasse Kaffee im Nachthemd morgens wieder in mein Bett verabschiede? Ich schaue mir die Zimmer und den Garten noch an, verabschiede mich dann aber schnell. Frau D., die mich zum schmiedeeisernen Gartentor bringt, räumt noch ein, dass durchaus nicht immer nur Harmonie in der Wohngemeinschaft herrscht. Gerade Frau P., die mich begrüßt hatte, sei sehr schwierig. Ob mir das nicht auch aufgefallen sei? Sie schaut mich bedeutungsvoll an. Ich murmele, dass das Zusammenleben vieler unterschiedlicher Menschen nie ganz einfach sei, und eile durch das Tor zu meinem Auto.

In der zweiten Wohnung erklärt mir ein strenger Herr in meinem Alter, dass sie hier Prinzipien hätten, an die sich jeder zu halten habe. »Punkt eins, hier wird nicht geraucht. Auch nicht auf dem Balkon.« Er hält mir einen Vortrag über die Schädigungen durch Passivrauchen. »Punkt zwei, uns ist unsere Umwelt sehr wichtig. Wir haben nur eine Erde und die müssen wir uns und unseren Kindern erhalten. Wir trennen den Müll konsequent. Wir heizen möglichst sparsam, lassen das warme Wasser nicht zu lange laufen, und in der Heizperiode sollten die Fenster auch nur kurz geöffnet werden. Stoßlüften!«

Ich lächele liebenswürdig und bitte um einen kurzen Rundgang durch die Wohngemeinschaft. »Aber nur, wenn ich niemanden störe?« Der Rundgang wird mir gewährt, und anschließend eile ich zur Wohnungstür. Ich müsse, leider, hätte noch einen weiteren Termin. »Aber vielen, vielen Dank. Das war sehr interessant und Sie haben es auch sehr schön hier.« Ich muss nicht wissen, ob sich hier alle gut verstehen, denn ich würde mich auf jeden Fall mit diesem Herrn nicht gut verstehen. Wieder eine Option weniger.

Alterswohnen à la carte? – Ein frommer Wunsch

»Man könnte doch gemeinsam ein Wohnprojekt erwer-
ben«, findet Waltraud. »Das macht bestimmt Spaß, etwas
gemeinsam zu planen und umzusetzen. Man setzt sich
mit netten Freunden zusammen und sucht dann ein geeignetes Objekt, das man kaufen kann. Dann baut man
es nach den Wünschen aller Beteiligten um.« Sicher, aber
dazu braucht man Freunde, die man so gut kennt, dass
man mit ihnen länger zusammenleben wollte, und zudem
genügend Bargeld, um ein geeignetes Objekt kaufen und
umbauen zu können. Ich bin ohnehin nicht sicher, ob das
klappt, denn meine Wohngemeinschaftserfahrung als Studentin hat mir gezeigt, dass es auch dann schwierig werden kann, wenn man sich anfangs nett findet. Damals war
das kein Problem, weil wir alle jung waren und uns immer
wieder etwas anderes suchen konnten. Aber jetzt, im Alter?
Mit unseren klaren und vielleicht auch festgefahrenen
Vorstellungen und Vorlieben? Es sollte ja der letzte Umzug
sein.

In ansprechenden Broschüren, Internetseiten und Dokumentationen wird uns gezeigt, welche schönen Wohnmöglichkeiten es für Jung und Alt gibt: Mehrgeneratio-
nenhäuser, Alterswohngemeinschaften, Dorfgründungen,
Co-Housing, Wohnungstausch. Das klingt, als ob wir uns
eine dieser Wohnoptionen einfach aussuchen könnten.
Tatsächlich aber ist es äußerst schwierig, in einem dieser
schönen Projekte auch unterzukommen. Hier in Berlin
gibt es nur wenige, und oft sind diese Projekte bereits vor

dem ersten Spatenstich besetzt. Dann gibt es Neugründungen, bei denen ich davon ausgehen kann, dass es noch mindestens fünf Jahre dauert, bis das Projekt realisiert sein wird. Auch zu spät für mich.

Sehr beliebt bei alten Menschen auf Facebook ist der Umbau eines alten Bauernhofs auf dem Land, fernab von jeder Zivilisation. Tiere sollten dann auch unbedingt dabei sein. Ich weiß nicht, weshalb ich im Alter aufs Dorf ziehen sollte. Dort gibt es keine Geschäfte, keine Bank und sicher keinen Arzt. Der örtliche Bus fährt einmal morgens und einmal abends. Von einem Restaurant oder Kino kann man nur träumen, und das Schlimmste ist, dass es hier kein funktionierendes Internet gibt.

Wohnungstausch ist grundsätzlich eine gute Idee, birgt aber seine Tücken. Ein wirklich passender Tauschpartner ist oft schwer zu finden. Für mich kommt das gar nicht in Frage, meine Wohnung ist nicht groß genug, um etwa einer jungen Familie mit Kindern Platz zu machen, denen ihre Wohnung zu klein geworden ist. Aber auch alte Menschen mit großen Wohnungen werden es schwer haben, einen Wohnungstausch vorzunehmen. Bei einem Wohnungstausch müssen beide Seiten davon ausgehen, dass die jeweiligen Vermieter – falls sie es überhaupt gestatten – gerade in den Großstädten die Miete stark anheben, sodass sich der Tausch dann nicht auszahlt für die Tauschwilligen. Das soll allerdings jetzt verboten werden.

Co-Housing fällt für mich flach, weil ich dafür nicht genug Platz habe, auch wenn schon allein wegen des Essens eine nette Studentin aus Syrien oder Jordanien bedenkenswert wäre.

Immer wieder sind Dokumentationen über innovative neue Wohnmöglichkeiten für alte Menschen zu sehen, die aber oft schon vergeben sind, wenn die Dokumentation erscheint. Dennoch können sie als Vorbilder für eigene Projekte dienen, wenn man früh genug mit der Planung für den eigenen Alterswohnsitz beginnt.

In Bielefeld hat man sich für eine Quartierslösung entschieden, in der ältere und jüngere Menschen mit Behinderung, die Pflegebedarf haben, einen Wohnort finden. Die Bewohner haben dort Mietsicherheit und können vor Ort Unterstützungsangebote bekommen, es gibt Gästezimmer für Besuch und dazu ein Wohncafé, in dem die Generationen unproblematisch aufeinandertreffen können. So ein Konzept sollte Schule machen, aber da ich nicht nach Bielefeld ziehen kann, hilft mir das auch nicht weiter.

In den Niederlanden wohnen Studenten bei älteren Menschen, die ein großes Haus haben. Zumindest in den Dokumentationen schildern die Beteiligten das als eine gute Option. Aber ich habe kein großes Haus und möchte auch im Alter sicher nicht wieder mit einem anderen Menschen zusammenwohnen.

In manchen Seniorenheimen werden jungen Menschen für etwas Mitarbeit kostenlos Zimmer angeboten. Das führt Generationen zueinander und kann auch eine Unterstützung sein, wenn der alte Mensch mehr Hilfe braucht. Oder alte Menschen ziehen in kleine Wohnungen in die Nähe ihrer Kinder – wenn sie denn dort eine Wohnung finden.

Besonders gut gefällt mir der Granny Pod, das Oma-Häuschen. Ein Tiny House, wie diese mobilen Häuschen mit nur um die dreißig Quadratmeter Grundriss genannt werden, wird in den Garten der Kinder gestellt, damit die Großeltern dort wohnen können.

Meine Suche nach einem geeigneten Alterswohnsitz hat leider ergeben, dass es schwierig bis unmöglich sein kann, etwas Passendes zu finden, vor allem, weil ich in der Nähe meine Tochter bleiben möchte.

Jeder hat andere Ansprüche an Lage, Kosten und Beschaffenheit. Es gibt großartige Projekte, über die berichtet wird, aber natürlich sind sie nicht flächendeckend verfügbar, sondern auf Orte, allenfalls Regionen beschränkt. Fahren Sie frühzeitig durch Deutschland und sehen Sie sich die ständig aus dem Boden sprießenden Projekte für alte Menschen an. Ich wiederhole mich, aber ich möchte allen alt werdenden Menschen dringend empfehlen, sich frühzeitig Gedanken über eine passende Wohnform im Alter zu machen.

Kulturvorträge und Leipziger Allerlei

Viele der Wohnprojekte werben mit vielfältigen, kulturellen Angeboten. Das mag manchen Menschen gefallen, meine Sache ist das nicht. Ich brauche keine kulturellen Angebote, keinen Ikebana-Kurs, keine Kammerkonzerte, keinen Diavortrag über eine Reise durch die Flora und Fauna von Feuerland. Mein kulturelles Angebot schaffe ich mir selbst. Wozu gibt es Bücher, Netflix und Amazon Prime Video? Tanzen, Hockergymnastik und Volleyballspielen mit Luftballons fände ich auch entsetzlich,

wobei ein wenig Gymnastik mir sicher nicht schaden
würde.

In manchen Heimen werden alte Menschen wie Kinder behandelt, die man zu spielerischen Aktivitäten ani-
mieren muss. Um eine den Bedürfnissen alter Menschen
angepasste Aktivität anbieten zu können, müsste man
viel mehr über die Vorgeschichte eines Menschen wissen. Ich fürchte, dass es in einem Altenheim selten eine
meinen Bedürfnissen angepasste Option gibt. Dabei ist
inzwischen durchaus Kreativität im Umgang mit alten
Menschen zu verzeichnen. Im Internet finden sich immer
wieder Angebote für alte Menschen, die mir auch gefallen könnten. Anstelle von Diavorträgen könnten Kaba-
rettisten eingeladen werden, und statt Hockergymnastik könnte eine Bauchtanzlehrerin kommen. Inzwischen
bauen Altersheime ihre Internetversorgung aus, was für
mich absolut unabdingbar wäre. Die Barmer Ersatzkasse
fördert sogar Computerspielen für alte Menschen. Endlich kommt man auch bei der Versorgung von uns alten
Menschen im 21. Jahrhundert an! In ein Altenheim in Berlin kommt alle zwei Wochen ein vergnügtes Grüppchen
von Fünfjährigen aus dem nicht weit entfernten Kinder-
garten. Sie finden es herrlich, wenn sie durch die Gänge
rasen oder die Kurbel des Krankenbetts immer wieder
nach oben und nach unten drehen dürfen. Sie backen
gemeinsam Streuselkuchen oder singen mit den Alten
»Alle meine Entchen«, wobei sie begeistert die Handbe-
wegungen der Alten nachmachen. Alte Menschen, die
Schwierigkeiten haben, sich den eigenen Mantel anzuziehen, können plötzlich den Kleinen die Reißverschlüsse

ihrer Anoraks zuziehen. Frau F., die ohne Rollator kaum einen Schritt vorwärtskommt, wackelt vergnügt hinter dem kleinen Mädchen her, das den Rollator begeistert vor sich her schiebt. Man kann sich etwas für alte Menschen ausdenken, das ihnen Spaß macht und ihre Fähigkeiten trainiert, man muss nur kreativ sein. Auch die Erzieherinnen sind begeistert. »Das Schönste ist, dass sich hier niemand darüber beschwert, dass die Kinder zu laut sind«, erzählt eine von ihnen vergnügt.

Ein Problem wird es für mich allerdings in allen Varianten des Alterswohnens geben: das Essen! Wenn ich auf meine Krankenhaus-Erfahrungen und auf das Tablett in der Seniorenresidenz zurückblicke, dann kann es dort nichts geben, was mir schmecken wird. Ich mag einfach kein deutsches Essen. Nein, das ist keine Arroganz, sondern Gewohnheit. Schon bei uns zu Hause gab es kein klassisches deutsches Essen, aber nachdem ich zwei Jahre in Kairo gelebt hatte, war ich an Kohlrouladen und Leipziger Allerlei erst recht nicht mehr gewöhnt. Mein südafrikanischer Ehemann mit indischem Migrationshintergrund kochte unglaublich gut, aber Salzkartoffeln mit Fleisch in weißer Soße gehörten nicht zu seinem Repertoire.

»Wieso, deutsches Essen kann doch sehr gut sein«, sagt meine Freundin Waltraud. »In der Kita von meiner Enkelin kochen sie auch deutsch, und das wirklich hervorragend.«

Das glaube ich gern, aber der kleinen Lilly macht es auch nichts aus, Kartoffeln mit Soße und Brokkoli zu essen. Das kennt sie von zu Hause. Mir dagegen macht es etwas aus. Ich wünsche mir Essen mit vielen indischen Gewürzen, mit Tomaten, Auberginen, Sojasprossen, Chili,

Knoblauch und Sesamöl. Mit und ohne Fleisch, Hauptsache gewürzt. Daher hatte ich auch schon mit einem türkischen oder muslimischen Altersheim geliebäugelt – davon gibt es zwei in Berlin –, aber leider erfülle ich nicht die Zugangsvoraussetzungen. Dann sind ein Imbissabonnement oder der italienische Lieferservice doch eine bessere Lösung. Vielleicht haben auch kreative Flüchtende inzwischen einen Cateringservice ins Leben gerufen, und ich kann mit ihnen eine Vereinbarung treffen? Syrisches, afghanisches, indisches oder eritreisches Essen? Herrlich.

Auszug und Umzug sind viel zu teuer!

Ich bin immer noch dabei, in Gedanken meine kleine Einzimmerwohnung hoch über dem Kurfürstendamm einzurichten. »Hast du denn mal überlegt, was der ganze Umzug kosten wird?«, fragt die praktische Ayse. Berechtigte Frage. Mit Umzügen kenne ich mich aus, denn in der Zeit der Krankheit von Henriette sind wir mindestens sieben Mal umgezogen, um endlich eine passende Situation für sie und für mich zu finden. Der letzte Umzug ist nun aber schon zwölf Jahre her, und ich habe wenig Lust, noch einmal umzuziehen. Was mache ich mit meinen vielen Büchern? Wohin sollte ich die drei antiken Möbel stellen, die schon in meiner jetzigen Wohnung viel Platz einnehmen? Wohin mit den vielen Bildern, die jede Wand in meiner Wohnung nach dem Prinzip der »Petersburger Hängung« schmücken? Vielleicht sollte ich doch nicht zu schnell eine neue Alterswohnung anmieten.

Der erste Schritt muss eine Reduzierung sein, von allem, was ich besitze, sodass der Umzug mit den verbleibenden Objekten kein Problem mehr darstellt. Das wird Arbeit machen, Geld kosten und viel Zeit brauchen.

»Überleg doch mal«, sagt Ayse. »Du brauchst Leute, die dir beim Sortieren und Entsorgen helfen, die kosten Geld. Alles muss nicht nur in deiner Wohnung eingepackt werden, sondern auch irgendwohin transportiert werden. Vielleicht wollen deine Kinder die antiken Sachen nicht, die du noch hast, aber sie sind auch zu groß für die neue kleine Alterswohnung. Die kannst du doch nicht verschenken, die müssen in ein Auktionshaus. Da kommt viel Arbeit auf dich zu, und du wirst viel Geld los.«

Meine Begeisterung für das Projekt Alterswohnsitz beginnt nachzulassen. »Damit würde ich fast ein Jahr beschäftigt sein!«

Ayse macht unbarmherzig weiter. »Außerdem brauchst du ein verlässliches Umzugsunternehmen, auch das kostet Geld.«

Stimmt. So genau hatte ich das gar nicht durchdacht. Und nach dem Umzug müsste ich auch die neue Wohnung einrichten. Dort brauche ich Regale an den Wänden, vielleicht einen neuen Teppich, und es müssen Bilder aufgehängt werden ... Ich mag mir gar nicht vorstellen, wie viel Arbeit auf mich zukommen wird. Ich müsste die alte Wohnung neu streichen, vielleicht den Fußboden abziehen lassen, und anschließend würde ich mich mit der Hausverwaltung herumstreiten müssen, was alles in der Küche oder dem Bad noch zu renovieren sei.

»Außerdem«, ergänzt Ayse, »musst du noch einmal alles

ausräumen und entsorgen, wenn du von deinem süß ein-
gerichteten Apartment eines Tages mit Pflegestufe 5 in die
Pflegeabteilung gebracht wirst.«
    Das Alterswohnsitzprojekt wird immer teurer. Ich fange
an zu rechnen und komme auf eine hohe Summe. Ob das
mit dem Altersumzug wirklich so eine gute Idee ist?
    »Für das Geld könntest du dir in der Wohnung, in der
du jetzt wohnst, viel Unterstützung und Pflege kaufen«,
sagt Henriette.
    Jetzt muss ich neu überlegen.

Die graue Wohnungsnot für uns Alte

Vielleicht war ich mit meiner Annahme, dass viele alte
Menschen zu starrsinnig sind, um über eine geeignete Alterswohnung nachzudenken, doch voreingenommen. Tatsächlich ist es extrem schwierig, ein passendes Heim oder
eine bezahlbare Seniorenresidenz zu finden. Das mag auf
dem Land anders sein, aber überall in Deutschland, und
vor allem in Berlin, ist es inzwischen zu einer grauen Wohnungsnot gekommen, die es fast unmöglich für alte Menschen macht, eine passende kleine Wohnung zu finden.
Wer nur eine knappe Rente hat, kann sich den Umzug in
ein noch so günstiges Altenheim kaum leisten. Wer reno-
viert die Wohnung, wer löst den Haushalt auf, wenn nur
noch ein kleines Apartment zur Verfügung steht? Ganz zu
schweigen von der hohen Miete, die in vielen Altenheimen
gezahlt werden muss.
    Heute empfehle ich allen Menschen, sich schon im zar-

ten Alter von sechzig nach einer geeigneten Alterswohnform umzusehen. Mit fünfundsiebzig kann es schon zu spät sein. Schauen Sie sich nach unterschiedlichen Möglichkeiten um, sprechen Sie mit Menschen, die in einer bestimmten Alterswohnform wohnen. Tragen Sie sich in Wartelisten ein, absagen können Sie immer. Sehen Sie sich auf der Reise mit dem Auto, dem Fahrrad oder der Bahn durch Deutschland Altersdörfer, Demenzdörfer oder städtische Alterswohnprojekte an. Machen Sie schon früh einen Plan: Wo will ich wohnen, wenn ich nahe bei den Kindern sein will? Wo, wenn ich meine Freunde immer gut erreichen möchte? Was kann ich ausgeben, mit wem könnte ich etwas zusammen organisieren? Das kann auch dazu führen, dass Sie neue Menschen kennenlernen und auf neue Ideen kommen. Auch wenn es schwierig oder lästig ist, tun Sie etwas. Zu Hause zu sitzen und das eigene Älterwerden sorgenvoll zu beobachten, führt jedenfalls sicher nicht zu einer angenehmen Wohnlösung im Alter.

Die schönen Alters-Modelle gut situierter Ruheständler

Der ehemalige Bremer Bürgermeister Henning Scherf hat es richtig gemacht. Schon mit vierzig hat er mit Freunden begonnen, eine Wohnsituation für ein gemeinsames Alter zu planen, und wenn man sich die Dokumentation über die »Greisen-WG« ansieht, dann haben sie sich ein wunderschönes und luxuriöses Zuhause geschaffen. Von einer guten Lösung berichtete auch eine Freundin: Ihre Mutter ermöglichte der Schwester den Kauf eines Hauses, in dem die Mutter dann lebenslanges Wohnrecht erhielt. Natürlich muss auch hier zunächst das Geld für einen Hauskauf vorhanden sein. Die Finanzexpertin Helma Sick wurde vor einigen Monaten in der Zeitschrift Brigitte gelobt, weil sie mit sechsundsiebzig ins Augustinum, eine der Premium-Seniorenresidenzen, gezogen ist. Sie habe diese Entscheidung keinen Tag bereut und fühle sich dort wunderbar. Das glaube ich gern, ich würde mich dort auch wunderbar fühlen, vor allem, wenn es da auch ein Schwimmbad gäbe. Nur ist das leider für die meisten alten Menschen, und vor allem für alte Frauen, keine Option. Sie können sich das finanziell nicht leisten.

Auch das Modell von Henning Scherf ist für viele jüngere Menschen kaum realisierbar. Nicht viele junge Menschen können sich bereits mit vierzig ein großes Haus mit Freunden kaufen, um einen sorglosen Ruhestand im Freundeskreis vorzubereiten. Das kann nur, wer über ein entsprechendes Einkommen verfügt, geerbt hat und vor allem sicher sein kann, dass der gewählte Berufs- und Lebensweg bis zum Lebensende auch genau an diesem Ort anhalten wird. Viele Menschen haben in diesem Alter aber oft andere Probleme, sie ziehen Kinder auf, haben nicht die finanziellen Möglichkeiten, und vor allem können sie nicht abschätzen, wohin ihr Berufs- oder Privatleben sie noch verschlagen wird.

Eine weitere innovative Möglichkeit für gut verdienende Ruheständler ist die Privatresidenz auf einem Kreuzfahrtschiff. Eine sechsundachtzigjährige Witwe hat ihre Wohnung gekündigt und wohnt nur noch auf dem Seeschiff. Kreuzfahrtschiffe sind zwar Klimakiller, aber ein Paradies

für alte Menschen. Alles ist dort behindertengerecht ausgestattet, und es gibt dort auch immer eine Kranken- und
Dialysestation und ausreichend Särge. Das Schiff »The
World« ist eine schwimmende Stadt mit Eigentumswoh-
nungen – oder nennt man das Eigentumskabinen? –, die
man nach eigenem Geschmack einrichten kann. Die Kabi-
neneigner bestimmen selbst die Route, ein komplett einge-
richtetes Bordhospital ist ebenso vorhanden wie eine hohe
Servicedichte: Rein rechnerisch kümmert sich ein Crew-
Mitglied um 0,8 Passagiere. Das ist bestimmt noch schöner als eine luxuriöse Altersresidenz in einem Vorort von
Bielefeld. Leider ist auch dieses schöne Modell nur etwas
für eine kleine Zielgruppe.

Nein, das ist jetzt keine Neiddebatte, die ich hier führen möchte. Ich würde sofort in die Greisen-Wohngemein-
schaft von Henning Scherf oder auch in ein schönes Apartment im Augustinum einziehen, wenn ich das könnte. Es
sei den Menschen gegönnt, die sich das leisten können.
Ich ärgere mich nur darüber, dass diese Wohnmodelle in
den Medien immer wieder als Beispiele für eine gelungene
Altersplanung gezeigt werden. Ich fände es wichtiger, auf
Projekte hinzuweisen, die auch für Menschen mit mittle-
rem oder niedrigem Einkommen im Alter realisierbar sind.

Ab sechzig wird es höchste Zeit!

Am liebsten würde ich heute mit anderen alten Menschen
eine Seniorengenossenschaft ins Leben rufen. Engagierte
alte Menschen schließen sich zusammen, um in einem

Viertel, einer Nachbarschaft Zentren zu schaffen, in denen
alte Menschen die Unterstützung erhalten, die sie brauchen. Sie können in ihren Wohnungen bleiben, aber bekommen Unterstützung durch den nachbarschaftlichen
Austausch. Als Mitglied gibt man sich wechselseitig Hilfe,
es kann ein Café geben und eine Servicestation, in der alte
Menschen Informationen erhalten und beraten werden.
Inzwischen unterstützen auch Städte, Sportvereine, Wohl-
fahrtsverbände oder auch Wohnungsbaugenossenschaf-
ten diese Art Projekte.

Ähnlich arbeitet das Modell der Sorgenden Gemein-
schaften. In einem Stadtteil, in einem Kiez schließen sich
Menschen zusammen, um das Leben aller, vor allem aber
der alten Menschen in der Nachbarschaft zu verbessern.
Es kann gemeinschaftliches Wohnen eingerichtet werden,
man kann aber auch in seiner Wohnung bleiben, man hat
gemeinsame Treffpunkte und hilft sich. Es können sich
Wahlverwandtschaften entwickeln, »Leih-Omas« oder
»Leih-Opas« unterstützen etwa junge Familien. Die Jüngeren kaufen für die Älteren ein oder fahren sie zum Arzt.

Gut daran finde ich, dass hier Bürger und Bürgerinnen
gemeinsam mit der Politik Lösungen entwickeln, um eine
Nachbarschaft zu stärken. In manchen Bundesländern
gibt es inzwischen bereits Förderprogramme dafür. Mir
gefallen solche Modelle. Sie halten beweglich und jung,
ermöglichen es Menschen, in ihrer gewohnten Umgebung
zu bleiben, ohne allein zu sein. Sie stärken den Nach-
barschaftsgedanken, und, ganz wichtig, sie können alte
Menschen vor der heute so viel beschworenen Einsamkeit
schützen.

Meine Alten-WG über den Flur

»Wir haben uns etwas überlegt«, sagt meine Nachbarin, Frau Mertens, zu mir, als wir gemeinsam auf ihrer schönen Terrasse bei einem Stück Kuchen sitzen. Wir haben identische Wohnungen, nur seitenverkehrt. Das Schönste sind unsere zwanzig Quadratmeter großen Terrassen, die bei den jetzigen Temperaturen jede Reise in den Süden unnötig machen. »Mein Mann und ich wollen auf jeden Fall hier in unserer Wohnung bleiben. Bloß nicht in ein Heim, außerdem ist es gar nicht einfach, eines zu finden, in dem man sich wohlfühlt. Das wissen Sie ja nach Ihren Recherchen am besten.«

Ich nicke.

»Wir hoffen, dass Sie auch nicht so schnell ausziehen, und deshalb überlegen wir, ob wir uns nicht gegenseitig helfen können. Unsere Wohnungen liegen einander direkt gegenüber, zwischen uns liegt ein großer Flur mit einem Balkon davor, auf dem sich inzwischen Pflanzen und sogar kleine Bäume angesiedelt haben. Uns gefällt das. Wir sind gleich alt, Ihre Katzen kennen meinen Mann und mich sowieso schon. Man kann im Nachthemd zur Nachbarstür huschen, ohne von anderen Leuten gesehen zu werden. Was meinen Sie?« Frau Mertens schaut mich erwartungsvoll an.

Ich bin überrascht, vor allem, weil ich nicht selbst früher daran gedacht habe. Eine gute Idee, finde ich. Wir helfen uns jetzt schon gegenseitig mit Dingen aus, die einer von uns nicht gut kann. Aber das könnten wir in der Tat noch

etwas systematischer planen. »Klasse, eine Alten-Wohnge-
meinschaft über den Flur! Das ist eine wunderbare Idee,
finde ich.«

Wir überlegen, was wir alles organisieren sollten. Wir
geben uns jeweils eine vollständige Liste mit unseren Familien oder Freunden. Dann sollten noch die wichtigen
Ärzte auf die Liste. Wir schreiben gegenseitig auf, wo unsere Patientenverfügungen liegen, damit wir diese im Notfall auch den Ärzten gleich mitgeben können. Es könnte ja
etwas dauern, bis eines der Kinder erreicht werden kann.
Ich erstelle für beide Seiten eine sorgfältige Liste aller Not-
rufe. Herr Mertens, immer praktisch, schreibt gleich alles
auf, was wir für einen Notfall im Haus haben sollten.

Wir hatten vor einigen Monaten einen totalen Strom-
ausfall, und es stellte sich heraus, dass niemand im ganzen
Haus eine funktionierende Taschenlampe hatte. Durchs
Treppenhaus geisterten dunkle Gestalten in Pyjama und
Nachthemd, die versuchten, sich mit dem Licht ihrer Handys zu orientieren. Jetzt besitze ich eine der riesigen Ta-
schenlampen, mit denen amerikanische Cops bei einem
Einsatz in düstere Winkel leuchten, bevor sie die Drogen-
höhle stürmen. Mit der Lampe wird es wirklich taghell.

Und wenn es mit meiner Immobilität noch schlimmer
werden sollte und ich den nur über ein paar Stufen erreichbaren Balkon nicht mehr betreten kann, dann kann
einfach eine Rampe über die Balkonstufen gebaut werden,
Herr Mertens hat sich so etwas schon angesehen.

Aber es geht nicht nur um gegenseitige Hilfsarbeiten.
Wir können miteinander reden und Ideen austauschen,
das hilft uns auch dabei, uns immer wieder mit neuen Ge-

danken oder Erfahrungen vertraut zu machen in einem Alter, in dem es vielleicht zunehmend beschwerlich wird, außerhalb des Hauses Erfahrungen zu sammeln. Wir könnten später zusammen das Treppensteigen üben, um mobil zu bleiben. Wir könnten gemeinsam Feste besuchen oder ins Kino um die Ecke gehen.

Meine Nachbarn haben schon lange meinen Wohnungsschlüssel und ich den ihren. Wenn wir uns ein paar Tage nicht gesehen oder gehört haben, fragen wir kurz nach. In ein paar Jahren sollten wir morgens abwechselnd kurz bei den Nachbarn klingeln, ob alles in Ordnung ist. Auch sonst haben wir nur freundliche Mitbewohner im Haus.

Die junge Familie direkt unter mir hat mich aufgefordert, laut zu schreien oder auf den Fußboden zu donnern, wenn ich Hilfe brauche. Eine andere Familie hat angeboten, dass ich ihnen eine WhatsApp schreibe mit dem, was ich brauche, sie gingen ohnehin jeden Tag einkaufen. Wie gut, wenn man in so einem freundlichen Haus wohnt.

Noch etwas Positives hat sich ergeben. Man sollte nicht immer allen Medienberichten glauben. Ich habe drei Pflegedienste in meiner unmittelbaren Umgebung besucht und – Überraschung! – sie alle sagten, dass sie durchaus noch Kapazitäten hätten, wenn es nicht gleich in der nächsten Woche sein müsse. Wenn es so weit sei mit mir, dann solle ich doch einfach anrufen. Natürlich könne sich die Situation immer ändern, aber da ich um die Ecke wohne, seien Pflegebesuche immer möglich. Das ist eine Erleichterung.

Mein Entschluss steht also fest: Meine Wohnung ist viel zu schön und meine Nachbarn sind viel zu nett, als dass ich ernsthaft umziehen wollte. Die Wohnung ist klein, aber genau so, wie ich es für mich brauche. Im kleinen Fernsehzimmer steht eine große Couch, die es erlaubt, dass ab und zu einer meiner Enkel bei mir übernachtet. Mehr möchte ich auch nicht. Ich wohne in der obersten, der sechsten Etage, aber wir haben einen großen, ohne jede Stufe zu erreichenden Lift, in den die junge gelähmte Frau aus der ersten Etage im Rollstuhl und ich mit meinem Rollator zusammen hineinpassen. Keine einzige Treppenstufe muss überwunden werden, außer man hat den übertriebenen Ehrgeiz, die sechs Etagen hochzuklettern, um doch noch erfolgreich zu altern. Auf meine schöne Terrasse kann ich aus fast jedem Zimmer schauen. Sie ist im Winter und im Sommer ein herrlicher Anblick. Mit geschickter Bepflanzung oder eher dadurch, dass ich allen Pflanzen den Freiraum gegeben habe, den sie brauchen, um sich zu entfalten, sprießt jetzt in riesigen Töpfen ein Traum von Grün, der mich dazu zwingt, mich zwischen den Kübeln durchzuschlängeln, um mit dem Gartenschlauch alle Pflanzen gießen zu können. Wenn ich morgens aufwache, auf meine Terrasse schaue und das laute Gezwitscher der Vögel höre, dann weiß ich, dass ich ein schönes Leben habe. Das kann ich mir jetzt so lange wie möglich erhalten.

Meine Empfehlung

In meinem nächsten Leben werde ich spätestens mit sechzig anfangen, über meine Wohnsituation im Alter nachzudenken. Viele Projekte brauchen von der Planung bis zur

Fertigstellung bis zu zehn Jahre, und außerdem kann es schwierig werden, die richtigen Menschen zu finden, die auch bis zur Realisierung des Projektes dabeibleiben. Es gibt vieles zu berücksichtigen: Finanzen, Ort, Wohnungsart. Sprechen Sie mit Ihren Kindern darüber, sie haben vielleicht auch gute Ideen oder kennen Menschen, die etwas Ähnliches planen. Erzählen Sie überall von Ihrem Projekt. Sie werden überrascht sein, wie viele Menschen sich dafür interessieren oder gute Ideen haben. Vielleicht finden sich auf diese Weise auch Ihre Wohnungspartner?

7. »Sie sind doch kein Demenztyp!«

Ich sollte doch sicher Ihre goldenen Birkenstocksandalen nicht in den Müll werfen, oder?«, fragt gut gelaunt mein Nachbar, Herr Mertens.

Ich bin verwirrt. Mein gleichaltriger Nachbar trägt mir jeden Morgen den Müll nach unten, weil er weiß, dass es mit dem Gehen bei mir schwierig ist. Dafür gieße ich ab und zu die Blumen und helfe bei allem aus, wofür man einen Computer braucht.

»Ihre goldenen Birkenstocks standen vor Ihrer Wohnungstür neben dem Müll, aber ich habe sie dagelassen, sie sahen doch noch sehr ordentlich aus.«

Jetzt bin ich beunruhigt. Wie kommen denn meine goldenen Birkenstocks vor meine Wohnungstür?

»So fängt es an«, meint meine gleichaltrige Nachbarin heiter. Nein, sie ist nicht schadenfroh, sondern wir tauschen uns bei einer Tasse Kaffee und Pfefferminzeis über unsere Leiden aus. Sie bekam vor Kurzem die Diagnose Parkinson und geht bewundernswert damit um. Ab und zu einen Namen zu vergessen scheint nicht so schlimm zu sein. Das Kurzzeitgedächtnis ist das Problem, weiß die Nachbarin. Wenn man das Handy im Eisschrank findet oder eben die goldenen Birkenstocks vor der Wohnungstür neben dem Müll, dann wird es ernst. Bin ich schon auf

dem Weg zu einer Demenz? Sollte ich vielleicht einen Demenztest machen lassen?

Ich werde nervös. Dement zu werden ist meine größte
Angst. Da geht es mir wie jedem zweiten Deutschen. Vor
allem ab achtzig soll die Gefahr, an einer Demenz zu erkranken, groß sein. Bestimmte Krankheiten können in
Familien gehäuft vorkommen, nur hilft mir das nicht weiter, denn niemand meiner Vorfahren wurde alt genug, um
zu der von Demenz bedrohten Altersgruppe zu gehören.
Nach der WHO werden 2030 weltweit zweiundachtzig Mil-
lionen Menschen an Demenz erkrankt sein. In Deutschland wächst die Zahl der Demenzerkrankten jährlich um
vierzigtausend. Mit Prognosen ist das zwar immer so eine
Sache, aber ich habe statistisch gute Chancen, an einer Demenz zu erkranken, wenn ich alt genug werde.

Bei einer Demenz käme es bei mir zu Störungen des Den-
kens, des Wahrnehmens und des Erinnerns. Genau davor
habe ich Angst. Die Alzheimer-Demenz ist die häufigste
Demenzerkrankung. Wenn ich daran erkranke, bekomme
ich Probleme mit dem Gedächtnis und der Orientierung.
Bei der vaskulären Demenz können noch Sprachstörungen
dazukommen. Bei einer frontotemporalen Demenz kann
es zu Aggressivität, maßlosem Essen oder auch Verwahrlo-
sung kommen. Bei der Lewy-Körperchen-Demenz kann es
auch zu optischen Halluzinationen kommen. Ich bin jetzt
fast fünfundsiebzig – wie viel Zeit bleibt mir noch?

»Da musst du dir keine Sorgen machen«, sagt meine
Freundin Waltraud.»Die Prognosen über die Zunahme an
Demenz haben sich nicht bewahrheitet. Es erkranken viel
weniger Menschen an Demenz, als man angenommen hat.«

Das mag sein, aber die Tatsache, dass statistisch weniger Menschen erkranken, heißt noch lange nicht, dass ich nicht erkranken könnte. Die Wahrscheinlichkeit, an Alzheimer-Demenz zu erkranken, ist zwar heute nicht höher als vor hundert Jahren, aber da wir heute deutlich älter werden, leiden auch mehr von uns Alten an dieser Krankheit. Und noch eine beunruhigende Information: Da wir Frauen älter werden, stehen unsere Chancen, an einer Demenz zu erkranken, deutlich besser. Das sind keine schönen Aussichten. Ich überprüfe mich inzwischen ständig. Wenn ich mich nicht mehr an den Namen einer Schauspielerin erinnere, zeigt sich damit schon eine beginnende Demenz? Auch nächtliche Unruhe und Desorientierung können ein Symptom sein. Aber wenn ich nachts durch meine Wohnung wandere, dann bin ich keineswegs desorientiert, sondern gehe zielstrebig zum Kühlschrank, um einen kleinen Nachtsnack zu finden. Über mein Orientierungsvermögen mache ich mir keine Sorgen, es ist stabil schlecht. Ich erkenne aber bis jetzt noch meine Kinder und Enkelkinder, und selbst meine Schwiegersöhne kann ich jeweils einer Tochter zuordnen.

»Du kokettierst mit deiner Angst vor Demenz«, sagt Andrea. »Du musst dir doch wirklich keine Sorgen machen.«

Woher will sie das wissen? Niemand kann voraussehen, ob ich dement werde. Wer hätte voraussagen können, dass Walter Jens oder Gunter Sachs an Demenz erkranken würden? Gerade Menschen mit einem hohen Bedürfnis nach Autonomie und Selbständigkeit machen sich Sorgen darum, dement zu werden. Zu diesen Menschen gehöre ich.

Weil es besser ist, sich Gewissheit zu verschaffen, als ständig Angst zu haben, gibt es jetzt nur einen Weg für mich: Ich mache einen Termin in einer Memory-Klinik, um mich testen zu lassen.

»Wissen Sie, welcher Tag heute ist?«

Allen Bekannten hatte ich fröhlich erzählt, dass ich einen Demenztest machen lasse. Manche betrachteten mich eher skeptisch, andere meinten, dass sie das auf gar keinen Fall machen lassen würden. Wieder andere finden mein Vorhaben »cool«. Ich fand mich selbst auch ein bisschen »cool«, aber je näher das Datum des Demenztests kommt, desto mehr spüre ich, dass ich nervös werde. Jetzt wird es ernst. Was ist, wenn die Ärzte mir mit besorgter Miene sagen werden, dass bei mir eindeutige Anzeichen für eine beginnende Demenz zu erkennen sind? So richtig cool ist ein Demenztest vielleicht doch nicht?

Ich hatte mich auf eine ausführliche Prüfung meiner kognitiven Fähigkeiten eingestellt, der Test, den eine freundliche Dame mit mir durchführt, ist dann aber enttäuschend. Sie kommt mit ein paar Zetteln, auf einem davon ist ein großer leerer Kreis.

»Ach, jetzt soll ich eine Uhr malen, oder?«, frage ich die Dame.

»Das kennen Sie schon?« Sie ist erstaunt.

Den Uhrtest kennt doch nun wirklich jeder Mensch, der schon einmal Filme über Demenz gesehen hat, denke ich mir. Ich male schnell eine Uhr.

Dann liest sie mir Begriffe vor, die ich wiedergeben soll.
Zu meinem Ärger kann ich nicht alle wiedergeben. Ich
werde unruhig. Aber dann kommen einfache Zahlenauf-
gaben, mit denen ich keine Probleme habe. Das war es
schon. Sie berechnet den Test und kann mir dann mit-
teilen, dass meine kognitiven Fähigkeiten nicht eingeschränkt sind. Nun bin ich doch erleichtert, obwohl ich
denke, dass ich diesen Test auch im Internet hätte machen
können. Aber vielleicht wäre ich bei einem Internettest
skeptisch geblieben. Mit dem Krankenhaustest habe ich –
zumindest für den Moment – ein gültiges Siegel: nicht
dement!

Anschließend holt mich ein unter Zeitdruck stehender
Arzt, der das Ergebnis anhand weiterer Fragen überprüfen
will. Wie ich heiße? Das kann ich ihm ohne Stocken sagen.
Auch an meinen Vornamen erinnere ich mich. Wo ich
wohne? Weiß ich auch. Interessant ist, dass der Arzt diese
Fragen stellt, ohne mich dabei auch nur ein einziges Mal
anzusehen. Wie alt ich sei? Auch kein Problem. Als er mich
fragt, ob ich wisse, welches Datum heute sei, muss ich lachen, sage aber brav das Datum. Das Lachen gefällt ihm
nicht. Warum ich denn lache, fragt er genervt. Ich erkläre
ihm, dass es doch etwas erheiternd sei, wenn man Fragen
gestellt bekäme, deren Zielsetzung so klar sei. »Aber das ist
natürlich völlig in Ordnung«, versichere ich ihm. »Dafür
bin ich ja gekommen.«

Es geht weiter mit Fragen, ob ich oder wann ich Dinge
vergesse, meine Orientierung gelitten habe oder ob ich
mich an Personen noch erinnern kann.

»Lesen Sie denn noch ab und zu?«, fragt er.

Ich diszipliniere mich und lache nicht. »Ja, das kommt vor«, antworte ich brav.

Ob ich denn, wenn ich ein Buch vielleicht ein oder zwei Tage liegengelassen hätte und es dann weiterlesen wollte, mich noch an den Inhalt erinnern würde oder ob ich dann alles von vorne lesen müsse?

Nein, das muss ich nicht. Ich will ihn nicht wieder nerven und sage ihm daher nicht, dass bei mir kein Buch drei Tage liegenbleibt.

Auf meine Frage erklärt er mir, dass es noch keine Medikamente gegen Demenz gibt. Man könne aber mit Antidementiva versuchen, den Fortschritt der Krankheit zu verlangsamen. Wenn sie zu starke Nebenwirkungen haben oder keine Wirkung zeigen, werden sie wieder abgesetzt. Wenn es zu »herausforderndem Verhalten« – weglaufen, beißen, spucken, treten, sexuelle Avancen – kommt, können auch Neuroleptika gegeben werden. »Weitere Untersuchungsmethoden werden erst durchgeführt, wenn der erste Gedächtnistest Hinweise auf eine Demenz ergeben hat«, erklärt er mir weiter.

Was man denn noch machen könne, frage ich. Man könne Blutuntersuchungen machen oder auch eine Lumbalpunktion. Auch ein MRT könnte Hinweise auf Veränderungen im Gehirn geben. Warum man dann nicht gleich ein MRT machen würde? Weil eine Veränderung im Gehirn nicht immer bedeutet, dass sich auch Symptome einer Demenz zeigten.

Was das Krankenhaus anbieten könne, wenn eine Demenz festgestellt wurde? Sie bieten Gedächtnissprechstunden an, ein mehrtägiges kognitives Training, ein drei-

tägiges Training alltagspraktischer Tätigkeiten und eine
neuropsychologische Testung für die genauere Diagnose-
stellung.

»Kommen die Patienten auf eigenen Wunsch und allein
zu Ihnen oder werden sie von Angehörigen begleitet?«, will
ich wissen.

Er berichtet, dass die meisten Patienten zusammen mit
ihren Angehörigen kämen, was er auch befürwortet, damit
den Ärzten die Innen- und Außenperspektive geschildert
werden kann. Für die oft sehr belasteten Angehörigen biete
das Krankenhaus auch Angehörigengruppen an. Ihm sei
es wichtig, dass Angehörige lernen, die Patienten nicht vor
jedem Risiko abzuschirmen. Es sei nicht dramatisch, wenn
Patienten weglaufen. In den meisten Fällen würden sie
nach einer Weile aufgefunden und wieder zurückgebracht.
Man könne und solle sie nicht vor allem schützen, ansonsten müsste man sie einsperren, was sich gewiss niemand
für demente Menschen wünscht.

Er verabschiedet sich kurz angebunden und versichert,
es gäbe bei mir keine Zeichen für eine beginnende Demenz. Das ist beruhigend, aber wenn ich tatsächlich im
Anfangsstadium einer Demenz wäre, hätte ich mir einen
etwas freundlicheren Arzt gewünscht, der vielleicht auch
einmal gelächelt hätte.

Was kann ich jetzt noch gegen Demenz tun?

Noch habe ich keine Demenz, aber das muss nicht so bleiben. Jetzt kommt es also darauf an, wie ich mich vor einer Demenz schützen könnte. In seiner »Nonnenstudie« beschreibt der amerikanische Epidemiologe Snowdon seine Untersuchungen bei hochbetagten Nonnen. Er durfte nach dem Tod der Nonnen auch deren Gehirne zerschneiden. »Wenn ich unter der Erde bin, brauche ich es ja nicht mehr«, hatten die alten Nonnen fröhlich gemeint. Tatsächlich zeigte sich, dass das Gehirn der Nonnen mit einem Hochschulabschluss oder einer Promotion deutlich größer und gesünder war als das der weniger qualifizierten Nonnen, die eher Anzeichen für eine Alzheimererkrankung gezeigt hatten. Auch Sport trug zu einem gesünderen Gehirn der alten Damen bei; zu seinem Erstaunen fand der Forscher im Kloster einen gut ausgestatteten Fitnessraum.

Ich bin erleichtert, denn ein Studium habe ich, und wenn ich dann noch ein bisschen Sport integriere, dann sollte ich gut gewappnet sein. Daher steht jetzt in meinem Wohnzimmer ein stabiles Ergometer, auf dem ich ab und zu schlecht gelaunt herumtrampele.

Es gibt also etwas, das ich gegen Demenz tun kann. Grundsätzlich wird empfohlen, auf seine Gesundheit zu achten – wer hätte das gedacht? Wer auch nur einen Risikofaktor bei sich identifiziert, sollte sich darum bemühen, ihn unter Kontrolle zu bringen. Ich habe das mit dem hohen Risikofaktor Alter probiert, aber was auch immer ich tue, ich werde jedes Jahr älter. Besser läuft das bei mir mit dem hohen Blutdruck, der auch zu den Risikofaktoren für Demenz zählt. Mit den Tabletten, die ich täglich nehme, ist mein Blutdruck vorbildlich. Mit meinem Herzen sei auch alles in Ordnung, erfahre ich von meinem Hausarzt, der zum wiederholten Mal feststellt, dass ich ein Herz wie ein junges Mädchen habe. Meine Cholesterin-Werte sind so, wie sie sein sollen, und Diabetes habe ich auch nicht. Mit dem Schlafen – schlechter Schlaf ist ebenfalls ein Risikofaktor – ist es bei mir durchwachsen. Es gibt gute Nächte und weniger gute Nächte. Helfen Schlaftabletten? Ist es besser, abhängig von Schlaftabletten als dement zu werden? Außerdem, was heißt »gut schlafen«? Reichen sechs Stunden? Sollten es doch acht Stunden sein? Ist es schlimm, wenn ich nachts aufwache und die acht oder sechs Stunden nicht am Stück schlafe? Aber, erfahre ich im nächsten Artikel, ich muss mich gar nicht so viel mit dem Schlaf beschäftigen, denn der Zusammenhang zwischen Schlaf und Demenz ist noch nicht wirklich geklärt, berichten Forscher. Also werde ich einfach weiter schlafen wie bisher.

Auch Musikhören hilft, weil es das Gedächtnis fördert und auch die Stimmung verbessert. Mit Interesse lese ich, dass das auch daran liegt, dass die Art und Weise, wie eine Note sich zu der anderen Note verhält, etwas mit Mathematik und Struktur zu tun hat. Vor allem bei Musik, die wir zum ersten Mal hören, muss das Gehirn sich bemühen, diesen Zusammenhang zu verstehen. Dann ist meine Angewohnheit, bestimmte Musikstücke unentwegt zu hören, ungünstig. Brian May höre ich fast täglich, und auch dem Cello von Yo-Yo Ma höre ich immer wieder gern zu. Diese

Musik ist mir also vertraut, was nicht gut ist. Aber vor einer Woche hat mich über Facebook jemand zu »The Hu« gebracht, einer mongolischen Band, die Heavy Metal mit mongolischem Obertongesang verbindet. Für die Band spricht außerdem, dass alle Mitglieder wunderschöne lange rabenschwarze Haare haben. Aber das ist für meine Demenz wahrscheinlich unwichtig. Mein Lieblingsstück ist »Yuve Yuve Yu«. Einfach mal anhören. Klingt fremd? Das soll es ja auch. Ich hatte so etwas zum ersten Mal gehört, und mein Gehirn hatte wirklich viel damit zu tun, die mathematischen Strukturen dieser Musik herauszufinden. Wer trotz meiner Empfehlung nicht gern mongolischen Hunnu Rock – so definieren sie ihre Musikrichtung – hören möchte, dem kann ich Alternativen empfehlen: Wer bislang vorzugsweise die Barockmusik von Jean-Baptiste Lully gehört hat, sollte es jetzt einmal mit Countrymusik von Dolly Parton versuchen. Bei dem Wechsel muss sich ein Gehirn wirklich anstrengen. Wer bislang Helene Fischer liebte, sollte atonale Musik von Arnold Schönberg bei Spotify streamen. Aber kaum habe ich mich für die Möglichkeit des Musikstilwechsels begeistert, erfahre ich, dass der Zusammenhang zwischen schlecht hören, Musik und der Entwicklung einer Demenz doch noch nicht hinreichend erforscht ist.

Auch soziale Isolation ist gar nicht gut, denn Kommunikation schützt nicht nur gegen Demenz, sondern verlängert auch das Leben. Das finde ich schwierig, denn ich kommuniziere eigentlich so richtig gern mit mir selbst. Zählt das auch? Stress ist auch nicht gut oder eher gut für die Entwicklung von Demenz. Stress setzt im Gehirn das Hormon Cortisol frei, und dieses Hormon macht es schwerer, klar zu denken. Aber, und jetzt bin ich wieder vergnügt, ein herzliches Lachen reduziert das Cortisol und hält auf diese Weise das Gehirn gesund. Damit bin ich gut geschützt. Ich lache gern.

Es gibt noch weitere Faktoren, die uns gegen Demenz schützen können: Kreuzworträtsel fördern das Kurzzeitgedächtnis. Gut, wer Kreuzworträtsel mag, kann das machen. Ich lache dann lieber. Aber jetzt wird es interessant. Es hilft dem Gehirn, wenn ich einem Menschen zuhöre, der einen anderen Standpunkt vertritt als ich. Vor allem, wenn ich versuche, die Perspektive des anderen auch zu verstehen, dann hat mein Gehirn richtig zu tun und entwickelt sich damit weiter. Jetzt verstehe ich besser, warum auch intelligente Menschen Demenz bekommen können: Nicht alle intelligenten Menschen können gut zuhören. Nun kommt auch noch eine genetische Disposition ins Spiel. Ein bestimmtes Gen kann das Risiko erhöhen, an Alzheimer zu erkranken. Wie erwähnt sind leider alle meine Familienmitglieder gestorben, bevor sie in einem demenzfreundlichen Alter waren, sodass ich das mit den Genen nicht überprüfen kann.

Auch Fernsehen soll ein Risikofaktor sein, denn übermäßiges Fernsehen fördert Demenz. Ich werde nachdenklich. Ich sehe viel fern, das heißt, eigentlich höre ich fern. Da ich süchtig nach Nachrichten bin, läuft im Fernsehen ständig eine Nachrichtensendung. Zählt das auch? Eine Studie hat herausgefunden, dass mehr als drei Stunden Fernsehen pro Tag zu einer fernsehbedingten Demenz führen kann. Dem Ergebnis traue ich nicht. Hat man denn methodisch sauber erfragt, welche Sendungen die Menschen gesehen haben? Waren es Nouvelle-Vague-Filme auf ARTE? Oder Tierdokumentationen mit Sir David Attenborough? Wirtschaftsinformationen in WISO? Ich glaube nicht, dass der Konsum dieser Sendungen zu Demenz führt. Bei Menschen allerdings, die drei bis vier Stunden am Tag deutsches Fernsehen mit Sendungen sehen wie »Wer weiß denn sowas?« oder »Bauer sucht Frau« oder »Lachen bis der Arzt kommt« ist die Demenz vermutlich nicht Folge, sondern eher Voraussetzung für ihren Fernsehkonsum. Ich bitte schon mal vorsorglich alle Menschen, die Quizsendungen oder Herrn von Hirschhausen lieben, um Verzeihung.

Gern würde ich mich mit meinem Hausarzt über Demenz unterhalten, das empfiehlt auch die DGPPN – die Deutsche Gesellschaft für Psychiatrie und Psychotherapie, Psychosomatik und Nervenheilkunde. Aber ich muss ihn gar nicht erst mit meiner Demenzthematik behelligen, denn ich weiß jetzt schon, was kommen wird. »Nein, nein, Frau Berg-Peer«, wird er väterlich zu mir sagen, obwohl er nur halb so alt ist wie ich. »Machen Sie sich mal keine Sorgen. Sie sind doch kein Demenztyp. Und recherchieren Sie nicht so viel im Internet, das bringt Sie nur durcheinander. Leben Sie gesund, bewegen Sie sich, nehmen Sie ein bisschen ab, und bleiben Sie einfach positiv und fröhlich. Das ist das Beste, was Sie tun können.« Leider wieder einer der Sprüche, die zeigen, dass Ärzte sich nicht immer wirklich für die Sorgen ihrer Patienten interessieren.

Welches Demenzheim für mich?

Viele Menschen versuchen, ihre demenzkranken Angehörigen zu Hause zu betreuen. Für die Betreuung zu Hause spricht, dass der alte Mensch sich in seiner gewohnten Umgebung wohler fühlt, als wenn er in einem bereits verwirrten Stadium noch einmal umziehen muss. Dagegen sprechen die gleichen Gründe wie gegen eine Betreuung alter Eltern ohne Demenz. Die Kinder haben keine Zeit, weil sie mit ihrem Beruf und ihren Kindern beschäftigt sind. Lebenspartner sind oft im gleichen Alter und schaffen es einfach nicht mehr, weil ihnen die körperliche Kraft fehlt oder sie selbst an Krankheiten leiden. Aus meiner Sicht sprechen noch andere Gründe dagegen: Wenn ich lese und höre, wie eine demenzsensible Betreuung eines Erkrankten aussehen sollte, kann ich mir nicht vorstellen, wie das ein Angehöriger schaffen sollte, ohne gleichzeitig sein eigenes Leben vollkommen aufzugeben. Die pflegenden Angehörigen sollen auf Veränderungen gelassen reagieren – leichter gesagt, als getan. Ich weiß noch genau, wie es mir als Angehöriger gegangen ist, wenn meine Tochter in eine psychische Krise geriet. Es war nicht einfach, dann gelassen zu reagieren. Sie sollen sich auf einfache Weise mit dem Patienten unterhalten und immer Blickkontakt halten. Die Sprache soll sanft und liebevoll sein, oder man sollte einfach nur zuhören. Wenn die Sprache versagt, können auch über Berührungen Gefühle gezeigt und es kann Intimität geschaffen werden. In der Schweiz kann man ein Seminar zum »Gefühlsdolmetschen« besuchen. Auch auf

Aggressionen wie Spucken oder Schlagen muss man gelassen reagieren und immer das Verhalten von dem Menschen trennen.

Diese Vorschläge klingen alle einleuchtend, aber wie schafft das eine ebenfalls alte Ehefrau oder ein alter Ehemann, die selbst schon beginnen, mit Alltagsverrichtungen zu kämpfen? Wie schaffen das junge Mütter oder Väter, die einen Beruf haben und sich auch noch um ihre Kinder kümmern müssen? Für Töchter, Schwiegertöchter oder Ehefrauen – denn sie sind es häufig, die diese häuslichen Pflegeleistungen erbringen – kann die Pflege eines demenzkranken Familienangehörigen zu einer extremen Herausforderung werden. Es ist schwierig, gelassen zu bleiben, wenn das Verhalten des Demenzpatienten die eigenen Gefühle aufs Höchste strapaziert.

Die Einhaltung eines gut strukturierten Tagesablaufs, tägliche Spaziergänge an der frischen Luft und viel Lichteinwirkung am Tag werden empfohlen, lassen sich aber in einem Haushalt mit Menschen, die andere Bedürfnisse haben, nur schwer umsetzen. Auch der gut gemeinte Hinweis, man solle sich behutsam in die Gefühle des Patienten einfühlen, negiert die Tatsache, dass Gefühle keineswegs immer sanft und freundlich sind, sondern dass bei Demenzerkrankten auch Wut, Aggression und Ablehnung schmerzlich erkennbar werden können.

Es gibt Bücher, in denen Ehefrauen oder Kinder liebevoll und zugewandt über die letzten Jahre mit einem an Demenz erkrankten Familienmitglied berichten. Das klingt schön, aber ich bleibe skeptisch. Arno Geiger hat in seinem Buch »Der alte König in seinem Exil« von seinem Leben mit seinem an Demenz erkrankten Vater erzählt. Es ist ein wunderbares Buch. Liebevoll, zärtlich, heiter. Nur lese ich später in einem Interview in der ZEIT einen Kommentar der Schwester des Autors. »Als ich das Buch gelesen habe, musste ich oft lachen«, sagt sie. »Aber in Wirklichkeit war es der Horror!« Ich möchte meine Kinder nicht in eine solche Situation bringen. Sie haben jetzt hier für alle sichtbar die Erlaubnis, mich im Krankheitsfall in ein Demenzheim zu bringen. Wenn sie ab und zu vorbeikommen und mir Mailänder Salami und Cornichons mitbringen, dann werde ich mich freuen.

»Auf Wiedersehen, gnädige Frau!«

Da ich nicht in einem der »Horrorheime« untergebracht werden möchte, von denen in den Medien ständig zu lesen ist, werde ich mir selbst einen Einblick verschaffen. Bei meinen ersten telefonischen Kontakten stelle ich fest, dass der Begriff »Heim« sowohl für alte Menschen ohne Erkrankung als auch für Demenzkranke verpönt ist. Bei jedem Anruf werde ich umgehend korrigiert. »Wir sind kein Altersheim, wir sind ein Seniorenstift oder ein Seniorenheim oder eine Seniorenresidenz oder wenigstens eine Pflegeeinrichtung!«, kommt eine leicht vorwurfsvolle Antwort. In einer Residenz kann nur wohnen, wer sich noch weitgehend an die Regeln des Zusammenlebens halten kann, höre ich. Im fortgeschrittenen Stadium ist oft das Demenzpflegeheim die einzige Lösung. Es gibt Demenz-

Wohngemeinschaften, in denen mehrere Bewohner in einer größeren Wohnung zusammenleben, um einen familiären Charakter in der Versorgung beizubehalten. In Demenzdörfern haben die Bewohner mehr Freiraum für ihren Bewegungsdrang. Dort wird über Kneipen und Einkaufsläden den verwirrten alten Menschen ein Leben simuliert, an das sie sich aus ihren jüngeren Jahren erinnern. Ist das eine gute Entwicklung? Ich bin ein bisschen skeptisch, wenn ich mir vorstelle, dass mir später eine solche Realitätsillusion vorgegaukelt werden sollte. Aber vielleicht fühlen sich die alten Menschen dort gut aufgehoben und beschützt? Der Schweizer Gerontopsychiater Christoph Held sieht das ebenfalls kritisch. Für den ohnehin schon sich selbst fremd werdenden Demenzerkrankten kann es zusätzlich verwirrend sein, wenn er aus seiner Wohnung ausziehen muss und in einem Heim ankommt, in dem es genau wie in seiner Wohnung aussieht. Auch sollten die Pfleger in einem Demenzheim keine Privatkleidung tragen. Sie sollten an ihrer weißen Kleidung als Pflegepersonal zu erkennen sein, weil ansonsten der Demenzerkrankte annehmen könne, es seien fremde Menschen in seine Wohnung eingedrungen.

Besonders gut gefällt mir, dass die Stadt Belfast es sich vorgenommen hat, als erste Stadt der Welt eine demenzfreundliche Stadt zu werden. Unterschiedliche Gruppen in der Stadt haben sich zusammengesetzt und überlegt, welche Veränderungen das Leben für Demenzpatienten vereinfachen können. Es werden Seminare über Demenz angeboten, um in Restaurants, Geschäften, Bussen, Taxis, bei der Polizei und bei Friseuren das Verständnis zu erhöhen.

Damit können Erkrankte am normalen Leben teilnehmen, weil sie im Restaurant oder im Bus auf Menschen treffen, die sich mit Demenz auskennen. Wenn sich ein Demenzkranker in der Stadt verirrt, soll er Menschen finden, die ihn begleiten oder ihn zurück zu seiner Wohnung oder seinem Heim bringen. Dieser Gedanke gefällt mir besser, als umzäunte Dörfer für Demenzkranke einzurichten. Aber vermutlich muss noch vieles ausprobiert werden, um herauszufinden, wo Menschen mit Demenz sich möglichst wohlfühlen.

Ich selbst würde meinen Lebensabend am liebsten unter der warmen Sonne Thailands mit heiteren und freundlichen Thaipflegerinnen verbringen. Die Bilder des *Care Resort Chiang Mai* sehen verführerisch aus. So ein Demenzresort halte ich für eine wunderbare Alternative, allein, wenn ich an Sonne, Schwimmen und das schöne Essen denke. Bei meinem nächsten Urlaub werde ich mich für eine Woche im Care Resort Chiang Mai einquartieren.

Aber wie sieht es hier in Berlin aus? Meine Nachbarin nimmt mich mit zu einer Freundin, die in einem Demenzheim wohnt. Wir fahren zu einer nett aussehenden Villa im Bezirk Zehlendorf. Wir sind nicht angemeldet, denn meine Nachbarin erklärt mir, dass ihre Freundin diesen Termin ohnehin umgehend vergessen würde. An der Haustür werden wir von einer fröhlichen Dame begrüßt. Gern könnten wir zu Frau W., sie sei auf ihrem Zimmer. Im Inneren sieht die Villa heiter aus. Die Wände sind in einem an Italien erinnernden Gelb gestrichen, und an Türen oder Wände wurden Blumensträuße gemalt. Nein, hier war nicht Michelangelo am Werk, aber es sieht bunt und vergnügt aus. Wir müssen durch ein Wohnzimmer laufen, in dem fünf Bewohner zusammen mit einem Pfleger sitzen. Gemeinsam betrachten sie eine Zeitschrift, zeigen auf die Bilder und kommentieren, was sie sehen. Der Pfleger wirkt freundlich und konzentriert.

Wir klopfen an und betreten das Zimmer der Freundin. Sie liegt auf dem Bett, springt aber gleich auf und freut sich über unseren Besuch. Sie erkennt auch meine Nachbarin. Mich betrachtet sie neugierig. Nein, sie freue sich, dass ich auch mitgekommen sei.

Frau W. ist eine schlanke Frau mit fröhlichem Gesichtsausdruck. Im ersten Moment kann ich nicht erkennen, dass sie an Demenz leiden soll. Ihr Zimmer ist klein, aber freundlich mit eigenen Möbeln und Erinnerungsgegenständen ausgestattet. Aus einem Fenster sieht sie auf blühende Bäume, auf der anderen Seite auf eine hübsche Villa. Die beiden alten Freundinnen unterhalten sich über vergangene Zeiten, in denen sie wohl äußerst fröhlich gelebt und gefeiert hatten. Erinnerungen werden ausgetauscht, und Frau W. scheint sich auch noch an vieles zu erinnern. Als meine Nachbarin sie aber nach einer bestimmten Situation fragt, muss Frau W. kurz nachdenken. Dann sagt sie strahlend: »Nein, ich erinnere mich nicht, aber wenn du sagst, das war schön, dann beschließe ich jetzt einfach, dass ich es auch schön finde.« Ein wunderbarer Satz! Auch in ihrem toskanagelben Zimmer sehe ich bunte Blumensträuße an der Decke. Ich frage sie nach den indonesischen Masken auf ihrem hübschen Sekretär. Ob sie öfter in Indonesien war? Nun strahlt sie wieder und erzählt, dass sie es dort herrlich fand. Es lässt sich wohl nicht voraussagen, an welche Ereignisse sie sich erinnert und welche Erinnerungen verloren gegangen sind.

Frau W. wirkt weder unglücklich noch verwahrlost. Sie sei früher Führungskraft in einem großen Unternehmen mit vielen Mitarbeitern gewesen. Vielleicht ist die Erinnerung daran ebenfalls verblasst. Sie verabschiedet sich mit einer herzlichen Umarmung von ihrer Freundin und von mir mit einem leicht ironischen »Auf Wiedersehen, gnädige Frau«. Die Pflegerin sagt uns noch, dass Frau W. uns nicht zur Tür begleiten sollte, weil die Gefahr besteht, dass sie einfach mitspaziert. Vor zwei Wochen musste sie zurückgeholt werden. Man fand sie ruhig und entspannt zwei Straßen weiter, nur leider wenig bekleidet. In Belfast wäre das kein Problem, denke ich.

Den medialen Beschreibungen überarbeiteter und unfreundlicher Pflegerinnen entspricht die Atmosphäre in diesem Demenzheim nicht. Ich könnte mir durchaus vorstellen, hier meinen Lebensabend zu verbringen.

»Dumme Pute!«

Ist das vielleicht die Ausnahme von all den schrecklichen Heimen, von denen so viel geschrieben wird? Ich mache mich auf den Weg in ein weit entfernt liegendes Heim in einer weniger privilegierten Berliner Gegend. Die Einrichtung ist deutlich größer, mehrere Häuser liegen verstreut auf einem großen Areal mitten im Wald. Auch hier werde ich freundlich begrüßt, und mein Gesprächspartner, der Leiter der zwei Demenzstationen, wird gerufen. Ein junger

Mann von achtunddreißig Jahren, wie er mir später erzählt, begrüßt mich freundlich und organisiert eine Kanne Kaffee für uns beide.

Während er noch Milch und Zucker holt, spricht mich eine alte Dame an. »Wissen Sie, wo Sabine und Bernhard sind?« Sie trägt einen Bademantel, und ihre Haare sehen aus, als ob sie gerade aus dem Bett aufgestanden ist.

Nein, das wüsste ich leider nicht, aber ob sie nicht vielleicht vorne im Schwesternzimmer fragen wolle?

»Da gehe ich nicht hin«, sagt sie bestimmt. »Da habe ich Angst. Und Sie wissen wirklich nicht, wo ...?« Sie macht eigentlich keinen verwirrten Eindruck.

Ich bin etwas verunsichert, wie ich mich in dieser Situation verhalten soll. Was wäre jetzt passend? Kann ich ihr die Angst nehmen? Aber bevor ich noch reagieren muss, sieht sie den Leiter auf uns zukommen. Mit einem resoluten »Dumme Pute!« in meine Richtung wendet sie sich von mir ab und eilt dem Leiter entgegen. Ich höre noch, wie sie ihn fragt, ob er denn wüsste, wo Sabine und Bernhard ...?

Als wir in einem großen, hellen Zimmer beim Kaffee sitzen, erzählt er, dass Sabine und Bernhard die Kinder dieser Patientin seien und dass sie immer darauf wartet, dass sie kommen. Er habe ihr jetzt zur Beruhigung gesagt, dass er mit Sabine telefoniert habe und dass sie noch bei der Arbeit sei, aber später vorbeikommen würde. »Normalerweise lügen wir die Patienten nicht an. Das tut ihnen nicht gut und ist auch keine gute Haltung ihnen gegenüber. Man kann immer versuchen, ihnen die Wahrheit so zu vermitteln, dass sie diese annehmen können.« Manchmal sei al-

lerdings eine kleine Anpassung der Wahrheit nötig, wenn
es um die Beruhigung der Patienten ginge.

Er berichtet vom Alltag auf den Demenzstationen. Ich
bin angenehm überrascht, mit welcher Sachlichkeit und
gleichzeitigen Empathie dieser junge Mann über seine Patienten redet. Patienten, die hierhin kommen, mussten oft
ihre Familien oder auch andere Demenzheime verlassen,
weil sie durch ihr »herausforderndes Verhalten« das Zusammenleben – oder vielleicht auch nur die tägliche Rou-
tine der Einrichtungen? – erschwerten.

Der Grad der Erkrankung ist unterschiedlich, es gibt
Patienten, denen man noch einiges zutrauen kann, andere
brauchen sehr viel Unterstützung. Manche reden kaum
oder, wie im Fall eines russischen Patienten, können kein
Wort Deutsch. Aber er sei dafür, die noch vorhandenen
Fähigkeiten der Menschen, so weit es geht, lebendig zu
halten. Bevor er in das Haus kam, wurden den Patienten
die Brötchen belegt und in kleine Stücke geschnitten. Das
hat er sofort geändert, die Menschen seien zwar dement,
aber sie hätten immer noch zwei gesunde Hände. Jetzt
wird alles auf den Tisch gestellt, und die Patienten belegen sich ihre Brote selbst. »Wir haben doch Zeit«, sagt er.
»Es dauert dann natürlich viel länger, und vielleicht ist
der Tisch hinterher völlig verschmiert – na und?« Er sei
überzeugt davon, dass es die Menschen freue, wenn sie
noch ein wenig ihre vorhandenen Fähigkeiten ausüben
könnten. Übrigens hätte es von den Pflegern und Pflegerinnen auch keinen Widerstand gegen diese Neuerung
gegeben. Es sei nur vorher niemand auf die Idee gekommen.

Ich frage nach den Pflegern, weil ich durch die Tür einen jungen Mann vorbeigehen sehe, der eindeutig nicht in Ostfriesland geboren wurde.

»Das ist Anwar«, erzählt der Leiter. »Er kommt aus Afghanistan und absolviert seit einem halben Jahr eine Pflegeausbildung bei uns und macht sich sehr gut. Ich bin froh, dass wir ihn gefunden haben.«

Ob es denn keine Abwehr gegenüber ausländischen Pflegern und Pflegerinnen gäbe? Ich erzähle von einer alten Dame, die im Altenheim einen Schreikrampf bekam, als sie von einem afrikanischen Pfleger gewaschen werden sollte.

Der Stationsleiter lacht. »Also da hätten die Patienten hier schlechte Karten. Ich gehöre mit zwei Pflegerinnen zu der deutschen Minderheit. Wir haben hier fast nur ausländische Pfleger und Pflegerinnen, und die sind einfach großartig.«

Ich bohre nach. »Auch ein schwarzer Pfleger macht den Patienten keine Angst?«

Er schaut mich nachsichtig an. »Wir haben hier einen Pfleger aus Ghana, der ist der Ruhepol der ganzen Station. Wenn er Dienst hat, gibt es keinen Krach, keinen Streit, nichts. Der hat eine so ruhige Ausstrahlung, er ist einer der beliebtesten Pfleger bei uns.«

Macht Fremdes den alten Menschen doch nicht so viel Angst, wie immer behauptet wird?

»Es gibt so viel, was Menschen über Demenzkranke nicht wissen«, sagt der Leiter. »Oft wird in den Medien kritisiert, dass die Kranken ungepflegt durch die Gänge laufen. Das dürfe nicht sein, man müsse sie doch ordentlich waschen und anziehen. Überhaupt scheinen die Wünsche der Angehörigen nicht immer mit den Wünschen der Patienten übereinzustimmen. Viele Angehörige fühlen sich offenbar besser, wenn sie ihre Familienmitglieder sauber und gepflegt in der Einrichtung auffinden. Aber es gibt Patienten, die lassen sich nicht waschen und überhaupt nicht anfassen.« Er erzählt von seinem russischen Patienten, der panisch wird, wenn jemand versucht, ihm nahezukommen oder gar ihn zu waschen. Der Mann sei Jahrgang 1939, man wisse doch gar nicht, was er im Krieg oder danach erlebt habe. Ob er geschlagen oder vergewaltigt wurde, vielleicht habe er daher Angst davor, angefasst zu werden? Es gehe auch nicht darum, die Patienten möglichst sauber zu halten, es gehe darum, dass sie sich so wohl wie möglich fühlen und dass Dinge, vor denen sie Angst hätten, von ihnen ferngehalten würden.

Wenn jemand zu lange nicht gewaschen worden wäre, dann würde er mit einer anderen Pflegerin versuchen, ihn ein bisschen abzulenken, sodass er doch vorsichtig und sanft geduscht werden könne. Er würde mit dem russischen Patienten immer freundlich und ruhig reden, auf Deutsch, und irgendwie würde das beruhigend auf ihn wirken. Ich bin beeindruckt von Herrn Pohl. So kann ich mir eine gute und respektvolle Pflege vorstellen.

Seine Stationen, alle Gebäude dort sind nicht besonders attraktiv. Linoleumflure, gelbliche Wände, wenige Bilder. Er will das verändern. Sein neuestes Projekt ist es, die kahlen Treppenhäuser nach und nach mit Fototapeten auszustatten. Nein, ich möchte keine Fototapete in meiner Wohnung haben. Aber hier sehe ich zwei Patienten auf ihren Rollatoren sitzen vor einem Hintergrund aus Laubbäumen, durch die die Sonne scheint. Sie scheinen sich wohlzufühlen. »Ein Patient hat in seinem Zimmer eine Fototapete mit Hunden, weil wir wissen, dass er früher immer große Hunde hatte. Für einen anderen Patienten habe ich eine Fototapete an die Decke kleben lassen. Als die Leitung das zunächst nicht wichtig fand, habe ich ihnen vorgeschlagen, sich doch mal vierundzwanzig Stunden auf den Rücken zu legen und an eine weiße Decke zu starren. Daraufhin haben sie sofort die Kosten gebilligt.«

Ich bin positiv überrascht davon, wie Herr Pohl versucht, seinen Patienten das Leben trotz und mit Demenz so angenehm wie möglich zu machen. Er lacht. »Sie müssen sich aber nicht vorstellen, dass hier immer alles so ruhig und freundlich ist. Da geht es schon mal zur Sache. Der große Mann, der vorhin ins Zimmer kam, war früher Boxer. Da kann es bei anderen Patienten schon mal ein blaues Auge geben, wenn wir nicht schnell genug da sind. Aber natürlich greifen wir ein, wenn zu große Unruhe entsteht.«

Auch aus diesem Demenzheim gehe ich beruhigt nach Hause.

Bitte keine gut gemeinte Bespaßung!

Ich habe noch etwas auf dem Herzen. Meine große Angst vor Demenz ist nicht nur der Vernunft- und Kontrollverlust. Ich habe auch Angst davor, in einem Pflege- oder Demenzheim Opfer gut gemeinter Therapieangebote zu werden, mit denen ein wenig Abwechslung in das triste Dasein der Heimbewohner gebracht werden soll. Ich möchte mich

nicht mit anderen Demenzerkrankten zusammen mit
dem Rollator tänzerisch bewegen müssen. Bitte keine Hockergymnastik und auch kein Basteln mit Fingerfarben.
Ich habe Angst davor, eine der siechen alten Frauen zu sein,
die grenzdebil aussehend zu Liedchen der Ergotherapeu-
ten klatschen. Ich möchte im Alter nicht lächerlich werden.
Herr Pohl versteht das.

Zunächst einmal sei es aber gesetzlich verankert, dass
die Demenzpatienten täglich eine Stunde Ergotherapie-
angebote bekommen. Natürlich mache das nicht jedem
Freude. Sie hätten hier gute Erfahrungen gemacht mit
leichten Bewegungsangeboten, die von Musik begleitet
werden. Gemalt würde auch. Außerdem hätten sie auch
eine Alpakatherapie. Am Waldrand lebten sechs Alpakas,
die von den Patienten unter Aufsicht gestreichelt oder ge-
striegelt werden könnten. In die Demenzabteilung würden
sie durch den Aufzug nach oben auf die Station gebracht.

Natürlich müsse man immer sensibel sein mit den Angeboten für die Patienten. Es dürfe nie zu laut und zu beunruhigend sein. Das passt zu dem Bericht meiner Nachbarin, die erzählte, dass ihre Freundin in dem Heim in
Zehlendorf unruhig wurde, als dort zu Karneval ein Mann
mit Schifferklavier auftauchte und die Patienten, denen
Luftschlangen um den Hals gewunden worden waren, mit
lautem Singen zum Mitsingen und Klatschen motivieren
wollte. Sie konnte das nicht aushalten.

In einem Film über ein weiteres Demenzheim sehe ich
aber, dass Bewohner sich freuen, als ein Pfleger mit Gitarre
zu ihnen kommt, der ihnen dann Schlager vorsingt. Herr
Pohl meint, dass es eben Dinge gäbe, die wir uns nicht

vorstellen könnten, die aber den Demenzpatienten doch Freude machten. Man müsse sich die Mühe machen, herauszufinden, was zu jedem einzelnen Patienten passt. Wie sie denn das herausfinden könnten, möchte ich wissen.

Mit jedem Patienten kommt eine ausführliche Dokumentation, in der möglichst alles über die Vorgeschichte des Patienten steht. Beruf, familiäre Situation, Hobbys. Er lacht. »Sie sollten heute schon einen Brief an Ihren künftigen Altenheim- oder Demenzpfleger schreiben. Schreiben Sie auf, was Sie mögen, was Ihnen wichtig ist. Ob Sie morgens gern lang schlafen, was Sie gern essen oder welche Musik Sie mögen. Diese Übung machen wir hier mit den Pflegeschülern. Je mehr wir wissen, desto besser ist es für die Betreuung. Wir arbeiten nach dem psychobiografischen Pflegemodell, das hat die Sensibilität der Pfleger und Pflegerinnen für die Situation der Patienten sehr erhöht.«

Brief an meine Pflegerin oder Biografie im Passformat

In dem psychobiografischen Pflegemodell nach Böhm geht man davon aus, dass die Psychobiografie eines Patienten den Pflegern helfen kann, viel über die Lebensgeschichte, das Lebensumfeld und die Gefühlsgeschichte eines Patienten zu erfahren. Dadurch finden die Pfleger einen besseren Zugang und mehr Verständnis für den Patienten, der sich selbst nicht mehr äußern kann. In anderen Häusern wird etwa mit einem Gedächtnisordner, einer Ich-Karte oder der Biografie im Passformat gearbeitet. Ich werde einen

Brief an meine künftigen Pfleger in einem Pflege- oder Demenzheim schreiben, damit sie mich besser kennenlernen.

Nachdenklich verlasse ich Herrn Pohl. Die Bilder, die ich von Heimen für Demenzkranke hatte, hatten mir Angst gemacht. Ich sah stumpf vor sich hinstarrende alte Menschen bewegungslos nebeneinanderhocken. Alte Menschen, die beim Essen kleckern und miteinander streiten oder sich anspucken. Pflegerinnen, die in einem betont munteren und oft zu lauten Ton mit den alten Menschen sprechen. Alte Menschen, die mit oder ohne Rollator ziellos im Gang hin und her wackeln und den Pflegern Fragen stellen, die diese an jedem einzelnen Tag schon mehrfach beantworten mussten. Vielleicht gibt es das auch, aber so war es in beiden Heimen nicht. Durch meine Unterhaltungen habe ich nicht nur »Demenzkranke« vor mir gesehen, sondern Menschen, die an Demenz leiden, und Pflegerinnen, die versuchten, sich freundlich und gelassen auf sie einzustellen. Ich kann auch mit einer Demenz ein Mensch bleiben, wenn Pfleger und Pflegerinnen in mir auch den Menschen sehen.

Die ultimative Prävention: Champagner gegen Demenz

Die ganz große Angst ist zwar nicht mehr da, aber natürlich möchte ich immer noch nicht demenzkrank werden. Daher habe ich mir jetzt mein persönliches Anti-Demenz-Programm zusammengestellt. Kreuzworträtsel mache ich nicht gern. Stattdessen werde ich mein Gehirn immer wieder mit neuen Büchern und neuer Musik anregen, versuchen, die Perspektive anderer Menschen zu verstehen, und vor allem viel lachen. Der Bewegung kann ich leider nicht völlig entgehen, denn es sind sich alle Demenzforscher einig, dass neben geistiger Anregung und einem gesunden Herzen auch Bewegung wichtig ist. Leider sind sie auch alle fürs Abnehmen. Immerhin kann ich das Ergometerfahren mit einem Buch verbinden. Aber bei allen guten Ratschlägen, wie man sich vor einer Demenz schützen könne, sehe ich einen Widerspruch: Der größte Risikofaktor für Demenz scheint das Altwerden zu sein. Wenn ich gesund lebe, wenig esse, mich bewege und alles Schöne im Leben weglasse, dann wird mir ein hohes Alter versprochen. Aber im hohen Alter bekomme ich doch Demenz? Wenn ich aber ungesund lebe, Bücher lese, statt mich zu bewegen, Penne mit Mascarpone und Walnüssen und danach ein Tiramisu mit Erdbeeren esse, dann sterbe ich früher, bekomme aber keine Demenz. Das scheint mir eine schwierige Entscheidung zu sein.

Etwas wirklich Schönes habe ich doch noch bei meinen Recherchen entdeckt. Vor ein paar Jahren fand man heraus, dass Champagner gegen Demenz helfen soll. Gut, die Ergebnisse dieser Studie werden inzwischen wieder angezweifelt, ich glaube, weil nicht genügend Ratten beteiligt waren (nur vierundzwanzig!), oder weil der Transfer von den Ratten auf uns Menschen nicht ausreichend getestet wurde. Aber man sollte es mit der Wissenschaft auch nicht übertreiben. Die Ratten und die Wissenschaftler dieser Studie hatten sicher viel Freude an diesem Versuch, und daher werde ich ein Gläschen Champagner dann und

wann in mein ganz persönliches Anti-Demenz-Programm
integrieren.

Meine Empfehlung

Wenn Sie Angst davor haben, dement zu werden, dann machen Sie einen Demenztest. Beschäftigen Sie sich damit,
was Sie auch in Ihrem Alter noch gegen eine Demenz tun
können. Sprechen Sie mit Ihren Kindern darüber, und
legen Sie fest, was Ihre Kinder für Sie tun könnten, wenn
Sie an dieser Krankheit erkranken. Schauen Sie sich Demenzheime an. Schreiben Sie in Ihre Patientenverfügung,
was Sie sich genau wünschen. Schreiben Sie aber auch eine
Lebensverfügung und sprechen Sie darüber mit Ihren Kindern.

Und wenn Sie überzeugt davon sind, dass Sie nie Demenz bekommen werden, dann belasten Sie sich einfach
nicht weiter mit dem Thema.

8. Mein Wille geschehe

Beate hat eine von Gerlinde, ich habe eine von meiner Schwester, und Marion war bei einem Notar, Thomas hat eine richtig gute von seinem Freund Oliver, und Doris schwört auf ihre Anwältin. Es geht um die Patientenverfügung, die alle alten Menschen für wichtig halten, die aber kaum jemand fertig ausformuliert und unterschrieben bei allen wichtigen Menschen deponiert hat. Ich leider auch noch nicht. Ebenso wie viele alte Menschen habe ich Angst davor, in meinen letzten Stunden, Tagen oder Wochen an Apparate angeschlossen in einem Krankenbett vor mich hinzudämmern. Ich weiß, was ich nicht will und wovor ich mich fürchte, aber dennoch bin ich auch noch nicht den Schritt weitergegangen, verpflichtend festzuhalten, was ich am Ende will oder nicht will. Es wird jetzt höchste Zeit.

Ich kann verstehen, warum viele von uns Alten so lange zögern, sich mit der Patientenverfügung zu beschäftigen. Eine Patientenverfügung führt uns unmittelbar vor Augen, in welche unerträglichen Situationen wir am Lebensende kommen können und, vor allem, dass wir dann vollkommen hilflos sein werden. Oft wird es uns Alten als Unvernunft oder als Mangel an Alterseinsicht ausgelegt, dass wir nicht zügiger an die Patientenverfügung und an andere Dinge herangehen wollen, die unmittelbar unser Ableben betreffen. Nein, wir wissen, dass wir alt sind, aber das macht erst einmal Angst. Denn wir wissen, in welcher Situation eine Patientenverfügung wichtig ist: Wenn wir im Sterben liegen.

Trotz meiner Angst ist es jetzt an der Zeit, mich mit den unterschiedlichen Formen meines Ablebens vertraut zu machen. Ich habe viele Vorlagen für Patientenverfügungen, will mich aber trotzdem noch einmal selbst sachkundig machen. Nach der Lektüre vieler Bücher, nach Gesprächen mit Fachleuten und Internetrecherchen stelle ich mit Entsetzen fest, dass es gar nicht einfach ist, eine wirklich wirksame Patientenverfügung zu erstellen. Noch schlimmer ist es, dass Ärzte sich nicht immer an das zu halten scheinen, was wir verfügt haben. Es sind auch nicht immer nur die Ärzte, sondern oft auch Angehörige oder Pfleger und Pflegerinnen in Altenheimen, die davor zurückschrecken, eine Therapie zu beenden, um einem alten Menschen eine lange Sterbezeit zu ersparen.

Alte und kranke Menschen werden am Ende ihres Lebens viel zu lange über eine Magensonde oder eine Beatmungsmaschine am Leben gehalten – einem schlechten Leben. Wer dazu mehr wissen will, sollte unbedingt das wichtige Buch von den Rechtsanwälten Wolfgang Putz und Beate Steldinger lesen: »Patientenrechte am Ende des Lebens: Vorsorgevollmacht, Patientenverfügung, selbstbestimmtes Sterben«. Putz ist einer der Fachleute auf diesem Gebiet, das er nicht nur theoretisch, sondern auch aus der Begleitung von Angehörigen und Sterbenden kennt. Ich darf also meine Patientenverfügung nicht leichtfertig zusammenstellen. Es gibt zwar zahllose Möglichkeiten, eine

schematische Verfügung zum Ankreuzen aus dem Internet herunterzuladen, wie es mir die wenig empathische
Dame vom Pflegestützpunkt vorgeschlagen hatte. Aber ich
beschließe, mit Fachleuten darüber zu sprechen und alle
Feinheiten zu bedenken. Zu meiner Überraschung erfahre
ich bei Putz auch noch, dass eine Vorsorgevollmacht deutlich wichtiger ist als die eigentliche Patientenverfügung.
Warum?

Wenn in der Patientenverfügung kein Betreuer von mir
benannt ist, wird vom Gericht ein berufsmäßiger Betreuer
bestellt, und dieser kennt vermutlich weder mich noch
meine Angehörigen, sodass er vielleicht Entscheidungen
trifft, die nicht in meinem vorab geäußerten Interesse liegen. Das muss kein böser Wille sein, sondern entspricht
vielleicht seinen Wertvorstellungen und Überzeugungen,
die anders sein können als meine. Parallel zu der Patientenverfügung muss ich also eine Vorsorgevollmacht verfassen.

Man kann nicht alles planen, wie Ayse immer sagt, aber
das ist kein Grund, nicht über das Planbare nachzudenken. Dabei denke ich vor allem an meine Kinder. Es kann
schwierig für sie sein, zu entscheiden, ob mir eine Magensonde gelegt werden soll oder nicht, wenn die junge und
nette Ärztin ihnen sagt, dass ich durchaus noch sehr viel
Lebensqualität hätte, wenn man diese Maßnahme durch-
zieht. Oder ihnen implizit unterstellt, dass sie nur aus
egoistischen Gründen eine Maßnahme verweigern, die mir
auch noch in diesem finalen Stadium sehr gut getan hätte.

Für mich ist die Abfassung einer Patientenverfügung
noch aus einem weiteren Grund wichtig. Es wäre der Su-

per-GAU, wenn ich in eine Situation komme, in der ich nicht mehr über mich selbst bestimmen kann und andere über mich verfügen – selbst wenn sie das nicht mit bösem Willen tun. Ich will über mich entscheiden und das will ich bis zu meinem Tod tun können. Ich bin beruhigt, dass meine Kinder mir versprochen haben, sich dafür einzusetzen, dass mein Wille umgesetzt wird, wenn ich nicht mehr für mich selbst entscheiden kann.

Wie muss eine Patientenverfügung aussehen?

Wer glaubt, dass man einfach schreiben könne »Ich möchte keine lebensverlängernden Maßnahmen«, der kann am Ende seines Lebens unschöne Überraschungen erleben. Diese Formulierung ist zu unpräzise und gibt keine klare Antwort für die vielen, unterschiedlichen Situationen, in denen eine Entscheidung getroffen werden muss. Ich muss also sehr viel eindeutiger beschreiben, in welcher Situation ich was möchte bzw. nicht möchte. Es gibt zahllose Muster und Vordrucke für eine Patientenverfügung; bei vielen Internetanbietern kann man ein Formular, wichtige Hinweise und gleich eine Notfallkarte dazu bestellen. Nach ausführlichen Gesprächen mit Fachleuten habe ich mich für diese Struktur entschieden:

Präambel: Hier werde ich aufschreiben, welche persönlichen Einstellungen ich generell zum Leben und zum Sterben habe. Es geht darum, dem künftigen Arzt deutlich zu machen, welche Wertvorstellungen ich habe, wie ich auf mein Leben zurückblicke, welche Umgebung und welche Menschen mir wichtig sind und wie ich zum Thema Tod und Sterben stehe. Ich selbst habe keinen religiösen Hintergrund, das Wichtigste für mich ist Selbstbestimmung. Ich hatte trotz aller Schwierigkeiten die meiste Zeit ein schönes Leben, und mir macht die Vorstellung keine Angst, dass es demnächst ein Ende haben wird.

Eingangsformel: Hier lege ich fest, wann diese Verfügung greifen soll. Ich sollte mehrere Situationen beschreiben, in denen ich glaube, nicht mehr selbst Entscheidungen treffen zu können. Das sollte auch noch differenziert werden für den Fall einer Demenzerkrankung.

Festlegung zu Einleitung, Umfang oder Beendigung bestimmter ärztlicher Maßnahmen im Koma oder bei Nichtansprechbarkeit. Hier muss ich bei jedem Thema festlegen, ob und wann ich eine solche Maßnahme will oder ablehne.

- Lebenserhaltende Maßnahmen
- Schmerz- und Symptombehandlung
- Künstliche Ernährung
- Künstliche Flüssigkeitszufuhr
- Wiederbelebung
- Künstliche Beatmung
- Dialyse
- Antibiotika
- Blut/Blutbestandteile
- Organspende
- Stammzellenspende

- Ort der Behandlung
- Beistand (folgende Personen ...)
- Aussagen zur Verbindlichkeit, zur Auslegung und Durchsetzung und zum Widerruf der Patientenverfügung
- Hinweise auf weitere Vorsorgeverfügungen (z. B. Vorsorgevollmacht)
- Hinweise auf weitere Vorsorgeverfügungen (z. B. Betreuungsverfügung)
- Schlussformel / Schlussbemerkungen
- Information / Beratung
- Ärztliche Aufklärung / Bestätigung der Einwilligungsfähigkeit
- Aktualisierungen

Im Internet habe ich eine »Hinweiskarte Patientenverfügung« heruntergeladen, die ich jetzt immer bei mir trage. Nachdem ich sehr viel Zeit in die Erstellung meiner Patientenverfügung investieren musste, kann ich nur jedem Menschen raten, umgehend eine solche Patientenverfügung zu erstellen. Auch junge Menschen sollten eine Patientenverfügung für sich erstellen, denn niemand ist vor einer Situation geschützt, in der klar sein muss, was der Betroffene sich gewünscht hätte.

Erst durch meine Patientenverfügung ist mir klar geworden, in welche Situationen ich kommen kann, die ohne meine Patientenverfügung vermutlich nicht in meinem Sinne gehandhabt werden würden. Selbst Ärzte raten zu einer Patientenverfügung, vielleicht auch, weil sie in kritischen Situationen ansonsten immer noch jede Therapie, die überhaupt am Ende eines Lebens durchgeführt werden

könnte, auch tatsächlich durchführen, vielleicht aus Über-
zeugung, vielleicht aber auch nur, um sich abzusichern.
Gerade in kirchlich gebundenen Krankenhäusern ist eine
Patientenverfügung wichtig, weil sich in meinem Fall die
Wertvorstellungen der Ärzte dort sicher sehr von meinen
Wertvorstellungen unterscheiden werden.

Mit Sorge habe ich gelesen, dass in einer Situation, in der
schnell entschieden werden muss, die Ärzte vielleicht nicht
die Ruhe haben, die ganze Patientenverfügung durchzule-
sen. Ich werde dafür sorgen, dass entweder ich selbst oder
meine Kinder im Krankenhaus oder Hospiz schon vorher
mit den Ärzten und Pflegern über meine Wünsche am Lebensende gesprochen haben.

Wann gilt die Patientenverfügung?

Wie kann ich mich darauf vorbereiten, dass auch in einer
Situation der Hilflosigkeit das geschieht, was ich mir wünsche? Was muss ich tun, damit »mein Wille geschehe«? Die
Patientenverfügung gilt nur dann, wenn ich selbst nicht
mehr in der Lage bin, meinen Willen zu äußern. Wenn ich
meinen Willen noch durch einen schwachen Händedruck,
ein Blinzeln oder ein Nicken äußern kann, gilt sie nicht.
Sie gilt auch dann nicht, wenn ich bei einem Unfall mit
dem Motorrad auf der Straße liege und der Rettungssanitäter gerufen werden muss. Dieser muss mich retten, ganz
unabhängig davon, was ich in meiner Patientenverfügung
bestimmt habe.

Die Familie einbinden

Was auch immer ich verfüge, ich sollte meine Familie, also meine Kinder, oder Personen meines Vertrauens, einbinden. Sie müssen wissen, was ich mir wünsche oder eben nicht wünsche. Falls sie andere Vorstellungen haben, muss ich mir die Zeit nehmen, sie von meinen Wünschen zu überzeugen. Es wäre nicht gut für sie, wenn sie – ohne es vorher zu wissen – in etwas einwilligen müssen, das ihren Wertvorstellungen widerspricht. Ich mache mir bei meinen Kindern keine Sorgen, denn ich glaube, dass wir ähnliche Vorstellungen haben. Wenn Kinder aber grundsätzlich andere Vorstellungen haben und darauf auch beharren, rate ich dazu, in der Vorsorgevollmacht explizit einen anderen Bevollmächtigten einzusetzen, damit am Ende wirklich auch das geschieht, was Sie wollen. Wie sehr sich Kinder den expliziten Wünschen der Eltern am Lebensende widersetzen können, beschreibt Rechtsanwalt Putz anschaulich. Auch Tilman Jens beschreibt in seinem Buch »Demenz. Abschied von meinem Vater«, wie er die letzten Jahre seines Vaters erlebt hat. Es ist bedrückend zu lesen, wie der an Demenz erkrankte alte Walter Jens in seinen letzten Lebensjahren in einem unwürdigen und traurigen Zustand gehalten wurde. So etwas wünsche ich mir nicht. Ich werde mit meinen Kindern besprechen, wer in die Patientenverfügung eingesetzt werden soll.

Auch in der Vorsorgevollmacht werden sie als Bevollmächtigte stehen, sodass kein unbekannter Berufsbetreuer vom Gericht eingesetzt werden kann.

Eine Patientenverfügung muss nicht notariell beglaubigt werden. Allerdings liegt ein Schreiben meines Hausarztes dabei, der bescheinigt, dass ich die Patientenverfügung im Vollbesitz meiner geistigen Kräfte abgefasst und unterschrieben habe. Es ist zwar nicht rechtlich erforderlich, aber schon zu meinem eigenen Schutz werde ich alle ein bis zwei Jahre meine Patientenverfügung überprüfen. Vielleicht gibt es neue Situationen, die bedacht werden müssen, zum Beispiel neue Krankheitsbilder oder den Fortschritt der Medizintechnik. Vor allem aber kann es sinnvoll sein, wenn mein Arzt erneut feststellt, dass ich klar im Kopf und einwilligungsfähig bin. Es macht für den künftigen Arzt an meinem Krankenbett sicher einen Unterschied, ob ich vor zehn Jahren diese Verfügung unterschrieben habe oder erst im letzten Jahr.

Wo sollte die Verfügung aufbewahrt sein?

Keine Patientenverfügung hilft, wenn niemand weiß, wo sie ist. Ich bin natürlich davon ausgegangen, dass so eine Patientenverfügung am besten digital aufbewahrt werden sollte. Das ist auch möglich beim ZVR – Zentralen Vorsorgeregister der Bundesnotarkammer. Davon wird aber abgeraten, weil eine Anfrage viel zu lange, etwa zwei bis drei Tage, dauern kann. Das kann in einem kritischen Fall deutlich zu lang sein. Außerdem ist diese Aufbewahrung kostenpflichtig. Stattdessen habe ich meine Verfügung an mehreren Stellen aufbewahrt. Zum einen bei meinem Hausarzt, zum anderen bei allen meinen Kindern und auch bei den jeweiligen Bevollmächtigten. Ich überlege, ob es nicht auch noch sinnvoll ist, meine Patientenverfügung und Vorsorgevollmacht bei meinen Nachbarn zu deponieren.

Erstinformation für Ärzte oder Rettungssanitäter

Wenn ich noch nicht im Krankenhaus oder im Hospiz liege, müssen Ärzte oder Rettungssanitäter schnell den Zugriff zu meiner Verfügung haben. Eine Notfallkarte mit dem Verweis auf meine Patientenverfügung habe ich immer bei mir, ich habe diese »Notfallkarte zur Patientenverfügung« kostenpflichtig im Internet heruntergeladen. Auch sinnvoll kann eine »Notfalldose« sein, die man ebenfalls im Internet bestellen kann. In der Notfalldose steht nicht nur der Hinweis auf die Patientenverfügung und der Aufbewahrungsort, sondern alle wichtigen krankheitsbedingten Daten von mir sind aufgelistet. Es wird empfohlen, diese Dose an einer gut sichtbaren Stelle im Kühlschrank aufzubewahren, weil Rettungssanitäter wissen, dass sie dort stehen kann. Auf der Kühlschranktür klebt auch ein Hinweis auf die Notfalldose. Allerdings führt das dazu, dass ich ab jetzt den Kühlschrank immer aufräumen muss! Wäre doch peinlich, wenn die Rettungssanitäter dort vergammelten Käse oder Joghurt finden.

Sicher werde ich meine Patientenverfügung auch bei meinem Arzt deponieren, nur ist der noch schwieriger zu erreichen als das Zentrale Vorsorgeregister. Die Nummer seiner Praxis ist häufig auf Anrufbeantworter gestellt, Ter-

mine kann man sich online suchen. Natürlich könnte ich
ihm auch eine E-Mail schreiben, aber vermutlich werde ich
in der Situation, in der meine Verfügungen für den Notfall
wichtig sind, nicht schnell nach meinem iPhone greifen
und ihn informieren können. In meinem Fall reduziert
sich die Rolle meines Hausarztes vermutlich darauf, dass
er schriftlich bestätigt, dass ich diese Patientenverfügung
jedes Jahr wieder in einem entscheidungsfähigen Zustand
abgefasst habe.

Außerdem ist es sinnvoll, alle Dokumente in der Cloud,
auf einer DVD und auf einem USB-Stick zu speichern. Zugang zu meiner Cloud (Passwort und Kenntnis des Providers) bekommen meine Kinder, zusätzlich werde ich ihnen
noch eine DVD und einen USB-Stick mit allen Daten
geben. Natürlich sollte ich den USB-Stick auch immer bei
mir tragen, vielleicht kann ich ihn am Notfallknopf befestigen? Allerdings bezweifele ich, dass Rettungssanitäter
oder auch Ärzte an meinem Krankenbett einen Laptop da-
beihaben und schnell den USB-Stick auslesen können.

Vorsorgevollmacht – Betreuungsverfügung – Bankvollmacht

Grundsätzlich müssen meine Kinder – oder eine andere
Person, die ich bestimme – im Besitz einer Vorsorgevollmacht sein, wenn sie stellvertretend für mich Entscheidungen treffen müssen. Das trifft allerdings nur zu, wenn
ich nicht mehr dazu in der Lage bin, wenn ich an Demenz
erkrankt bin oder im Koma liege. Dazu muss man wissen,

dass es drei Stufen der Demenz gibt: In der beginnenden Demenz ist der Mensch noch ansprechbar. Man unterscheidet zwischen dem frühen Stadium der Demenz, in dem es zu Wortfindungsschwierigkeiten und einem nachlassenden Kurzzeitgedächtnis kommt. Im mittleren Stadium geht das Langzeitgedächtnis zunehmend verloren, es kann zu Sprachstörungen und Verhaltensänderungen kommen. Im späten Stadium der Demenz kommt es zu Kontrollverlust, das Sprechen wird eingestellt, Vergangenheit und Gegenwart verschwimmen. Die Angehörigen werden von dem Patienten nicht mehr erkannt.

Die Vorsorgevollmacht gilt nur für diese fortgeschrittene Stufe der Demenz.

Der Bevollmächtigte kann mich gegenüber Behörden vertreten, meine Finanzen verwalten oder in Gesundheitsfragen entscheiden. Diese Vorsorgevollmacht kann ich aber nur erstellen, wenn ich volljährig und uneingeschränkt geschäftsfähig bin, daher habe ich das jetzt schnell gemacht. Wer weiß, wie lange ich noch entscheidungsfähig sein werde? Volljährig trifft zu, Geschäftsfähigkeit sollte – zumindest im Moment noch – zutreffen. Diese Voraussetzungen zeigen, wie wichtig es ist, frühzeitig eine Vorsorgevollmacht und eine Patientenverfügung zu erstellen.

Mir war der Unterschied zwischen einer Vorsorgevollmacht und einer Betreuungsverfügung nicht klar. Eine Vorsorgevollmacht ist rechtlich bindend, wenn der Ausstellende sie auch eigenhändig unterzeichnet hat. Es ist sinnvoll, die Vorsorgevollmacht zusammen mit einem Fachanwalt zu verfassen, allerdings gibt es bei vielen Institutionen, auch dem Sozialverband VdK, gute Informa-

tionen und auch Formulare für die Vorsorgevollmacht.
Wenn ich nicht mehr in der Lage bin, selbst Entscheidungen zu treffen, dann sind nur die von mir in der Vollmacht
benannten Personen (Bevollmächtigte) für mich verantwortlich. Das Gericht kann dann keinen Betreuer mehr
für mich bestellen. Das ist mir besonders wichtig, denn
ohne diesen Betreuern zu nahetreten zu wollen, bin ich
nicht sicher, ob sie immer in meinem Sinne entscheiden
werden. Auch gut zu wissen: Wenn die Vorsorgevollmacht
nicht gleich zu finden ist und der Richter doch einen externen Betreuer benennt, kann dieser externe Betreuer zu
einem späteren Zeitpunkt sofort von den in der Vorsorgevollmacht benannten Betreuern ersetzt werden. Die Vorsorgevollmacht tritt in dem Moment in Kraft, in dem ich
sie unterschrieben habe. Aber der festgelegte Bevollmächtigte kann erst dann eingreifen oder entscheiden, wenn der
Ernstfall eingetreten ist. Daher sollten Sie auch festhalten,
welcher Ernstfall gemeint ist und, ganz wichtig, wer darüber entscheidet, dass der Ernstfall eingetreten ist.

Demgegenüber ist eine Betreuungsverfügung rechtlich nicht verbindlich. Derjenige, den ich darin benenne,
kann nicht ohne Weiteres alle Entscheidungen für mich
treffen. Dazu muss er vom Gericht rechtsverbindlich als
Betreuer bestellt werden und wird dann auch vom Gericht
überwacht. Empfohlen wird, sich nur für eine Vorsorgevollmacht oder eine Betreuungsverfügung zu entscheiden,
weil es ansonsten zu Verwirrung führen könnte. Es wird
empfohlen, für sich zu klären, ob man will, dass seine Vertrauensperson (Vorsorgeberechtigte) allein und unabhängig entscheiden kann (dann nur eine Vorsorgevollmacht)

oder ob die Vertrauensperson gerichtlich bestätigt und überwacht werden soll und gegebenenfalls auch abgesetzt werden kann (dann nur eine Betreuungsverfügung).

Ich denke, dass ich mit meinen Kindern genau besprechen muss, was meine Wünsche für welche Situationen sind. Das ist auch deshalb wichtig, weil nicht alle Fälle exakt in einer Patientenverfügung aufgelistet werden können. Wissen die Betreuer, die durch die Vollmacht bestimmt sind, aber grundsätzlich, was ich möchte, dann können sie auch in jeder Situation entscheiden, was ich gewollt hätte. Man kann jeden Menschen als Betreuer festlegen, der geschäftsfähig ist.

Anders als ich vermutete, haben meine Erben, also meine Kinder, keinen unmittelbaren Zugang zu meinen Bankkonten nach meinem Tod. Sie brauchen dazu eine Bankvollmacht, die für jede Bank einzeln ausgestellt werden muss. Das Gleiche gilt für Festgeldkonten: Für jedes einzelne Festgeldkonto muss eine gesonderte Bankvollmacht vorliegen.

Im Todesfall können die Bevollmächtigten auf das Konto zugreifen oder auch Anlagekonten kündigen. Dazu müssen sie sich gegenüber der Bank mit der Bankvollmacht und der Original-Sterbeurkunde ausweisen, beglaubigte Kopien werden nicht akzeptiert. Bei der Bank vor Ort geschieht das im persönlichen Gespräch. Wenn die Bevollmächtigten weiter entfernt wohnen, sollte man mit seiner Bank besprechen, wie man das organisieren kann. Jeder Bankberater handhabt das ein wenig anders.

Direktbanken halten eigene Formulare bereit, die Sie gesondert anfordern müssen. Bei einigen Banken kann je-

weils nur eine Person die Vollmacht erhalten. Die genaue
Vorgehensweise erhalten Sie mit den Formularen der Di-
rektbank. Einen Zugang zum Onlinebanking erhält der
bzw. die Bevollmächtigte in der Regel allerdings nicht.

Das Testament

Das Thema Testament ist einfach für mich, weil ich schon
vor Jahren ein Testament von einem Notar habe anfertigen
lassen. Dieses Testament ist nicht handschriftlich verfasst
und war kostenpflichtig. Es liegt beim Nachlassgericht,
von dem ich einen Hinterlegungsschein bekommen habe,
damit meine Erben dann unproblematisch das Testament
eröffnen lassen können. Oft wird gefragt, ob man ein Testament handschriftlich verfassen muss oder nicht. Grundsätzlich gilt, dass ein Testament, das ohne Notar verfasst
wird, handschriftlich verfasst werden muss. Unterschrift
sowie Zeit- und Ortsangabe sind nicht zwingend erforderlich, aber sinnvoll. Anders bei einem Testament, das
vor dem Notar erstellt wird, das aber kostenpflichtig ist.
Dieses erfordert kein handschriftliches Dokument. Beim
Nachlassgericht des Bezirks kann das notarielle Testament
hinterlegt werden, und man bekommt dann den Hinterlegungsschein, den ich bereits habe.

Seit 2012 wird das Testament im Zentralen Testaments-
register der Bundesnotarkammer erfasst. Ich kann mein
handschriftliches Testament jederzeit ändern, wobei empfohlen wird, das alte dann zu vernichten. Meinem notariell
beglaubigten Testament kann ich keine handschriftlichen

Änderungen hinzufügen. Ich kann es aber aus der amtlichen Verwahrung zurücknehmen und ein neues Testament beim Notar kostenpflichtig erstellen lassen.

Mit dem sogenannten Berliner Testament wird die Bevorzugung des überlebenden Ehepartners geregelt. Dieses Testament kann für Ehepartner wichtig sein, wenn sie sich darin gegenseitig begünstigen wollen. Auch hier gelten rechtliche Regelungen. Zur ersten Information kann man sich Mustervorlagen im Internet herunterladen.

Wer wie ich einen somatisch oder psychisch kranken Angehörigen zurücklässt, sollte sich nach den Verfügungen erkundigen, die diese Menschen nach meinen Tod weitgehend schützen. Mein Testament steht schon seit Jahren fest. Bei einer Patientenverfügung für psychische Erkrankungen müssen andere Situationen sehr sorgfältig durchdacht und der Text entsprechend formuliert werden. Sie finden bei sozialen Trägern, bei Selbsthilfeverbänden oder auch beim VdK Informationen dazu. Bei schweren Erkrankungen kann es sinnvoll sein, schon vorab einen gesetzlichen Betreuer einsetzen zu lassen. Das kann ein Familienangehöriger oder Freund übernehmen oder man kann einen Betreuer durch das Gericht einsetzen lassen. Dabei ist zu beachten, für welche Bereiche man diese Betreuung festlegen will. Für Menschen mit einer Behinderung kann das Behindertentestament wichtig sein. Sie können einen Ehepartner oder ein Kind, das besonderen Schutz braucht, auch als befreiten Vorerben einsetzen lassen, um diese Person besonders zu schützen. Informationen dazu erhalten Sie auch bei den entsprechenden Trägern oder Anwälten.

Was muss unmittelbar nach meinem Tod getan werden?

Auch wenn es den Hinterbliebenen oft schwerfällt – in
einem Sterbefall muss viel bedacht werden, um einerseits
in den Besitz einer Sterbeurkunde zu kommen und andererseits auch eine schöne und würdige Bestattung zu organisieren. Wir wissen: In Deutschland gilt der Bestattungszwang.

Meinen Kindern kann ich am besten helfen, indem ich
alle Urkunden so vorbereite, dass sie nicht danach suchen
müssen. Viele Bestatter haben eine nützliche Checkliste für
den Sterbefall auf ihren Webseiten, daran habe ich mich
orientiert. Nun liegen alle Dokumente im Original mit
einer Kopie in einem übersichtlichen Bestattungs-Ordner.
Auf diese Ordner habe ich ein Foto meiner beiden Kater ge-
klebt. Ich hoffe, sie verstehen den Hinweis. Meine Tochter
Teresa und mein Enkel Gero haben mir versprochen, dass
sie Basquiat nach meinem Tod zu sich nehmen; Henriette
nimmt Giacometti. Er ist der Gutmütigere, sodass er mit
Henriettes Kater Chandler sicher gut zurechtkommt. Basquiat ist eine Diva und daher sicher in einem ansonsten
katzenlosen Haushalt besser aufgehoben. Nachdem wir
die Vereinbarung getroffen hatten, habe ich allerdings ein
wenig befürchtet, dass Gero meinen Tod herbeiwünscht,
damit Basquiat möglichst bald zu ihnen kommt, aber das
scheint bis jetzt doch noch nicht so zu sein.

Wo um alles in der Welt ist der Mietvertrag?

Angehörige, in meinem Fall werden es meine Kinder sein, müssen nach meinem Tod viele organisatorische Dinge regeln. Nicht nur muss die Bestattung organisiert werden, vor allem müssen auch Entscheidungen hinsichtlich meiner Wohnung, meiner Finanzen und meiner zahlreichen Verträge getroffen werden. Ich stelle mir vor, wie sie in meine Wohnung kommen und sich verzweifelt fragen, wo sie denn alle wichtigen Dokumente finden sollen. Nun bin ich nicht besonders unordentlich, aber da es durch das Schreiben und meine Seminare unendlich viel Material bei mir gibt, kann es schon schwierig sein, sich durch diese ganzen Ordner durchzuwühlen. Ich habe mich also einer Fleißaufgabe unterzogen und alle Ordner geordnet und schön beschriftet, nun sollten sie wirklich alles finden. Übrigens finde ich durch die Maßnahme auch selbst alles schneller. Es gibt jetzt einen Ordner für die Finanzen, einen Ordner für alle Verträge und einen Ordner für meinen digitalen Nachlass. Es war richtig viel Arbeit, und ich habe mich dabei oft gefragt, weshalb ich nie etwas wegwerfe. Da gibt es von jedem Vertrag noch Uraltverträge, obwohl sie längst durch neue ersetzt wurden. Auch Verträge von 2003 mit Versicherungen, die längst gekündigt sind, hatte ich aufbewahrt. Plötzlich sind aus diesen zehn Ordnern drei übersichtliche Ordner geworden. Es hat sich gelohnt, selbst für die Zeit vor meinem Tod.

Ich möchte es meinen Kindern erleichtern, so schnell wie möglich alle notwendigen Dinge abwickeln zu können.

In dem Haushaltsordner finden sie meinen Mietvertrag und mögliche Zusätze. Der Mietvertrag läuft auch im Fall meines Todes weiter, sodass möglichst schnell gekündigt werden sollte. Strom mit Zählerstand, Rundfunkbeitrag, Telefon, Handy, Internet, Fernsehen, Zeitschriftenabonnements müssen alle unter Vorlage unterschiedlicher Dokumente abgemeldet werden. Bei allen Versicherungen habe ich angerufen und sie gebeten, mir schriftlich mitzuteilen, was im Todesfall getan werden muss, um die Versicherung zu beenden. Das macht es meinen Kindern leichter. Wenn ich in einem Pflegeheim gewohnt habe, endet der Vertrag mit dem Tag meines Todes.

In den Ordner Finanzen gehören alle Informationen über meine Konten. Bei der Bank muss eine bankeigene Vollmacht für die Kinder ausgestellt worden sein, ansonsten kommen sie im Todesfall nicht schnell an das Geld. Aber ich werde ihnen darüber hinaus auch die Zugangsdaten für mein Onlinebanking aufschreiben, obwohl das nicht ganz korrekt ist, wie mir ein Bankberater sagte. Da auch für jede Onlinebank eine eigene Kontovollmacht beantragt werden muss, werde ich diese bereits vorab organisieren und dafür sorgen, dass die Kinder eine Vollmacht haben. Falls es aber dennoch Unklarheiten geben sollte, können sich die Erben bei Konten von privaten Banken an den Bundesverband Deutscher Banken wenden.

Auch dem Finanzamt muss der Todesfall mitgeteilt werden. Falls noch eine Einkommensteuererklärung abgegeben werden sollte, muss ich alle Bankunterlagen geordnet hinterlassen, und die Einkommensteuererklärungen der letzten Jahre sollten griffbereit sein. Das ist kein Problem, das ist bei mir ohnehin alles schön geordnet. Auch bei der Rentenversicherungsanstalt muss ich abgemeldet werden. Ganz wichtig ist, dass das Testament, die Patientenverfügung und die Vorsorgevollmacht noch einmal für alle gut sichtbar in den Ordner eingeheftet werden. Nach meinem Tod kümmert sich der Bestatter um alle Dokumente, die wichtig sind. Die beiden (!) Totenscheine stellen Ärzte aus, unabhängig davon, ob ich im Krankenhaus, im Pflegeheim oder zu Hause sterbe. Mit der Sterbeurkunde, die ich über den Bestatter vom Standesamt bekomme, können dann meine Kinder alle Abmeldungen in Angriff nehmen.

Mein digitales Erbe

Ganz schlimm wäre es, wenn meine Kinder nicht an meine Webseiten, Blogs, Facebook, Twitter oder alle Accounts kommen, bei denen ich Verträge abgeschlossen habe. Wahrscheinlich ist keines meiner Kinder ein geübter Passwortknacker. Daher habe ich eine Liste aller passenden Passwörter in den Ordner geheftet.

Tatsächlich gehen auch online abgeschlossene Verträge mit dem Tod auf die Erben über. Die Erben müssen die Verträge individuell kündigen und brauchen dazu alle Daten und eine Information über die unterschiedlichen Zugangs- und Legitimationsanforderungen. Bei Facebook kann man entweder die Löschung des Kontos beantragen oder das Profil in einen »Gedenkzustand« versetzen lassen, eine Art digitales Kondolenzbuch. Aber auch bei

Facebook müssten meine Kinder sich mit allen Dokumenten ausweisen können. Allerdings könnten meine Kinder die Accounts in den sozialen Medien löschen, wenn sie die Zugangsdaten haben. Für meine Webseiten bekommen sie dann noch zusätzlich den Namen des Providers und vor allem meines EDV-Beraters, der dann – wenn das gewollt ist – meine beiden Webseiten endgültig löschen kann. Wenn ich ganz gründlich sein wollte, kann ich einen Zentralen Nachlassplaner nutzen, wovon viele im Internet angeboten werden, z. B. »Last Hello«, was ich niedlich finde. Dem werde ich mich jetzt vergnügt widmen, dann kommt Ordnung in alle meine Online-Aktivitäten. Aber in diesem wunderbaren Register kann ich auch alle anderen Verträge eintragen. Es gibt also immer noch viel zu tun.

Meine Empfehlung

Fangen Sie heute an, alles zu ordnen, Verträge, Urkunden, Online-Accounts, einfach alles. Das ist nicht nur für Ihre Erben gut. Sie werden sehen, wie beruhigt Sie sein werden, wenn Sie alles mit einem Griff finden und nicht mehr stundenlang suchen müssen. Um das angenehm zu finden, muss man noch lange nicht tot sein.

9. Wer will das 24-teilige Service mit Goldrand?

Alles fing an mit Frau Magnusson. Irgendwo hatte ich ihr Büchlein »Frau Magnussons Kunst, die letzten Dinge des Lebens zu ordnen« entdeckt. Ich wusste sofort, dass die schwedische alte Dame mir damit den Weg gezeigt hatte zu einem entspannten Lebensende. Mit neunzig (!) beschreibt sie, wie man sich im Alter und bei nahendem Ende von vielen Dingen befreit. Genau das will ich auch tun. Mit zunehmendem Alter stellt Frau Magnusson fest, dass sie viele Dinge nicht mehr braucht oder auch nicht mehr schön findet, die für sie früher eine große Bedeutung hatten. Vor allem aber, und das hat mich überzeugt, will sie ihren Kindern und Enkelkindern nicht zumuten, sich nach ihrem Tod mit allem, was sie im Leben angehäuft hat, auseinandersetzen zu müssen. So geht es mir auch. Viele jüngere Menschen haben mir berichtet, wie entsetzlich es gewesen sei, sich durch die Wohnung der verstorbenen Eltern wühlen zu müssen. »Es hat einen Monat gedauert, bis ich die Wohnung meiner Schwiegermutter sauber hatte, alles Scheußliche weggeworfen hatte und die leere Wohnung der Hausverwaltung präsentieren konnte. Es hat Zeit und Geld gekostet, und ich habe es gehasst«, sagt Inge immer noch wütend. Auch Werner M. hatte Monate gebraucht, um das Haus seiner Mutter auszuräumen und alles abzuwickeln. »Mein Vater hat das mitbekommen und stand 14 Tage später mit vier großen Plastiktüten mit Ordnern vor meiner Tür.« Er wolle mir jetzt alles zeigen und übergeben, damit ich nach seinem Tod nicht mehr so viel Mühe habe. »Das musst du nicht noch mal mitmachen, Junge.« Ein großartiger Vater. »Das Schlimmste war das Ausmisten der alten, verlebten Wohnung«, sagt Andrea. »Meine Mutter hatte dort seit dreißig Jahren nichts mehr verändert. Das hat Wochen gedauert.« Von einer anderen Frau höre ich, dass sie ein halbes Jahr gebraucht hat, um die Wohnung ihrer verstorbenen Mutter aufzulösen und auch alle bürokratischen Dinge abzuwickeln. »Es war furchtbar!«

Es kann noch schlimmer kommen. Wenn sich unter den Hinterlassenschaften der Eltern auch noch wertvolle oder emotional wichtige Gegenstände befinden, kann es zu Zwist unter den Kindern kommen. Auch das möchte ich vermeiden. Oft ist es auch emotional schwierig, sich von Dingen zu trennen, die niemand will, die aber, wie jeder weiß, von der verstorbenen Mutter als Familienerbstücke besonders geschätzt wurden. Meine Freundin Gudrun überraschte ihre Tochter nach deren Urlaub mit gut sortierten Schränken voller Bett- und Tischwäsche, die noch von Gudruns Mutter stammte. Gudrun war zutiefst verletzt, als ihre Tochter ihr erklärte, dass sie diese alte Leinenbettwäsche nicht wolle und dass Tischwäsche bei ihnen nie benutzt würde. Aber so ist das. Unsere Kinder interessieren sich nicht immer für das, was für uns noch so schön oder wenigstens emotional wertvoll ist. Wer will heute schon ein 24-teiliges Service mit Goldrand, wo wir schnell zu IKEA fahren und günstig neues Geschirr kaufen, das auch den Kindern gefällt und bei dem niemand vorsichtig sein muss?

Fast jeder kann davon berichten: Plötzlich muss die Wohnung der Eltern leergeräumt, alle Papiere durchgesehen und Entscheidungen getroffen werden, was weggeworfen werden kann und was einer aus der Familie gern behalten möchte. Nach dem Tod eines Familienmitglieds müssen oft von den trauernden Hinterbliebenen die angesammelten Gegenstände eines ganzen Lebens durchgesehen, geordnet und aufgelöst werden. Das ist nicht immer angenehm für sie: Es kostet Zeit, und es ist auch nicht immer schön, was sich da alles findet. Nein, ich möchte meine Kinder nicht mit diesen Aufgaben alleinlassen. Es wird höchste Zeit, ich muss mich um das Ende meines Lebens kümmern, solange ich das noch kann.

Death Cleaning nach Frau Magnusson

Ich werde es machen wie Frau Magnusson. Bevor die Kinder sich durch all die Sachen in meiner Wohnung wühlen müssen, mache ich das lieber selber. Bei dieser Vorbereitung geht es auch nicht nur um die Wohnung. Es hilft mir auch selbst, mich auf den letzten Abschnitt meines Lebens zu konzentrieren, wenn ich mich von altem Ballast befreie. Jetzt muss nur noch ein Plan her.

Gibt es denn nur die Methode des Death Cleaning von Frau Magnusson? Bei der Lektüre ihres Büchleins stelle

ich voller Freude fest, dass ich zwar durchaus einiges zu
entsorgen habe, aber viele Probleme, mit denen sie sich he-
rumschlagen musste, gar nicht haben werde. Ich habe kein
Haus, auch kein kleines, sondern nur eine Wohnung. Ich
habe in meinem Garten kein Sommerhäuschen, das noch
ausgeräumt werden müsste. Auch nicht fünf kleine Dingis,
die von ihren Kindern übriggeblieben waren.

Ursula Ott hat in ihrem Buch »Das Haus meiner Eltern
hat viele Räume: Vom Loslassen, Ausräumen und Bewahren« sehr schön beschrieben, wie sie ein Jahr lang gemeinsam mit ihrer Mutter deren Haus ausgeräumt hat. In dieser Zeit konnten sie sich von Objekten und Erinnerungen
verabschieden, wodurch die Beziehung zwischen Mutter
und Tochter noch einmal gefestigt wurde. Mein Leben
verlief anders. Nach der Flucht mit meinen Eltern, zwei
geschiedenen Ehen, einem mehrjährigen Auslandsaufent-
halt und zahllosen Umzügen ist einfach nicht mehr so viel
an familiären Erinnerungsstücken übrig geblieben wie bei
anderen Familien. Dafür habe ich in meinem Leben schon
von zu vielen Orten und Gegenständen Abschied nehmen
müssen. Es gibt bei mir keine Objekte, die schon meine
Großmütter geliebt hätten – ich habe keine meiner Großmütter kennengelernt. Giovanni Eftimiades, der einzige
Großvater, den ich kannte und liebte, hat uns wundervolle
Fotos aus Griechenland und der Türkei hinterlassen, auf
denen Männer mit Fez und imposante Frauen mit großen
dunklen Hüten zu sehen waren. Von ihm sind mir nur
Geschichten von seiner Schulzeit am Robert College in
Istanbul geblieben. Über seine Zeit als Kaufmann in Erit-
rea weiß ich nur wenig, aber ich habe mir sein Leben dort

immer vorgestellt wie das Leben von »Munzinger Pascha«, das Alex Capus so wunderbar beschrieben hat. Seine Zeit als Besitzer des Cafés und Tanzhauses Moka Efti in Berlin kenne ich aus den Erzählungen meiner Mutter und aus den gut recherchierten und spannenden Büchern von Volker Kutscher, auch wenn sie mit der Realität meines Großvaters nicht immer ganz übereinstimmten. Leider wurden seine Bücher so marktschreierisch verfilmt, dass wenig blieb, was der Realität des Moka Efti und der Person meines Großvaters entsprach. Erinnerungen und Geschichten muss ich nicht wegräumen. Vielleicht schreibe ich sie eines Tages einmal auf. Aber ich habe noch ein wundervolles altes Barometer von ihm, bei dem ich mir überlegen muss, wer es bekommen soll.

Mein Vater starb, als ich drei Jahre alt war. Von ihm habe ich einen wunderschönen Sekretär und zwei Fotoalben, die etwas von seinem Weg als junger Mann zeigen. Die werde ich behalten.

Mit schönen alten Marmelade- oder Rouladenrezepten von Müttern oder Großmüttern kann ich auch nicht aufwarten. Meine Mutter hat niemals Marmelade eingekocht, auch weil sie ebenso wie ich Marmelade nicht mochte. Durch sie habe ich viele französische Gerichte kennengelernt, aber ich erinnere mich auch an Rezepte, die Fernsehkoch Clemens Wilmenrod in den Sechzigerjahren in deutsche Haushalte brachte. An die »schöne Melusine«, ein Gericht aus überbackenem Blumenkohl, und den Klassiker »Toast Hawaii«, der heute wieder als cool gilt, denke ich gern. Nur gibt es dazu keine alten Familienaufzeichnungen. Sowohl das anspruchsvolle Wilmenrod-Rezept für »Toast Hawaii« als auch französische oder griechische Gerichte kann sich heute jeder im Internet herunterladen.

Nicht Aufräumen – Abschied nehmen!

Wenn ich meine Wohnung und meine zwei Kellerräume gedanklich durchgehe, dann wird das sicher schneller gehen als bei Frau Magnusson oder bei vielen anderen Menschen mit eigenem Haus oder großer Wohnung, die über lange Jahre Möbel und andere familiäre Erinnerungsgegenstände angehäuft haben. Dennoch bleibt die Frage, wie ich vorgehen soll. Zimmer für Zimmer, wie Frau Magnusson vorschlägt? Oder nach Gegenständen sortiert? Nach der Lektüre von fünf weiteren Büchern – nichts geht bei mir ohne vorheriges Buchstudium – übers Entsorgen, Entrümpeln, Simplifying und nicht zuletzt die heute so beliebte Marie-Kondo-Magic-Cleaning-Methode (nur behalten, was einem Freude bereitet) weiß ich, dass Frau Magnusson die Methode beschreibt, die zu meinem Vorhaben am besten passt. In vielen Aufräumbüchern geht es immer um eines: ums Aufräumen. Um Ordnung. Manche preisen den spirituellen Gewinn, den wir aus einer Aufräumaktion ziehen können. Wieder andere weisen pragmatisch darauf hin, dass junge Menschen heute weder den alten Pelzmantel, auch wenn er qualitativ hochwertig ist, noch das Bowlengefäß aus Kristall mit zehn dazu passenden bauchigen Gläsern haben möchten.

Besonders Marie Kondo geht mir auf die Nerven. Ich möchte nicht falsch verstanden werden. Ich würde gern die Figur von Marie Kondo haben, und noch lieber hätte ich ihren geschäftlichen Erfolg. In dieser Hinsicht hat sie meine abgrundtiefe Bewunderung. Aber nach der Netflix-Serie mit Marie Kondo ist mir eines klar: So entsetzlich wie die Häuser, die Marie Kondo in den USA entrümpelt, hat noch nie eine meiner Wohnungen ausgesehen. Auch ihre Empfehlung, alles, was mich nicht mehr mit Freude erfüllt, wegzuwerfen, halte ich für realitätsfern. Ich kann nicht sagen, dass mich das Paket mit den neuen Tonerpatronen mit Freude erfüllt, aber ich werde es sicher behalten. Außerdem finde ich sie zwanghaft. Warum um alles in der Welt sollten meine T-Shirts – wie bei Marie Kondo empfohlen – zu kleinen Bündelchen gerollt nebeneinander in den Schubladen liegen? Müssen wir uns alle überhaupt dieser Aufräumdisziplin unterwerfen? Ordnung und Aufräumen als Ersatzreligion, hieß es so schön in Titel, Thesen, Temperamente. Nein, das ist nichts für mich. Ich brauche keine Religion, auch keine Ersatzreligion. Ich will nicht aufräumen, sondern ich will Abschied nehmen und außerdem meinen Kindern nicht nur viel Arbeit, sondern auch den Anblick unaufgeräumter Schubladen ersparen. Ob irgendjemand noch die Schräubchen vom IKEA-Billy-Regal, die verbogenen Büroklammern, die uralten vertrockneten Tintenpatronen oder die gesammelten Rabattmärkchen von einem Supermarkt, den es gar nicht mehr gibt, haben will?

Etwas anderes motiviert mich auch zum Abschiednehmen. Wäre es nicht wundervoll, meine Wohnung nach dem Prinzip des japanischen Minimalismus einzurichten? Drei schwarze Pullover, drei schwarze Leinenkleider, drei

schwarze Winterkleider. Zwei Paar schwarze Schuhe. Fünf
weiße Tassen, vier einfache Gläser, einen Teekessel und
einen Topf. Auf dem Boden ein schwarzer Futon und an
der Wand eine weiße Papierrolle mit einem schwungvollen
japanischen Schriftzeichen. Das wäre ästhetisch sehr an-
sprechend, obwohl ich mir überlegen müsste, wie ich von
dem schwarzen Futon jemals wieder in die Höhe kommen
würde. Ob alte japanische Frauen so viel gelenkiger sind?
Also werde ich jetzt Abschied nehmen, und das will natürlich organisiert werden. Anders als bei jüngeren Menschen muss ich berücksichtigen, dass bei mir alles nicht
mehr so schnell geht. Dass ich nicht stundenlang vor einer
niedrigen Kommode knien kann, um sie auszusortieren.
Eigentlich kann ich gar nicht mehr knien. Auf die kleine
Leiter, die ich brauche, um nachzusehen, was sich denn
ganz oben im Schrank verbirgt, kann ich auch nicht mehr
steigen. Das ist mir zu wackelig, und ich will keinen Oberschenkelhalsbruch riskieren. Statt eines Aufräumsystems
brauche ich also Helfer fürs Abschiednehmen.

Ein Blick ins Internet zeigt, dass sich viele Menschen,
vor allem Frauen, darauf spezialisiert haben, anderen
Menschen die Freude ihres persönlichen, einzigartigen
Aufräumsystems beizubringen. Mein Telefonat mit Frau
Seeger, einem der Aufräumprofis, zeigt, dass wir beide
nicht das Gleiche wollen. »Erst einmal«, sagt Frau Seeger,
»schaue ich mir alles an, und dann machen wir gemeinsam einen Plan. Dann besprechen wir, wie viele Sitzungen
wir miteinander brauchen.« Ich bin überzeugt davon, dass
Frau Seeger vielen Menschen das Aufräumen beibringen
kann, aber ich habe selbst einen Plan. Ich brauche jeman-

den, der sich vor die Schubladen kniet oder auf das wackelige Leiterchen klettert, mir alles zeigt, damit ich dann mit dem Daumen nach oben oder nach unten entscheiden kann, was bleibt und was wegkommt. Frau Seeger, wie alle anderen Aufräumprofis auch, will für ihre Planung und Anleitung natürlich auch bezahlt werden, wofür ich Verständnis habe. Aber wenn ich mir durchrechne, was ich einer externen Aufräumexpertin zahlen müsste, werde ich doch eine andere Lösung finden müssen.

Was Bücher betrifft, bin ich ganz entspannt. Da gibt es Tobias, der mir schon bei vielen Umzügen bei den Büchern geholfen hat: »Ich bin so zwanghaft, Frau Berg-Peer, Bücher sortieren und aufräumen ist für mich etwas Herrliches.« Tobias und ich nutzen das Modell des Barter Trade, wir bezahlen uns über ein bargeldloses Verrechnungssystem. Er sortiert meine Bücher nach meinen Anweisungen: Französische, englische oder amerikanische Literatur, Management oder Psychiatrie, ich schreibe seine Bewerbungen und Arbeitszeugnisse, wenn er sich wieder einmal bewirbt. Er bewirbt sich oft. Doch so wunderbar Tobias auch Bücher ordnet, er ist völlig ungeeignet für das Aussortieren von Kleidern, T-Shirts und Schuhen. Da muss Henriette helfen. Für die anderen Dinge, die schon so lange in Schubladen und oberen Schrankregalen lagern, dass ich weder weiß, dass ich sie besitze, noch um was es sich handelt, für diese Gegenstände gibt es Herrn Bernhard. Herr Bernhard ist das, was man im Englischen einen Handyman nennt. Er ist sein eigenes Unternehmen und macht alles, außer Wände streichen, das liegt ihm nicht, wie er mir erklärt. Herr Bernhard ist ein Allroundgenie, dazu geduldig, ruhig und sehr schnell. Er hat mich ein bisschen als Großmutter adoptiert, daher erleichtert er mir alles, was mir jetzt schwerfällt. Er ist häufig bei mir, um Terrasse und Keller zu verschönern oder kleine Reparaturarbeiten auszuführen. Bei ihm ist mein letztes Abschiednehmen in guter Hand.

Vor allem ist es einer seiner großen Vorzüge, dass er mir keine Vorträge über Ordnung hält, sondern wir uns beim Aufräumen über Weltpolitik unterhalten.

Vor dem Tod noch eine Freude machen

Vielleicht muss ich auch gar nicht so viel aufräumen. Ich werde zuerst alle Kinder fragen, was sie gern haben würden. Vielleicht gibt es etwas, das sie sofort brauchen können oder etwas, das sie nach meinem Tod gern hätten. Das würde mir viel Arbeit ersparen. Ich fotografiere die Objekte, die für sie interessant sein könnten, und schicke sie ihnen. Jetzt bin ich gespannt. Zwei der Kinder wollen keine großen Objekte, weil ihre Wohnung zu klein ist. Meine schönen Leinenkleider will niemand. Jetzt bin ich doch ein bisschen gekränkt. Henriette will unbedingt den Silber-Kristall-Aschenbecher, von dem sie meint, dass ihr Großvater dort immer seine Zigarren abgelegt hat. Ein Schwiegersohn zeigt Interesse an der ledergebundenen Balzac-Ausgabe. Sie ist zwar in Französisch, aber er findet, dass sie schön in der Wohnung aussieht. Wer will denn das arabische Kochbuch haben, das ich aus Kairo mitgebracht habe? Das will niemand, es wird mit in meinen Sarg kommen müssen. Alle bitten sich im Übrigen Bedenkzeit aus, weil sie überlegen müssen, was in ihre Wohnungen passt und ob der jeweilige Lebenspartner damit einverstanden ist. Immerhin, es ist ein schöner Gedanke, dass ich noch zu Lebzeiten anderen Menschen damit eine Freude machen kann. Ich bin nicht sicher, ob eine meiner Freundinnen etwas von mir möchte, das meiste wird also an das FAIR-KAUFHAUS gehen. Aber auch dort wird sich jemand über Kleidung, eine elegante Sonnenliege oder einen extrem schweren Kleiderständer freuen, den mir ein Verehrer aus Metallabfällen eines Kraftwerks gebastelt hat. Zumindest hoffe ich das.

Die Schränke im Fernsehzimmer sind übersichtlich. Herr Bernhard klettert auf die kleine Leiter und holt alles herunter, was sich in den oberen Regalen in großen praktischen Tchibo-Boxen befindet. Wirklich praktisch sind diese Tchibo-Boxen aber nicht. Hat man einmal etwas hineinbefördert und stellt die Boxen dann weit oben in den Schrank, dann ist das, was sich darin befindet, für immer vergessen. Auch bei mir ist es interessant zu sehen, was Herr Bernhard zutage fördert. Eine alte Festplatte, eine Fernsehhalterung für die Wand, die zu einem Fernseher passt, den ich schon letztes Jahr Eseyas geschenkt habe, dem eritreischen Flüchtling, den ich seit zwei Jahren unterstütze. Oh, wie schön, die rote Tasche, die ich schon lange gesucht habe. Eine große Tüte voller Bedienungsanleitungen von technischen Geräten, die ich längst nicht mehr besitze. Verknittertes Einwickelpapier, zwei verstaubte Hirschgeweihe, eines in der Mitte durchgebrochen. Habe ich erzählt, dass ich Hirsche sammele? Nach zwei Stunden hat sich der

Inhalt der oberen sechs Regale auf ein kleines Häufchen reduziert. Daneben stehen zwei große Umzugskartons mit Sachen, die zur Berliner Stadtreinigung gebracht werden können. Ich fühle mich gut. Jetzt gibt es noch vier Kommoden mit vielen Schubladen. Wir nehmen uns einen neuen Tag in der nächsten Woche vor.

In der Zwischenzeit kann ich Henriette motivieren, mir bei der Durchsicht meiner Kleidung zu helfen. Ich habe sie mit einem Abendessen in ihrem Lieblingslokal bestochen. »Wir machen das jetzt mal wie Marie Kondo«, sagt sie bestimmt. »Wir nehmen alles aus den Schränken raus und werfen es auf das Sofa.«

»Ja, aber sollten wir nicht zuerst ...?«

»Nein, Mami, wir machen das jetzt einfach so. Bei deiner Entscheidungsunfähigkeit muss ich jetzt einfach mal streng durchgreifen.«

Ich füge mich. Nach einer halben Stunde liegt ein großer Haufen Kleider, Pullover und irgendwie undefinierbarer Kleidungsstücke auf dem Sofa. »In diesen blauen Sack kommt alles, was wir beim FAIRKAUFHAUS oder im Gebrauchtwarenladen Platane 19 abgeben. Okay? Dann kommen die Sachen, die du vielleicht meinen Schwestern oder deinen Freundinnen anbieten möchtest. Dafür brauchen wir nur einen kleinen Umzugskarton.«

»Und du möchtest gar nichts davon? Hier, diese schöne schwarze Strickjacke würde dir doch sehr gut ...«

Sie wirft mir einen nachsichtigen Blick zu. »Das ist sehr lieb von dir, Mami, aber ich glaube, das ist nicht mein Stil.«

Schön, wenn man so höfliche Töchter hat. Erbarmungslos greift sie sich dann einen beigen Pullover und befördert ihn in den blauen Müllsack. Ich ziehe ihn wieder heraus. »Aber den kann ich doch noch tragen! Der muss nicht weg.« Henriette guckt mich streng an und fragt, wann ich ihn denn das letzte Mal angehabt hätte. Ich überlege, es ist in der Tat schon ein paar Jahre her. Okay. Ich lege den Pullover seufzend wieder in den Müllsack. Jetzt geht es einfacher. Ich halte ein Kleidungsstück hoch und achte nur darauf, ob Henriette ihre Augenbrauen hochzieht und den Daumen nach unten bewegt. Das passiert bei vielen Kleidungsstücken, aber plötzlich macht es mir Spaß. Weg mit den Sachen, die ich sicher nie wieder anziehen werde.

»Brauchst du wirklich eine Gymnastikhose, Mami?«

»Na ja, es könnte doch sein, dass ich mal wieder einen gesunden Urlaub mache und dann ...«

»Ich schlage vor, dass wir ab jetzt nur noch Urlaub in sehr warmen Gegenden machen, in denen man Sport im Schwimmbad macht, und dafür brauchst du keine Gymnastikhose. Und diese albernen Leggings und Gymnastik-T-Shirts kommen auch weg.«

Sie hat recht. Warum um alles in der Welt sollte ich noch jemals Gymnastik machen? Wenn ich Gymnastik mache, dann mache ich zu Hause vor dem Computer Tai-Chi, und dafür brauche ich keine Gymnastikhose. Erstaunlich, was sich noch alles in den unteren Regalen der Schränke findet. Dort, wo man so schlecht hinkommt. Ein praktischer Eierbehälter für den Kühlschrank und eine Kuchenform, beides noch nie benutzt. Da sind ja auch die beiden schönen Schüsseln aus englischem Porzellan, die ich schon gesucht hatte! Die werden Amelie oder Teresa sicher Spaß machen. Und passen ohnehin nicht zum japanischen Minimalismus, weil große bunte Früchte darauf abgebildet sind. Wir müssen einen zweiten Müllsack holen. Das FAIRKAUF-HAUS und die Platane werden sich freuen.

Ganz zum Schluss sind nur noch meine Kleider übrig. »Die brauchst du doch nicht alle, Mami?«

Aber jetzt werde ich energisch. »Doch, die brauche ich alle. Die aus Leinen sind für den Sommer und die anderen für den Winter. Gut ... wir können die zwei grauen Leinenkleider weggeben.« Dann findet sie noch zwei Röcke, die von einer teuren Modemarke sind, mir aber leider inzwischen zu klein sind.

Weg damit, findet Henriette.

»Ja, aber wenn ich wieder abnehme?«

»Du hast doch jetzt mit dem Abnehmen abgeschlossen, sagst du immer, und du hast sogar geschrieben, dass du jetzt aggressiv altern willst und dich nicht mehr irgendeinem Schlank-sein-Diktat unterwerfen willst. Also sei jetzt konsequent.«

»Gut, dann sollten wir aber Amelie und Teresa fragen, ob sie diese Röcke haben wollen, sie sind doch so schön.«

Henriette wirft mir erneut einen nachsichtigen Blick zu, und ich vermute, dass sie heute Abend ihre Schwestern vorwarnen wird. »Seid nett zu Mami, wenn wir zu ihrem fünfundsiebzigsten Geburtstag kommen. Sagt, dass die Röcke toll sind, ihr könnt sie ja immer noch später weggeben«, wird sie ihnen sagen. Es ist nicht leicht mit einer so strengen Aufpasserin.

Aber am Abend fühle ich mich gut. Vier große blaue Plastiksäcke und ein halb gefüllter Umzugskarton sind übriggeblieben. Dafür haben die übrigen Kleider und Pul-

lover alle viel Platz im Schrank, und mehrere der unteren
Regale sind leer. Herrlich. Was kann ich da alles neu ein-
räumen.
Die Kommoden im Wohnzimmer werden von Herrn
Bernhard geordnet. Ich sitze gemütlich im Sessel, er kniet
vor den Schubladen, hält einen Gegenstand hoch und fragt,
ob der noch gebraucht wird. Bei manchen Gegenständen
entscheidet er auch selbst, weil ich gar nicht weiß, wozu
diese dienen sollen. Die meisten Gegenstände werden ohnehin nicht mehr gebraucht und – ich muss es gestehen –
wurden auch noch nie gebraucht. Kabel und Ladegeräte,
die zu keinem Gerät mehr passen, das ich in Gebrauch
habe, füllen eine große Plastiktüte. Dazu kommen noch
diese albernen Gadgets, die man immer bei Tchibo oder
obskuren Internet-Plattformen aus Shanghai kauft, weil
sie so praktisch aussehen und günstig sind. Ich liebe solche Gadgets. Aber jetzt weg damit.
Was findet sich noch? Leere Kartons, die ich sicher noch
einmal brauchen könnte, unzählige Postkarten, mit denen
ich irgendwann mal etwas machen wollte. Werbekarten,
die ich vor über zwanzig Jahren für mein Beratungsun-
ternehmen gemacht hatte. Zahllose Werkzeuge, die Herr
Bernhard gern mitnimmt. Tütchen mit Resten von IKEA-
Schlüsseln, unvollständige Spielkarten, alte Batterien
und ein praktischer Tacker, den ich bisher ebenso wenig
benutzt habe wie das noch im Originalkarton verpackte
Reisebügeleisen. Alles kann weg. Aber dann findet Herr
Bernhard noch Dinge, die man gut verkaufen kann: Kopf-
hörer von Sennheiser, ein teures Aufnahmegerät, das ich
für Interviews benutzt habe, ein kleines Aufnahmegerät

für unterwegs, noch unbenutzt und im Originalkarton. »Das können wir alles auf eBay verkaufen, da bekommen Sie noch Geld«, meint Herr Bernhard energisch. In drei Tagen sind auch die Wohnzimmerschubladen fast geleert, und die Dinge, die ich noch brauchen kann, sind gut geordnet und übersichtlich verstaut. Wieder einen großen Schritt vorwärts gekommen.

Jetzt brauchen wir noch ein oder zwei Tage für die beiden Kellerräume. Das wird schneller gehen, weil Herr Bernhard sie schon vor einem Jahr wunderbar geordnet hatte. Autoreifen des Vorgängerautos? Auf eBay verkaufen. Ein billiger IKEA-Schrank mit Mänteln, die ich schon seit Jahren nicht mehr getragen hatte? Zur Platane. Der fast neue Anorak wäre vielleicht etwas für meinen eritreischen Flüchtling? Aber Eseyas ist eitel, ich weiß nicht, ob er ihm gefallen wird. Zwei uralte Tastaturen und fünf Kisten mit Seminarmaterial: Stifte, Pikerchen, Karteikarten und Metaplan-Wolken. Kann auch zur Platane. Nie wieder ein Seminar. Die Buchhaltungsunterlagen müssen aufbewahrt werden, aber was ist mit den zwanzig Ordnern, in denen ich ganz wunderbare Seminarkonzepte und Rollenspiele aufbewahrt habe? Meine Rollenspiele sind wirklich gut. Ob die nicht noch jemand brauchen könnte? Herr Bernhard guckt skeptisch. Es fällt mir nicht leicht, mich von ihnen zu verabschieden.

Tupperparty oder Internet-Trödelmarkt?

Nicht alles möchte ich verschenken, aber auch nicht alles wollen meine Kinder haben. Vor allem Henriette wird vielleicht eher Geld brauchen können als silberne Kerzenleuchter. Ich gehe mit offenen Augen durch meine Wohnung und schätze Objekte ab. Ich überlege, was sich verkaufen lässt, Bilder, schöne Silbersachen und etwas Schmuck. Dafür werde ich mich mit einem Auktionshaus in Verbindung setzen müssen.

Aber zunächst will ich mich von »Kram« trennen. Aus amerikanischen Filmen kennt man diese Garagenverkäufe, bei denen alles, was die Familie nicht mehr braucht, verkauft werden kann. Ich habe keine Garage, aber ich könnte doch eine Tupperparty machen? Nur nicht mit Plastikdosen, sondern mit allem, was ich nicht mehr haben möchte.

»Das habe ich nach dem Tod meiner Mutter auch gemacht«, sagt Juliane. »Ich habe alles auf den Fußboden gestellt und dann nach und nach meine Freundinnen angerufen. So habe ich einiges verkaufen können.« Ich stelle mir gerade vor, wie zahllose Menschen in meine Wohnung kommen, jeden Gegenstand anfassen, um den Preis feilschen, dann bezahlen wollen, kein Wechselgeld haben ... Nein, keine Tupperparty bei mir. Außerdem macht man so etwas heute im Internet. Ich könnte die Sachen auf meine Webseiten stellen oder ich suche mir einen der Marktplätze aus, die es einfach machen, etwas einzustellen. Da gibt es Amazon Marketplace – sehr komfortabel. Aber Amazon scheint für den Verkäufer eine ungünstige Kostenstruktur zu haben. EBay ist bekannt, kann man auch nehmen. Dann noch Rakuten aus Japan, funktioniert etwa wie Amazon. Etsy und DaWanda sind wohl eher etwas für Gebasteltes. Also nichts für mich. Ich werde Shpock nehmen, das ist eher ein Trödelmarkt im Internet, und das passt auch für mein Vorhaben. Einfach die App herunterladen, alles fotografieren und dann mit dem Einstellen beginnen. Aber das wird noch ein bisschen Arbeit. Also erst einmal alles weg, was ich verschenken oder ins FAIRKAUFHAUS geben will.

Und die Liebesbriefe?

Neben den beruflichen Ordnern finden Herr Bernhard und ich auch noch Ordner mit privaten Briefen. Aufheben oder nicht aufheben? Die Briefe meiner Eltern werde ich entsorgen. Ich möchte sie nicht noch einmal lesen, auch, weil sie selten freundlich waren. Dann einen großen Ordner mit wundervollen Liebesbriefen meines Mannes. Meines zweiten Mannes, mit dem ich fast zwanzig Jahre verheiratet war. Nein, die will ich nicht wegwerfen. Irgendwann werde ich sie noch einmal in Ruhe in der Abendsonne auf der Terrasse bei einem Glas Wein durchlesen, danach kann ich immer noch entscheiden, ob ich mich von ihnen trennen möchte. Oder sie werden zusammen mit mir verbrannt – nie wieder werde ich so schöne Briefe bekommen. Ich muss gestehen, dass es danach auch noch andere Liebesbriefe gab. Ob meine Kinder diese Briefe lesen möchten? Möchte ich, dass sie diese Briefe lesen? Es geht sicher vielen alten Menschen so. Wir alle haben kleine oder größere Geheimnisse, an die wir selbst gern zurückdenken, von denen unsere Kinder aber vielleicht nicht überrascht werden wollen. Wer möchte lesen, dass die eigene Mutter, die als brave Hausfrau mit herrlichen Rezepten für Rhabarbertorte wahrgenommen wurde, jahrelang ein heißes Verhältnis mit dem Abteilungsleiter Finanzen hatte, in dessen Abteilung sie halbtags als Buchhalterin arbeitete? Der übrigens auch verheiratet war? Ich spreche hier nicht von mir, ich schwöre, dass ich niemals ein Verhältnis mit einem Abteilungsleiter Finanzen hatte, das möchte ich mir auch gar nicht vorstellen.

Meine Freundin Gesine erzählt mir, dass eine ihrer Freundinnen nach dem Tod ihres Ehemanns durch Briefe feststellen musste, dass ihr Gatte jahrelang ein Verhältnis mit einer gemeinsamen, ebenfalls verheirateten Freundin hatte. Gesines Freundin hat nie wieder ein Wort mit der ehebrüchigen Freundin gesprochen. Also sollte man mit Liebesbriefen und anderen, sehr privaten Enthüllungen vorsichtig sein. Ich denke auch, dass Kinder grundsätzlich nicht so viel über die außerehelichen Liebesverhältnisse ihrer Eltern wissen wollen. Gut, wieder ein Ordner, der wegkann.

Grübelnd stehe ich vor meinen Koffern. Ich bin ein Kofferfan. Ich liebe praktische und auch ästhetisch ansprechende Reiseutensilien. Ich habe vier große Koffer und fünf kleine Kabinenkoffer, die ich im Flugzeug nie benutze, weil ich mich inzwischen nicht mehr den aggressiven Kämpfen mit Fluggästen aussetzen möchte, die den zusätzlichen Preis für einen aufgegebenen Koffer sparen möchten. Aber sie sind praktisch, weil ich darin viele Bücher befördern kann, wenn ich zu Lesungen fahre. Aber brauche ich fünf davon? Herr Bernhard schüttelt den Kopf, und als ich ihn frage, ob er nicht einen davon haben möchte, marschiert er fröhlich mit seinem Kabinenkoffer davon. Ich werde meine Töchter und meinen Sohn fragen, ob sie einen der Koffer möchten, ansonsten kommen sie auch zum FAIR-KAUFHAUS. Dann besitze ich noch eine Kofferwaage und ein sehr praktisches Gadget, mit dem man große Taschen sicher oben auf dem Koffer festhalten kann – ich glaube, es kam aus Hongkong, und bis jetzt habe ich es noch nicht benutzt. Die Kofferwaage bleibt, aber von den vier Reisekulturbeuteln könnte ich doch auch zwei weggeben?

Was wird mit meinen Büchern?

Jetzt werde ich emotional. Wie soll ich nur mit meinem wichtigsten Besitz, meinen Büchern, umgehen? Sicher, meine Kinder könnten das erben, aber zwei meiner Kinder lesen nicht besonders viel. Einer liest sehr gern, hat aber andere Leseinteressen als ich. Henriette liest zwar viel, auch Bücher, die mich interessieren. Aber wie soll sie in ihrer kleinen Wohnung die zweitausend Bücher unterbringen, die ich jetzt noch in meiner Wohnung habe, nachdem schon beim letzten Umzug etwa zwanzig Kisten mit Büchern einem guten Zweck zugeführt wurden?

Gut, dass Tobias kommt. Wir überlegen, in welchem Zimmer wir anfangen, und dann stellt er ganz pragmatisch die Frage: »Wie lange wollen Sie noch leben, Frau Berg-Peer?«

Ich denke nach. »Also vielleicht bis ich achtzig bin, dann reicht es doch, oder?«

»Gut«, meint Tobias, »dann haben wir jetzt einen Anhaltspunkt dafür, wie viele Bücher wegkönnen und wie viele bleiben dürfen.«

Wir fangen bei der französischen Literatur an. Das ist einfach, weil ich Balzac, Molière, Voltaire mit meiner Mutter in Verbindung bringe. Sie bleiben. Wir haben diese Bücher beide mit Begeisterung gelesen. Außerdem sind es schöne Ausgaben mit Ledereinband. Aber Anouilh und Giraudoux können weg, obwohl ich beide als junges Mädchen gern gelesen habe. »So jung sind Sie nun auch nicht mehr«, stellt Tobias nüchtern fest und legt beide Autoren zufrieden auf den Stapel, der zum Buchladen vom FAIR-KAUFHAUS kommt. So gehen wir alles durch, und zu Tobias' Freude und meiner Trauer wird der Stapel für das FAIRKAUFHAUS immer höher.

Es gibt viele Romane, die ich sicher nie mehr lesen werde, da ist es einfach. Zu einem kleinen Konflikt kommt es bei Daniel Kehlmann.

»Braucht kein Mensch«, sagt Tobias und legt die beiden Bücher weg.

»Also, ich habe Kehlmann eigentlich gern gelesen«, wende ich vorsichtig ein. »Na, dann brauchen Sie ihn ja nicht noch mal zu lesen«, ist sein kurzer Kommentar.

Da hat er auch wieder recht. Der Stapel wird höher und höher, und die Regale oben an der Wand über dem Esstisch leeren sich. Wir streiten uns noch ein bisschen, meistens setzt sich Tobias durch, aber beim »Kapital« von Karl Marx bleibe ich hart. Sicher werde ich es nie wieder lesen, aber es ist eine schöne Erinnerung. Ebenso bleibt das arabische Kochbuch, das neben Marx steht, weil die Bücher von der Größe her gut zueinander passen. Ganz schwierig wird es bei James Joyce.

»Kann weg«, sagt Tobias.

»Nein«, sage ich energisch. »James Joyce bleibt. Den lese ich dann ganz in Ruhe noch einmal, wenn ich selbst nicht mehr schreibe.«

Tobias wirft mir einen vernichtenden Blick zu. »Ich kenne Sie nur schreibend«, sagt er. »Damit hören Sie bestimmt nicht auf.«

Irgendwann wird es wohl tatsächlich nicht mehr gehen, denke ich mir. Werde ich meinen iMac mit ins Pflegeheim nehmen können? Vor allem, wenn ich in der Billigvariante im Zweierzimmer mit einer anderen alten Frau liege? Ob man den Laptop an dieser Hebevorrichtung über meinem Pflegebett so befestigen kann, dass ich darauf schreiben kann? Das werde ich prüfen müssen.

Ich kann Tobias gerade noch stoppen, der sogar den Proust heimlich auf den Wegwerfstapel legen will. Auch Proust, den ich, wie die meisten Menschen, nie zu Ende gelesen habe, passt sehr gut ins Pflegeheim. Jetzt wird Tobias energisch. »Also, Frau Berg-Peer, Sie müssen das mit den 80 Jahren noch einmal überdenken. Wenn Sie das alles noch lesen wollen, dann müssen Sie doch noch länger leben.« Damit mag er richtigliegen. Ich werde das noch einmal in Ruhe ohne Tobias durchdenken. So arbeiten wir uns noch weitere Stunden durch die Bücher. Der letzte Konflikt am heutigen Tag wird ausgelöst, als es um meine Indienliteratur geht. Ich bin ein Fan von Indien. Ich liebe auch indische Kolonialromane, aus der Perspektive der Briten oder der Inder geschrieben. Nichts ist schöner als Geschichten über Töchter britischer Kolonialbeamten, die sich unsterblich in einen Radschputenprinzen verlieben. Es war schön, wenn die herrschsüchtige alte Fürstin nach vielen Dramen feststellte, dass die junge englische Frau ein Juwel an Tugend, und daher doch gut genug war für ihren Sohn, den Prinzen. Aber auch zeitgenössische indische Literatur liebe ich, sie bleibt.

Sechs Kisten sind voll mit Büchern, die alle zum FAIR-KAUFHAUS transportiert werden müssen. Ich bin traurig. Später fällt mir ein, dass es einen wunderbaren Ausweg gibt aus dem traurigen Abschied von Büchern. Amazons Kindle rettet mich. Joyce oder Proust, Scott und auch Mukherjee oder Ghosh und viele schöne Krimis – alles kann ich hier deutlich günstiger speichern und lesen. Verlaine und Molière und andere Klassiker sind sogar kostenlos zu lesen. Herrlich.

Meine Freundin Gudrun, die viel von echter Kultur hält, widerspricht: »Ich finde es schrecklich, Bücher auf einem E-Reader zu lesen. Ich muss die Bücher anfassen und Seiten zurückblättern können. Mir fehlt einfach das Haptische.« Henriette und ich versuchen, ein Kichern zu unterdrücken. Das hören wir ständig, wenn wir mit unserem Kindle am Schwimmbad sitzen und lesen. Mir persönlich fehlt das Haptische gar nicht, obwohl ich natürlich gestehe, dass ich die Bücher, die ich von meiner Mutter habe, auch gerne in die Hand nehme. Aber dabei denke ich eben an meine lesende Mutter. Wer so viel liest wie ich, der kann auf eine Reise einfach nicht unzählige Bücher mitschleppen. Vor allem aber, und da komme ich wieder auf mein Alter zurück: Auf dem Sofa oder dem Bett kann ein Buch für eine alte Frau ganz schön schwer werden. Ein Kindle, bei dem man mit einem leichten Fingerdruck die nächste Seite herbeiwischen kann, ist für mich ideal. Das erleichtert mir jetzt auch die schmerzhafte Trennung von meinen Büchern. Ich kann mich von ihnen verabschieden und dennoch die mir wichtigen Bücher gleich wieder meinem Kindle hinzufügen.

Eine schöne Möglichkeit, Bücher weiterzugeben, sind auch die Bücher-Telefonzellen, die überall in Berlin aufgestellt wurden. Jedes Mal, wenn ich auf den Leon-Jessel-Platz gehe, auf dem halb nackte Kinder unter dem Pilz-Springbrunnen herumplanschen und Jung und Alt entspannt beim Italiener oder Franzosen sitzt, nehme ich einige Bücher mit, um sie dort in die Bücher-Telefonzelle einzusortieren. Damit mache ich bestimmt jemandem eine Freude.

Tobias und ich arbeiten uns noch einige Male durch die Bücher, dann sind viele Regale leer. Zwei oder drei Regale können nun abgebaut werden, was wiederum eine Aufgabe für Herrn Bernhard sein wird. Meine Wohnung leert sich. Sicher wird sich noch manches neu ansammeln, ich werde ja noch ein paar Jahre leben. Aber jetzt weiß ich, wie das mit dem Abschiednehmen geht. Noch ist das Ideal des japanischen Minimalismus nicht erreicht, aber es wird.

Übrig bleiben viele Kisten mit Fotos, von denen ich mich aber nicht trennen möchte. Diese Fotos möchte ich für meine Kinder scannen und sie ihnen so aufbereiten, dass sie an meine Eltern und ihre Kinderzeit schöne Erinnerun-

gen haben. Das müsste ich dann aber noch vor dem Pflegeheim erledigen, fällt mir ein. Mit einem Scanner könnte es
dort schwierig werden.

Meine Empfehlung

Fangen Sie heute gleich an mit dem Verabschieden. Überlegen Sie vor dem Kauf neuer Objekte, ob Sie diese wirklich
brauchen. Nehmen Sie sich jede Woche eine kleine Schub-
lade vor, dann geht es ganz schnell. Wenn sich erst einmal
etwas angesammelt hat, dauert es viel länger. Lassen Sie
niemanden aus Ihrer Wohnung, ohne dass er ein kleines
Objekt als Geschenk mitgenommen hat.

10. Friedhof, Charité oder Diamant?

Wenn ich mich von meinen irdischen Besitztümern verabschiedet und meinen letzten Willen aufgeschrieben habe, muss ich konsequent weiter über mein Lebensende nachdenken. Jahrelang war das, was nach meinem Tod mit meinem Körper geschehen würde, für mich ein unkompliziertes Thema. »Ich vermache meinen Körper der Charité«, erklärte ich Freunden heiter bei einem Glas Wein. »Wenn ich für junge Studentinnen noch nützlich sein kann, dann hat mein Tod doch wenigstens etwas Gutes.« Auf meine Ankündigung folgte zumeist eine vergnügte und nicht immer sachkundige Diskussion darüber, ob unsere Körper doch vielleicht zu alt sind für die Studentinnen und ob die Charité die vielen alten Körper in der Pathologie haben wolle.

Das war, bevor ich anfing, mich intensiv mit meinem Tod zu beschäftigen. Plötzlich wird mir klar, dass ich nicht allein sterbe. Von meinem Tod werden auch andere Menschen betroffen sein. Wenn ich derartig achtlos mit meinem Leben und meinem Körper umgehe, gehe ich dann vielleicht auch achtlos mit den Gefühlen anderer Menschen um? Ich fand mich immer pragmatisch und auch witzig, aber vielleicht fänden es meine Kinder nicht nur witzig?

Lange Jahre wurde in der Öffentlichkeit nur selten über das Thema Tod und Sterben gesprochen. Heute sind Tod und Sterben in Büchern, Artikeln, Fernsehsendungen und nicht zuletzt in den sozialen Medien ein intensiv diskutiertes Thema, obwohl immer wieder behauptet wird, Sterben und Tod seien ein Tabuthema. Im Privatleben ist es jedoch nach wie vor noch schwierig, eine Freundin zu fragen, wie sie sich ihren Tod vorstellt. Es stört, wenn ich darüber spreche. Man stimmt mir zu, dass es ein wichtiges Thema sei, aber darüber zu reden, scheint vielen schwerzufallen. Dabei würde ich gern mit anderen Menschen darüber reden, die wie ich nicht mehr allzu weit von ihrem Tod entfernt sind. Haben sie Angst? Haben sie sich vorbereitet? Haben sie bestimmte Wünsche für ihr Lebensende?

»Ich stelle mir den Tod erholsam vor«

Ich habe weniger Angst vor dem Tod als vor einer langen und schmerzhaften Sterbephase. Ich finde den Gedanken, dass mein Leben bald oder in ein paar Jahren beendet sein wird, nicht beängstigend. Ich hatte ein schönes Leben, auch wenn es nicht immer einfach, manchmal sogar schwer war. Es gibt Dinge in meinem Leben, die ich gerne vermieden hätte, aber das ist natürlich eine sinnlose Vorstellung. Mein Leben war auf jeden Fall schöner, als ich es erwartet habe, und es ist immer noch schön.

»Ich stelle mir den Tod erholsam vor«, hat Armin Wolf, Redakteur beim ORF, auf die Frage geantwortet, wie er sich den Tod vorstellt. So geht es mir auch. Mit dem Tod würde alle Anstrengung und Anspannung von mir abfallen. Alles wäre friedlich. Ich hätte keine Schmerzen mehr, ich müsste nicht mehr an das denken, was ich in meinem Leben falsch gemacht habe. Ich müsste keine Pflichten mehr erfüllen, ich müsste vor allem nicht mehr mein Alltagsleben organisieren. Natürlich wäre es auch schade, wenn ich vieles Schöne nicht mehr erleben könnte. Keine neuen Bücher mehr, keine neuen Erkenntnisse, niemand würde sich mehr freuen, weil ich ihn getröstet oder ihm einen guten Rat gegeben hätte. Keine vergnügte Reise mehr mit Henriette, auf der wir in einem Straßencafé in Bangkok oder Pondicherry bei scharfem Essen zu einem Glas Mangosaft (in Indien) oder einem Mai Tai (in Bangkok) vergnügt diskutieren würden. Keine heitere Runde mehr mit allen Kindern und Enkelkindern, die mir von ihren Erlebnissen erzählen.

Schnell und schmerzlos sterben?

Ebenso wie die meisten anderen Menschen wünsche ich mir, schnell und schmerzlos zu sterben oder, wenn schon mit Schmerzen, dann wenigstens schnell. Ich habe große Angst vor einer langen Krankheitsphase mit Schmerzen und anderen unangenehmen Symptomen. Meine Patientenverfügung und die Vorsorgevollmacht werden hoffentlich absichern, dass Ärzte und Pfleger auch wirklich das unterlassen, was ich zuvor abgelehnt habe.

Die meisten Menschen wünschen sich, zu Hause zu sterben, aber ich selbst bin gar nicht so sicher, ob ich das möchte. Ich lebe allein, und die Vorstellung, dass meine Kinder und eine unter Zeitdruck stehende ambulante Pflegekraft mir Brühe durch eine Schnabeltasse einflößen und mich auf den Topf setzen, finde ich nicht schön. Ich halte viel von Professionalität und glaube, dass ich in einem guten Pflegeheim oder einem Hospiz fachkundiger betreut werden könnte.

Nicht nur wünschen sich die meisten Menschen, zu Hause zu sterben, sondern weltweit wünschen sich Menschen zunehmend, selbst über ihren Tod bestimmen zu können, vor allem, wenn ein Lebensende mit Schmerzen oder anderen Beeinträchtigungen droht. In den USA gibt es mehrere Staaten, die einen assistierten Suizid zulassen, wenn auch nur in klar umgrenzten Situationen. In Europa sind es die Schweiz, die Niederlande und Belgien, die ein Gesetz haben, das eine assistierte Sterbehilfe ermöglicht, in Luxemburg soll demnächst ein solches Gesetz erlassen werden. Stattdessen wurde 2015 in Deutschland ein Gesetz beschlossen, das assistierte Sterbehilfe auch bei Schwerstkranken unter Strafe stellte. Sterbehilfe ist ein schwieriges Thema, und ich kann verstehen, dass es dazu sehr unterschiedliche Meinungen gibt. Aber es bleibt erstaunlich, dass die Gesetzgeber sich über den Wunsch von 60 Prozent der Bevölkerung hinwegsetzen, die sich eine assistierte Sterbehilfe wünschen. Die Ausformulierung des aktuellen Gesetzes lässt für mich Zweifel daran aufkommen, ob es hier wirklich um das Wohl von schwerstkranken Menschen geht. Viele alte Menchen sind aber heute nicht mehr bereit, sich den Vorstellungen von Ärzten und Kirchenvertretern unterzuordnen.

Gern wird darauf hingewiesen, dass eine gute Palliativ-
versorgung jeden Menschen vor einem Tod mit Schmerzen bewahren kann. Die Palliativmedizin ist ein großer
Gewinn: Sie ist gegen sinnlose Therapien, die den Patienten am Lebensende belasten und verhindern, dass
er seine verbleibende Lebenszeit vor allem nach seinen
Wünschen verbringt. Palliativmediziner akzeptieren das
Selbstbestimmungsrecht von Menschen und damit das
Recht, bestimmte Behandlungen abzulehnen, selbst wenn
jemand aufgrund dieser Ablehnung möglicherweise stirbt.
Der Palliativmediziner Gian Domenico Borasio ist darüber
hinaus der Meinung, dass die Palliativmedizin nicht erst
in den letzten vierundzwanzig Stunden eines Patienten
einsetzen darf, sondern eher in den letzten vierundzwanzig Monaten. Michael de Ridder, ebenfalls ein führender
Palliativmediziner, fordert, dass die Medizin sich weg von
einer ausschließlich auf Heilung und Lebensverlängerung
fixierten Medizin hin zu einer Medizin bewegen müsste,
deren Ziel es ist, die Lebensqualität in der letzten Lebens-
phase zu verbessern.

Es ist gut zu wissen, dass es die Palliativmedizin gibt
und dass sie mir Schmerzen und Angst nehmen kann.
Aber was passiert nun, wenn ich zu den 10 Prozent der
Patienten gehöre, die am Ende des Lebens in der palliativmedizinischen Versorgung nicht von starken Schmerzen
oder Luftnot befreit werden können? Wer entscheidet,
dass ich immer mehr Morphium benötige, weil ich die
Schmerzen nicht aushalte? Leider habe ich nur wenig
Vertrauen in das Mitgefühl von Ärzten oder auch Pflegekräften in dieser Situation. Schmerzen sind subjektiv –

was ist, wenn mein Palliativarzt oder eine Pflegerin der Meinung sind, dass meine Schmerzen gar nicht so stark sein können, wie es mir bei meinem letzten Krankenhausaufenthalt erging? Nach dieser Erfahrung ist mein Vertrauen in das Mitgefühl von Ärzten und Pflegepersonal stark gesunken.

Sollte ich jemals wieder ins Krankenhaus gehen müssen, dann nur mit einer großen Ration von starken Schmerztabletten und Schlaftabletten, um nicht wieder von schlechtgelaunten oder überarbeiteten Pflegerinnen oder gleichgültigen Ärzten abhängig zu sein. Das kann ich nur jedem Menschen empfehlen. Tabletten lassen sich übrigens gut in einer großen Schachtel After Eight verstecken. Weniger geeignet sind durchsichtige Tüten mit Gummibärchen.

Bekomme ich einen Platz in einem Hospiz?

Was passiert, wenn die Ärzte im Krankenhaus nichts mehr für mich tun können? Werde ich dann mit den bösen Worten »Wir können für Sie nichts mehr tun« als »austherapiert« – was für ein grausames Wort! – aus dem Krankenhaus entlassen? Palliativmediziner versprechen, unser Sterben friedlich und weitgehend schmerzlos zu begleiten. Aber habe ich auch immer Zugang zu einer palliativmedizinischen Betreuung? Nicht jedes Krankenhaus in Berlin hat eine palliativmedizinische Abteilung, es gibt nicht genug Palliativteams, und auch die Praxen von Onkologen sind überlaufen. In einem nahegelegenen Hospiz war man nicht einmal bereit zu einem Gesprächstermin mit mir, obwohl in einem anderen Hospiz eine freundliche Dame telefonisch empfiehlt, ich sollte mich frühzeitig erkundigen und auch mit den Zuständigen reden.

Frühzeitig heißt also vor meinem Tod und bevor ich eine tödliche Krankheit habe?

»Ja«, sagt sie. »Sie wissen doch, es ist immer besser, wenn man sich schon kennt. Dann geht es meistens auch schneller mit dem Termin.«

Auch das, was ich von Hospizen gehört und gelesen habe, klingt gut. Die Webseiten der Hospize versprechen eine würdige Atmosphäre, das Eingehen auf die Wünsche der Gäste und von deren Angehörigen.

Es scheint aber nicht leicht zu sein, in Berlin einen Platz in einem Hospiz zu bekommen, es gibt Wartelisten. Und diese sind lang, wie mir mehrere Pflegedienste versicherten. Vermutlich sollte ich auch hier weiter auf einem Gesprächstermin bestehen, damit vielleicht im Ernstfall – also wenn ein Platz »freigestorben ist« – schneller ein Bett frei für mich wird.

Was passiert, wenn das Krankenhaus mich als unheilbar krank, aber austherapiert entlässt? Ohne den Zugang zu einem Hospiz in Berlin oder die Möglichkeit, zu Hause gepflegt zu werden, müsste ich in einem Pflegeheim zwischengeparkt werden, wo ich dann sterbend auf mein Sterbebett im Hospiz warte. Aber wie lange soll oder kann ich unter Schmerzen warten, wenn mein Leben zu Ende geht? Oder wenn – entsetzliche Vorstellung – ich mich im Hospiz erhole und dann nach einer Woche wieder in mein Pflegeheim zurückmuss, weil schon ein anderer Sterbenskranker auf mein Bett wartet?

Noch vor ein paar Tagen habe ich bei einem Hospizdienst der Caritas eine freundliche Ansprechpartnerin gefunden, die mir schon telefonisch viele Informationen gegeben hat und mir sofort einen Gesprächstermin in Aussicht stellte. Zu ihr werde ich noch einmal zusammen mit Henriette gehen.

Meine Lebensverfügung

Was kann ich noch tun, damit meine Wünsche für die letzten Monate oder Jahre meines Lebens und meines Sterbens berücksichtigt werden? Wie es der Autor Erich Schützendorf, der sich seit Jahren mit dem Älterwerden und der Pflege von alten Menschen beschäftigt, vorschlägt, brauche ich eine Lebensverfügung für meine Kinder und die Menschen, die mich später pflegen. Ich schreibe nun einen Brief, in dem ich auliste, was ich mir für die allerletzte Zeit meines Lebens wünsche.

Liebe Kinder und liebe künftige PflegerInnen,

wenn ich nicht mehr selbst bestimmen kann, was mit mir passiert, dann erinnert euch bitte daran, was ich in diesem Brief aufschreibe. Wenn ich es mir leisten kann, in einem Zimmer für mich allein im Pflegeheim betreut zu werden, dann hätte ich dort gern einen internetfähigen Fernseher, mit dem ich auch Netflix oder Amazon Prime Video sehen kann. Ich weiß, wie schlimm es ist, wenn man auf öffentlich-

*rechtliche Sender und Privatsender angewiesen ist.
Mein iPad oder mein iPhone mit meiner gesamten
Mediathek würde vielleicht die Schmerzen und auch
meine Angst vertreiben helfen. Keinesfalls möchte ich
am Ende des Lebens sanfte Klangschalenmusik oder
andere spirituelle Töne hören, die gern beim Yoga
oder bei Physiotherapeuten abgespielt werden. Nein,
ein schönes Streichkonzert oder auch Janis Joplin mit
»Oh Lord, please give me a coloured TV« würde mich
erfreuen.
Ich schlafe nicht gern auf dem Rücken, sondern nur
auf der Seite. Ich brauche immer ein geöffnetes Fenster beim Schlafen, zu viel Wärme ertrage ich nicht.
Schön fände ich frische Blumen, bitte keine Sukkulen-
ten und auch keine Alpenveilchen. Bitte zwingt mich
nicht zur Teilnahme an gemeinsamen Aktivitäten.
Das will ich hier noch einmal ausdrücklich erwähnen.
Aber eventuell bin ich ja dazu eh nicht mehr in der
Lage. Glaubt bitte nicht, ich sei einsam. Ich bin gern
allein und fühle mich auch dann wohl, wenn ich in
meinem Zimmer im Bett liege oder auf meinem Sessel sitze und aus dem Fenster schaue. Wenn ihr mich
besuchen und etwas mitbringen wollt, liebe Kinder,
dann wisst ihr, dass ich Krankenhausessen grässlich
finde, Pralinen mag ich auch nicht. Um das Essen
im Pflegeheim ein bisschen aufzupeppen, bringt bitte
einen reifen Camembert aus Ziegenmilch und Mailänder Salami mit. Auch ein paar kleine Fläschchen
Sekt könnten dabei sein, ein Gläschen ab und zu vor
dem Schlafen wird mir bestimmt guttun. Bitte be-*

*achtet die Ratschläge von Ärzten nicht, die behaupten,
Camembert und Sekt seien für mich nicht gesund.
Kurz vor meinem Tod ist das absurd. Dann zählt nur
noch, was für mich schön ist. Ich bin auch nicht allein
mit meinem Wunsch, am Lebensende noch gut zu
essen. In Baden-Württemberg kocht eine passionierte
Hobbyköchin als »Wunscherfüllerin« für die Patienten. In Frankreich wird in einem Hospiz ab und zu
zum Abendessen noch ein Glas Rotwein gereicht. Das
Allerschönste für mich wäre es, wenn meine Kater
Basquiat und Giacometti bei mir sein könnten. Ob
man seine Tiere mit ins Hospiz nehmen darf? Versucht das doch bitte durchzusetzen, es wird doch so
viel von Tiertherapie geredet. Die beiden wären mir
eine Freude und ein wirklicher Trost. Ich bitte euch,
jeden spirituellen Beistand für mich abzuwehren.
Bitte tut das freundlich, denn die Seelsorger meinen
es bestimmt gut. Aber für mich können sie nichts
tun. Ich wünsche mir eine gut ausgebildete Hospiz-
pflegekraft an meiner Seite, die sich mit Schmerzre-
duzierung auskennt und gern lacht. Fragt nicht, wie
es mir geht, denn es wird mir schlecht gehen, sondern
erzählt mir etwas von eurem Leben.
Bitte versprecht mir eines: In allen Texten über das
Sterben ist davon die Rede, dass man dem Sterbenden zum Schluss die Hand hält. Lasst nicht zu, dass
ein fremder Mensch mich streichelt oder meine Hand
hält, so lieb das auch gemeint sein mag. Ihr könnt
meine Hände halten, wenn ihr mögt, aber bitte niemand sonst.*

Vielleicht schaffe ich es auch, wirklich selbstbestimmt zu sterben, wenn es mir zu schlecht gehen sollte. Sterbefasten scheint eine bewährte Methode zu sein, die uns alten Menschen hilft, möglichst selbstbestimmt aus dem Leben zu gehen. Nur brauche ich dabei eure Hilfe. Wenn mein Körper spürt, dass der Tod kommt, dann will ich nichts mehr essen, sondern bereite mich auf das Ende vor. Das Allerschönste wäre natürlich, wenn ich mich wie der alte Häuptling in dem Film »Little Big Man« mit Dustin Hoffman auf einen Berg oder auf meine Terrasse zurückziehe und auf den Tod warte. Obwohl wir leider aus dem Film wissen, wie das endete. Als die ersten Regentropfen kamen, stand der alte Indianer seufzend auf und meinte lächelnd, dass es eben nicht immer klappt.

Meine Lebensverfügung wird sicher noch länger werden, es wird mir sicher mehr Wichtiges dazu einfallen. Aber noch lebe ich ja eine Weile.

Finde ich Ärzte, denen ich vertrauen kann?

Ich würde gern am Ende meines Lebens Ärzten vertrauen können. Ich werde die Ärzte im Krankenhaus, im Pflegeheim oder im Hospiz nicht kennen, und dennoch werden sie es vermutlich sein, die über mich entscheiden.

Ich bin dann auf eure Hilfe angewiesen, damit ihr den Ärzten deutlich macht, was ich mir in meiner Patientenverfügung verbeten und in meiner Lebensverfügung gewünscht habe. Es beruhigt mich, dass ihr mir das versprochen habt.

Kann ich sicher sein, dass die Ärzte, die mich in meinen letzten Lebenstagen behandeln, über ausreichend Empathie verfügen? Wie viele andere Menschen mache ich mir Sorgen, dass die Ärzte am Ende meines Lebens immer wieder neue Therapien ausprobieren werden, die mir nicht helfen, sondern nur meine Leiden verlängern. Es scheint Ärzten schwerzufallen zu akzeptieren, dass ein Patient bereits im Sterben liegt oder sein Tod nicht mehr hinausgezögert oder verhindert werden kann und soll. Die oberste Pflicht von Ärzten, Leben zu retten, sollte um die Pflicht ergänzt werden, Menschen am Lebensende dabei zu helfen, die letzten Monate, Wochen oder Tage möglichst friedlich und ohne unerträgliche Schmerzen und andere Symptome zu erleben. Vielleicht haben manche Ärzte nicht gelernt, mit sterbenden Menschen über ihre Wünsche zu sprechen, und delegieren dieses Thema lieber an einen Krankenhausseelsorger. Wenn es Ärzten aber unangenehm ist, mit mir über meinen Tod zu sprechen, dann machen sie es auch mir schwer, das Ende meines Lebens anzunehmen. Es kann ökonomische Gründe geben, warum Ärzte immer weiter Therapien empfehlen, vielleicht treibt sie aber auch die Angst vor rechtlichen Konsequenzen an.

Es kann auch sein, dass Patienten sich an ein neues Therapieangebot klammern, weil sie Angst vor dem Sterben haben. Ich glaube aber, dass es uns – Ärzten und Patienten – besser geht, wenn wir akzeptieren, dass das Leben endlich ist und dass ein Sterbeprozess, in dem ich von verständnisvollen und kompetenten Menschen versorgt werde, immer weiteren Operationen und Therapien vorzuziehen ist.

Der Chirurg Atul Gawande beschreibt in seinem Buch »Sterblich sein. Was am Ende wirklich zählt«, wie unsicher er lange Zeit selbst war, wenn er mit der angstbesetzten Frage eines Patienten konfrontiert war: »Muss ich sterben?« Statt aufrichtig zu sein, verfiel er in die Aufzählung von Eingriffen, die noch durchgeführt werden könnten. Er hatte Angst davor, dem Patienten die Wahrheit zu sagen, es ging in diesen Momenten nicht um den Patienten, sondern nur um ihn.

Gawande beschreibt, wie er allmählich – auch von Hospizmitarbeitern – lernte, am Lebensende angemessen und einfühlsam mit seinen Patienten umzugehen. Er erklärte ihnen wahrheitsgemäß ihre Situation, und statt weitere Therapien anzubieten, fragte er sie, welche Wünsche sie angesichts ihres nahenden Lebensendes hätten. Eine Patientin wollte in drei Monaten noch die Hochzeit ihrer Lieblingsnichte miterleben. Gawande versprach ihr, statt einer Operation alles dafür zu tun, um ihr die Zeit bis zu der Hochzeit möglichst beschwerdefrei zu ermöglichen. Sein eigener Vater, ebenfalls Chirurg, der an einem Hirntumor litt, wollte keinen medizinischen Eingriff mehr bei sich vornehmen lassen. Solange er noch seiner Lieblingssportmannschaft im Fernsehen zusehen und dabei eine große Portion Schokoladeneis essen könne, ginge es ihm gut. Wenn das nicht mehr ginge, würde er in Frieden sterben.

Ich wünsche mir von meinen Kindern, von Ärzten und Pflegern, die mich in meinen letzten Monaten, Wochen und Tagen betreuen, dass sie versuchen herauszufinden, was ich mir in diesem Moment noch wünsche und was mir guttut. Und dass es nicht darum geht, was jetzt noch medizinisch möglich ist.

Der neue Trend: Erfolgreich sterben

Selbst im Tod scheinen wir noch Anforderungen von außen erfüllen zu müssen. Wir müssen sanft sterben, wir sollten loslassen, manche Angehörigen legen viel Wert darauf, dass wir würdevoll sterben. Immer wieder wird betont, dass die Mehrheit aller Menschen im Kreise ihrer Lieben zu Hause sterben will. Aber, wird dann bedauernd hinzugefügt, die meisten Menschen sterben im Krankenhaus. Wenn das die Realität ist, sollten wir uns doch von dem Druck befreien, dass ein guter Tod nur im familiären Umfeld stattfinden kann. Die Angehörigen können gar nicht immer da sein, denn ein Tod kann sich lange hinziehen und ist nicht genau zu terminieren. Oft ist in der eigenen Wohnung nicht alles bequem für den Sterbenden eingerichtet, und Ehefrauen oder Kinder sind auch nicht immer die besten Krankenpfleger. Ein guter Tod wird in vielen Büchern mit Stille, Würde und Kerzen in Verbindung gebracht – vielleicht auch noch mit ein paar letzten lieben Worten des Sterbenden. Aber so ist der Tod nicht immer, und wir alten Menschen sollten nicht nach einem Tod streben müssen, der schön für die trauernden Hinterbliebenen ist. Warum noch dieser Stress im Tod? Müssen wir noch im Sterben Angst haben zu versagen und unseren Kindern keinen würdevollen Tod geboten zu haben? Wollen wir, dass unsere Kinder ein schlechtes Gewissen haben, weil sie zu spät kamen, weil die Mutter doch nicht ohne Schmerzen starb oder weil sich der kleine Enkel nicht mehr von seiner Großmutter verabschieden konnte? Wir sollten weder für uns selbst noch für einen lieben Angehörigen unrealistische Erwartungen an einen guten Tod entwickeln.

Borasio warnt vor einem palliativen Paternalismus, bei dem postuliert wird, der Sterbende müsse loslassen, um sich einen sanften Tod zu ermöglichen. Niemand müsse loslassen und niemand müsse sanft sterben, sagt er. Die Vorstellungen von einem guten Tod sollten den Patienten weder von ihren Angehörigen noch von ihren Ärzten aufgedrängt werden. Aufgabe des Arztes, der einen Sterbenden betreut, sei es, seine persönlichen Vorstellungen zurückzuhalten, denn nur der Patient selbst wisse, was ein guter Tod für ihn sei. Vielleicht ist es sinnvoller, statt sich über die Rahmenbedingungen eines »guten Todes« Gedanken zu machen, sich mit einem guten Leben in den letzten Wochen vor dem Tod zu beschäftigen.

Kann ich mich auf mein Lebensende vorbereiten?

So sehr ich mich aber auch auf diese Situation vorbereiten möchte, so sehr stoße ich an Grenzen. Ich finde keine Ärzte, die mir Fragen zu meinen letzten Tagen und Stunden beantworten können oder wollen. Schon der Demenzarzt hat sich nur widerwillig mit mir beschäftigt. Das kann ich niemandem vorwerfen, Ärzte haben viel zu tun, aber ich wünsche mir eine Stelle, an der sich alte Menschen über alle Aspekte ihrer letzten Monate und Jahre informieren können. Wissen reduziert Ängste, und ich bin der Meinung, dass wir ein Recht darauf haben, dass uns Ängste genommen werden.

Ich habe nicht definitiv herausfinden können, ab wann entschieden wird, dass weitere Therapien für mich nicht mehr sinnvoll sind. Wer entscheidet, wann ein Palliativteam hinzugezogen wird? Wer, wann ich in ein Hospiz überwiesen werden sollte? Ich hatte keine Möglichkeit zu Gesprächen mit Krankenhausärzten, die schwerkranke Menschen am Ende ihres Lebens betreuen. Ein Hospiz, das in Berlin als vorbildlich gilt, hatte weder Zeit für ein Gespräch noch ein Telefonat. Nach meinem Besuch eines Pflegestützpunktes, der mir Beratung rund um Pflege und Alter bieten sollte, erwarte ich mir dort nicht mehr viel. Aber ich werde nicht lockerlassen und weiter nach Ärzten, Mitarbeitern von Pflegeheimen und Hospizmitarbeitern suchen, die bereit dazu sind, sich mit mir zu unterhalten, um mir ein wenig die Angst vor dem zu nehmen, was mir bevorstehen könnte.

Es scheint für uns alte Menschen nicht vorgesehen zu sein, uns frühzeitig darüber zu informieren, was am Ende des Lebens auf uns zukommen kann. Mir macht das Angst, und ich glaube, ich bin mit dieser Angst nicht allein. Dabei kann es so einfach sein, uns die Angst zu nehmen. Meine Besuche in Seniorenresidenzen und in Demenzheimen und zuletzt das Gespräch mit einer Mitarbeiterin des Hospizdienstes der Caritas haben mir viel an Angst genommen. Eines der Demenzheime werde ich vielleicht als mein Wunsch-Demenzheim festlegen.

Es hätte mir geholfen, wenn ich auch mit anderen Fachleuten in Krankenhäusern oder Arztpraxen hätte spre-

chen können. Nachdem ich vor zweiundzwanzig Jahren
beginnen musste, mich durch den sozialpsychiatrischen
Dschungel zu wühlen, um für meine Tochter und mich
Hilfe zu finden, muss ich jetzt damit beginnen, mich im
Dschungel der medizinischen Fachleute und Institutionen
und Angebote für das Alter und das Lebensende zurecht-
zufinden. Es scheint den Fachleuten nicht wichtig zu sein,
uns Laien den Zugang zu Informationen und Institutionen
zu vereinfachen. So kann ich nur hoffen, dass meine Kinder
in meinem Sinne gute Entscheidungen für mich treffen. Sie
haben es mir versprochen, und ich vertraue ihnen.

Friedhof, Charité oder Diamant?

Ich kann zwar kaum Einfluss darauf nehmen, was medizinisch und pflegerisch mit mir in meinen letzten Tagen
geschieht, aber ich kann festlegen, wie meine Beerdigung
ablaufen soll. Das lässt mich deutlich vergnügter sein. Ich
werde mich sachkundig machen, auch, weil ich damit meinen Kindern vielleicht einige Probleme erspare.

Das Einfachste ist es, zu Grieneisen – einem der ältesten
Bestatter von Berlin – zu gehen und sich dort ein Bestat-
tungsangebot machen zu lassen. Damit wäre ich in bester
Gesellschaft, denn von Grieneisen wurden 1994 auch Prinz
Louis Ferdinand, der Enkel des letzten deutschen Kaisers,
und 2001 Soraya, die Ex-Kaiserin von Persien, bestattet.
Das passt, obwohl sich Grieneisen ebenso damit schmückt,
die meisten Sozialbestattungen in Berlin durchzuführen.
Ob Prinz Louis Ferdinand das gewusst hat?

Die Grieneisen-Filiale macht einen seriösen Eindruck, mir vielleicht ein bisschen zu seriös. Ein gesetzter Herr mit geübtem Trauerblick fragt nach meinen Wünschen. Ich hatte schon vorher die Webseite von Grieneisen sorgfältig studiert, und was mich jetzt vor allem interessiert, ist der Preis einer Bestattung. Meine Frage nach den Kosten lässt den Bestatter schmallippig werden. »Das kann man so einfach nicht sagen, das kommt immer sehr darauf an, was man sich wünscht. Die Preise werden von uns auch ganz individuell gestaltet.«

Diese Antwort hasse ich. Warum können nicht sofort Preise genannt werden? Ich darf mir aber einige Särge anschauen – alle scheußlich –, dann vertraut er mir noch an, dass sie ein sehr schönes Gesteck aus meinen Lieblingsblumen machen lassen können. »Es kommt natürlich immer ein wenig auf die Jahreszeit an«, sagt er mit professionellem Lächeln. Ich verspreche ihm, dass ich im Sommer sterben werde, dann gibt es für die Blumen mehr Auswahl. Jetzt sieht er ein wenig verstört aus. Ich lasse mich noch über Trauerreden informieren – man kann Vorlieben in Bezug auf die Klangfarbe des Trauerredners äußern. Ich bin verwirrt. Heißt das, dass ich meine Trauerrede in bayerischer oder sächsischer Klangfarbe bestellen kann?

Aber nun wird er praktisch. »Sie sollten dafür sorgen, dass alle erforderlichen Unterlagen vorhanden sind. Ich gebe Ihnen hier mal eine Checkliste mit.« Entsetzlich, was hier alles vorgelegt werden muss. Ich weiß gar nicht, wo ich das alles finden soll. Meine Heiratsurkunde ist erforderlich, obwohl ich doch geschieden bin. Das kann schwierig werden, denn meine Heiratsurkunde ist ein fast DIN-A3-

formatiges, vierseitiges Dokument, das ausschließlich handschriftlich in Arabisch abgefasst wurde. Der Standesbeamte in Kairo informierte uns, dass eine handschriftliche Kopie an vier unterschiedliche Ministerien geschickt worden sei. Ob ich da noch nachfragen kann? Immerhin ist es fast fünfundvierzig Jahre her. Aber vielleicht findet sich noch die beglaubigte Übersetzung, nur wo? Kann mir jemand erklären, warum der Bestatter meine Rentennummer benötigt? Warum meine Steuer-ID? Dann sollte ich noch eine Letztwillige Verfügung erstellen, denn wenn keine nahestehenden Verwandten vorhanden sind, kann eine Kremierung nur durchgeführt werden, wenn die Verstorbene diese selbst bestimmt hat. Ich dachte, eine Bestattung sei ganz einfach? Nein, es scheint sich um ein schwierig vorzubereitendes Projekt zu handeln, für das man vieles bedenken muss. Umso wichtiger, dass ich das für meine Kinder vorbereite.

Übrigens: Wenn die Kinder ihr Erbe ausschlagen, müssen sie auch die Bestattung nicht organisieren. In diesen Fällen kommt es zu einer »ordnungsbehördlichen Bestattung« – so heißt das wirklich, Armengrab nannte man das wohl im Mittelalter. Nur sollte man sich nicht täuschen: Der Staat kann durchaus auch bei ausgeschlagenem Erbe auf die Kinder eines Verstorbenen zukommen und die Bestattungskosten einfordern. Auch wichtig: Wenn die Erben willig sind, aber kein Geld haben, bieten manche Bestatter eine Ratenzahlung an. Wenn auch das finanziell nicht möglich ist, kann das Sozialamt einspringen. In diesen Fällen wird vom Sozialamt das bezahlt, was einer würdevollen Bestattung unter den örtlichen Gegebenheiten entspricht.

Sarg-Club, Liquid DNA oder Urnen-Saatbombe?

Zurück ins Internet, um einen Überblick zu erhalten. Schon vor einiger Zeit bin ich auf die Coffin Clubs aus Neuseeland gestoßen. Dort hatten alte Menschen die wunderbare Idee, einen Club zu gründen, ihre Särge selber zu basteln und sie nach eigenen Wünschen zu bemalen. Inzwischen gibt es dort schon fünf solcher Clubs, und auch in Großbritannien haben die Neuseeländer Nachahmer gefunden. In einem lustigen Video sieht man bunt gekleidete alte Damen, die sich ihre Särge gebastelt und mit großem Einfallsreichtum bemalt haben. Es gibt Krokodil-Liebhaberinnen und Elvis- oder Garten-Fans. Manche lassen sogar den schön bemalten Sarg als Kommode in ihren Zimmern stehen. Inzwischen habe ich festgestellt, dass man auch in Deutschland einen eigenen Sarg basteln und bemalen kann. Im Lazarus Hospiz in Berlin wird ein Sargbau-Workshop angeboten. Daran werde ich auf jeden Fall teilnehmen.

Ich korrespondiere mit Katie aus Neuseeland, und sie schickt mir alle Informationen. Nur leider weiß ich nicht, wen von meinen Freundinnen ich ansprechen könnte. Sie finden das zwar witzig und irgendwie »typisch Janine«, aber keine möchte mit mir einen Sarg-Club gründen. Vielleicht bevorzugen die meisten auch eher eine klassische Bestattung mit einem Pfarrer als Trauerredner und anschließend einen Vertrag mit dem Friedhofsgärtner, der das Grab immer mit frischen Astern zwischen den pflegeleichten Dickmännchen bepflanzen wird. Vielleicht würde ein

Sarg-Club in Deutschland sogar gegen die Bestattungsvorschriften verstoßen?

Voller Freude sehe ich, dass es bei einem Bestatter in Österreich – analog zum Kfz-Konfigurator bei BMW oder Toyota – einen Bestattungs-Konfigurator gibt. In einem anschaulichen Animationsvideo werde ich durch die zu beachtenden Aspekte einer Bestattung geführt. Klar, einen Sarg, dann Blumen, Trauerredner und Musik kann ich mir aussuchen. Interessant für mich ist, dass man Bestattungsvorsorge betreiben kann, was heißt, dass man dem Bestatter schon einen Betrag für die Komplettbestattung anweisen kann und dass dieser Betrag dann als sogenanntes Schonvermögen gilt. Das »Amt« kann dann etwa beim Übergang ins Pflegeheim nicht an dieses Geld.

Dann kann ich auswählen unter Erdbestattung, Feuerbestattung, Seebestattung oder naturnah. Seebestattung entfällt, weil ich ja auf dem Schiff nichts mehr von dieser schönen Fahrt habe. Naturnah? Heute lassen sich viele in einem Friedwald bestatten, also auf einer grünen Wiese oder unter Bäumen. Das klingt erst einmal nett, aber wenn dann später auf mir gegrillt wird? Nein, erfahre ich, diese Friedwälder dürfen nicht zweckentfremdet werden, nur wer weiß, wie das in ein paar Jahren sein wird? Beim Billigbestatter, so heißt er wirklich, gibt es schöne Bilder, die zeigen, dass ich mich im Wald an einem rauschenden Bächlein beerdigen lassen kann. Alles für nur tausendvierhundertfünfzig Euro komplett. Auch der österreichische Konfigurator zeigt bei »naturnah« das Bild einer Baumwurzel, an der überraschenderweise nicht nur Efeu, sondern auch eine Sonnenblume wächst. Kann ich mich darauf verlassen, dass mein letzter Ruheort genau so aussehen wird? Ich wähle erst einmal Erdbestattung. Jetzt muss ich mich entscheiden für klassisch, naturverbunden oder individuell. Individuell, das ist es. Die Frau, die »individuell« verkörpert, hat rosa Haare und die Augen mit rosa Glitter geschminkt. Passt. Ganz mein Stil. Jetzt kommt die Sargauswahl. Ich entscheide mich für »Pappelsarg Piemont und Einbettung in grüner Seide mit Spitzen«. Der Sargdeckeldekor wird natürlich Rosérot, das passt zu den grünen Spitzen. Die Einsegnung will ich überspringen, aber das lässt der Konfigurator nicht zu. Dann also einen Nachrufsprecher und eine Musik vom CD-Player und Sarggesteck einfach. Jetzt könnte ich noch eine Thanatopraxiebehandlung dazukaufen – eine Konservierung –, eine zweispännige Kutsche und eine DNA-Halskette »Liquid DNA«, in der die extrahierte und gereinigte DNA enthalten ist. Das wird mir aber zu viel. Gut, noch eine Totenmaske und ein Lebensrückblickvideo. Für das Video könnten meine Kinder sich ein bisschen Mühe geben. Wenn ich jetzt doch noch eine Einladungskarte – nennt man das so? – zur Bestattung wähle und eine Grabinstandsetzung, dann darf ich dafür zehntausend Euro zahlen. Könnte eines meiner Kinder die Bestattung als Sonderausgabe geltend machen? Diese Summe will ich aber auf keinen Fall für meine Beerdigung ausgeben. Mit dem Geld sollen die Kinder etwas Schöneres machen.

Oder doch eine Feuerbestattung?

Muss es überhaupt eine Erdbestattung sein? Wäre es nicht viel einfacher, mich verbrennen zu lassen? Henriette und ich machen uns auf zu einem Krematorium, in dem sie schon am Telefon freundlich sind, was für mich immer wichtig ist. Ein wunderbarer Bau aus grauem Beton, wie gemacht für eine Liebhaberin von Minimal-Ästhetik wie mich. Wir fahren fast anderthalb Stunden dorthin, weil mein GPS unterwegs seinen Geist aufgibt. »Ist doch ein bisschen weit«, meint Henriette. Aber das kann mir egal sein, wenn ich tot bin, und außerdem kennt der Bestatter sicher den Weg.

Wir werden freundlich begrüßt – anders als das Hospiz scheint dieses Krematorium auch gesunden alten Menschen gegenüber gastfreundlich zu sein –, und Herr Müller, unser Gastgeber, führt uns als Erstes in eine große Halle. Wir bleiben mit offenem Mund stehen. Eine riesengroße Halle, die von überdimensionierten hellgrauen Betonsäulen gehalten wird. In die Decke sind um die Säulen Schlitze eingearbeitet, die je nach Stand der Sonne in der großen Halle unterschiedliche Lichteffekte auslösen. Herr Müller lächelt zufrieden, diese Reaktion seiner Besucher kennt er. Er berichtet, es sei dem Architekten wichtig gewesen, dass alle seine ästhetischen Ansprüche umgesetzt wurden. Aber auch er ist nicht gefeit gegen das Bedürfnis vieler Menschen nach Gemütlichkeit und Lebensendekitsch. In einem Raum, der bereits für eine Bestattungsfeier geschmückt ist, haben die Bestatter, erkennbar keine

Liebhaber von Beton-Ästhetik, zwischen den klaren grauen Formen zwei Blumenurnen mit antikisierten Verzierungen aus hellem Terrakotta aufgestellt und diese mit blassblauen und rosa Blumengestecken gefüllt. Eine künstliche Efeuranke ist um die grauen Kerzenständer gewickelt. Herr Müller und ich schauen uns an und seufzen. Das müsse er zulassen, meint er, hier dürfe eben jeder seinen ganz persönlichen Geschmack ausleben.

Ob wir noch den Ort ansehen wollen, an dem die eigentliche Kremierung stattfindet? Auf jeden Fall, das interessiert uns am meisten. Mit dem Fahrstuhl geht es in die Unterwelt des Krematoriums – sogar mit Rollator. Eine große Halle mit einer Vielzahl von Särgen, alle mit einem Zettelchen versehen. Gut, es darf auch keine Verwechslung geben. Endlich stehen wir im Verbrennungsraum und beobachten, wie alles automatisiert abläuft. Niemand muss etwas tragen, niemand den Sarg in den Ofen schieben, alles steuert der Computer. Ein freundlicher junger Mann sitzt hinter einer großen Schalttafel und dirigiert alles.

Anders, als man denken könnte, ist hier nichts unangenehm, alles ist sauber und ruhig. Wir beobachten, wie sich die Ofenklappe öffnet und der Sarg langsam hineinrollt. Es dauert eine Weile, dann fallen alle Reste durch drei Roste, sodass wirklich nur die reine Asche übrigbleibt. Das kenne ich alles schon, zumindest theoretisch, denn ich habe mit großem Interesse das wunderbare Buch von Caitlin Doughty »Fragen Sie Ihren Bestatter« gelesen, das auf Englisch viel schöner »Smoke Gets In Your Eyes« heißt. Sie hat darin ihre Zeit als Krematoriumspraktikantin unterhaltsam beschrieben. Heute tritt sie für alternative

Bestattungen ein, bei denen nicht alles an professionelle Bestatter delegiert wird, sondern die Angehörigen in den Abschied von einem geliebten Menschen einbezogen werden. Empfehlenswert ist ihr YouTube-Kanal, auf dem sie äußerst heiter von ihren Erfahrungen erzählt.

Zurück zu dem jungen Mann vor der Schalttafel. »In den Rosten bleibt doch so manches hängen«, erklärt er und zeigt uns eine große Metallkiste, in der sich zahllose undefinierbare Metallteile befinden. »Das wird nicht mitverbrannt. Das sind Kniescharniere, Bandscheibenstützen, Nägel und auch Herzschrittmacher.«

Henriette und ich haben den gleichen Gedanken: Sind Metallteile in unserem Körper? Nein, die gibt es bei uns nicht. Da ich die Fußgelenkversteifung nicht mitgemacht habe, wird auch kein langer Nagel von mir übrig bleiben.

»Schauen Sie mal.« Er zeigt uns eine Hantel, die sicher zehn Kilo schwer ist. »Es gibt Menschen, die legen auch so etwas in den Sarg, als Erinnerung. Das ist aber ganz schlecht, diese hier ist durchgerutscht, aber manchmal bleibt auch etwas zwischen den drei Rosten stecken und verklemmt sich, dann haben wir mehrere Stunden damit zu tun.«

Also, bitte keine Hantel in meinen Sarg! Aber auf diese Idee würde bei mir auch niemand kommen, und die Bücher, die ich in meinen Sarg gern mitnehmen würde, werden wohl kaum Probleme machen.

Henriette und ich sind fasziniert. Für sie steht jetzt fest, nur eine Verbrennung in diesem Krematorium kommt für sie infrage. Ich bin ebenfalls begeistert, denke aber doch weiterhin über andere Bestattungsvarianten nach.

Interessant ist es, dass man aus der Asche der Verstorbenen viele schöne Andenken anfertigen lassen kann. Ascheschmuck ist groß im Kommen. Herzchen, Schlüssel, kleine Kissen aus Gold, Silber oder Edelstahl. Nein, das ist mir alles zu verkitscht. Aber vielleicht ein Diamant aus meiner Asche? Bei dem Schweizer Unternehmen Algordanza lese ich, dass es diese Erinnerungsdiamanten als Brillant oder Smaragd gibt, auch die Form und die Größe kann ich mir aussuchen. Für die Herstellung dieses Schmucks aus mir werden mindestens fünfhundert Gramm Asche benötigt, für einen Haardiamanten fünf Gramm Haare. Das könnte durchaus etwas für zwei meiner Töchter sein, die sich gern mit schönem Schmuck schmücken. Aber die Preise schrecken mich ab, es beginnt mit viertausendfünfhundert Euro für einen winzigen Diamanten, und wenn es etwas wirklich Schönes sein soll, dann müsste ich zwanzigtausend Euro bezahlen.

»Dann hätte ich aber lieber den neuen iMac«, sagt Henriette. »Vielleicht auch noch ein neues iPad dazu?«

Das kann ich gut verstehen. Zum Diamanten werde ich also auch nicht werden. Eine originelle Idee hat sich der Brite Jason Leach ausgedacht: Er presst die Asche von Verstorbenen in Vinyl-Schallplatten und nimmt darauf die Stimme und die Lieblingsmusik des Verstorbenen auf. Vielleicht wäre das etwas für meinen Sohn?

Bestattungsgesetze verhindern die Wunschbestattung

Schallplatten scheitern bei uns in Deutschland sicher an den strengen Regeln, die genau vorschreiben, wie eine Bestattung ablaufen muss. Der Verstorbene darf etwa nur in einem Leichenwagen von einem Bestatter transportiert werden, auch die Urne darf nicht von den Angehörigen transportiert, überraschenderweise aber mit DHL versendet werden, was beim Poststreik zu großer Unruhe bei Hinterbliebenen geführt hatte, wie die Augsburger Allgemeine berichtete. Wie tief der Sarg ins Erdreich muss, welche Abmessungen er haben darf – alles ist in strengen deutschen Bestattungsregeln festgelegt. Die Abmessungen der Särge werden mich bei meiner Sargauswahl einschränken. Alle Särge, die ich online und bei Bestattern gesehen habe, finde ich scheußlich. Selbst bei den individuell in Deutschland bemalten Särgen setzt sich leider häufig weniger der Witz aus Neuseeland, sondern eine Art Bestattungskitsch durch – Blümchen, Tierchen, kleine Sonnen, alles von krakeliger Kinderhand gemalt. Ein Muss bei jeder alternativen Bestattung, erfahre ich von meinem persönlichen Bestatter. Eine besonders kreative Künstlerin bemalt die Urnen mit der Asche von Verstorbenen. Nein, das ist mir zu viel Kunsthandwerk.

Am liebsten würde ich mir von dem Ghanaer Paa Joe einen Sarg schreinern lassen: Er entwirft Särge, die zu den Hobbys oder dem Beruf des Verstorbenen passen: Handys, Krabben, Fische, Tomaten, Cadillacs, Boote oder auch Telefonzellen. Ich hätte gern einen Sarg in Buchform. Zu meiner Freude konnte man im Sommer und Herbst 2019 einige der Exponate von Paa Joe im Museum für Sepulkralkultur in Kassel ansehen. An der Ausstellungseröffnung konnten wir auf dem Weg zur Feier meines fünfundsiebzigsten Geburtstags im August teilnehmen. Ich bin seit Jahren ein Fan von Paa Joe und bekam zu meinem letzten Geburtstag das Buch von Regula Tschumi »Die vergrabenen Schätze der Ga: Sarg-Kunst aus Ghana« geschenkt. Sehr empfehlenswert. Ich hatte schon überlegt, ob ich nach Ghana fliege, um mir vor Ort seine Särge anzusehen. Nun hatte Paa Joe den Weg zu mir nach Deutschland gefunden! Praktisch gesehen fürchte ich aber, dass der Transport meines Buchsargs von Ghana nach Berlin schwierig und kostspielig werden könnte. Vor allem aber wird es mit den Abmessungen und den deutschen Bestattungsgesetzen Probleme geben. Ganz streng verboten ist es, die Urne den Angehörigen zu übergeben, um diese dann zu Hause auf den Fernsehtisch oder den Kaminsims zu stellen. Warum? Weil es verboten ist. Auch hier gilt der Bestattungszwang.

Aber wo ein Gesetz, da ist auch ein Wille und eine Idee, wie man dieses umgehen kann. Die innovative Idee »Tree of Life« hatte ein Bestatter aus Bottrop im Ruhrgebiet. Der Verstorbene wird eingeäschert, die Urne geht dann an eine Baumschule in den Niederlanden. Dort wird sie geöffnet, und die Asche wird einem Substratgemisch beigemengt, in dem der ausgewählte Wunschbaum wachsen soll. Dieser absorbiert die Nährstoffe aus der Asche. Das Ganze werde notariell beaufsichtigt. »Der Gedanke dahinter ist, dass der Verstorbene sozusagen in dem Baum weiterlebt«, so der Bestatter Rüdiger Lehr. Angehörige können sich einen Baum aussuchen: Ginkgo, japanische Kirsche oder ein Apfelbäumchen, Eiche oder Ahorn. Die Baumschule achtet darauf, dass der Baum gut anwächst. Erst ein Dreivierteljahr später bekommen die Angehörigen den Baum und können ihn zu Hause an einem Ort ihrer Wahl einpflanzen. Vielleicht eignet sich Teresas schöner Garten dafür? Ich werde sie fragen. Statt Grab kann ich übrigens auch eine Urnenplakette für mich prägen lassen, das bieten einige Friedhöfe an, nicht ohne darauf hinzuweisen, dass der Friedhof für die Gestaltung der Urnenplatten Vorschriften erlassen hat. Wie könnte es auch anders sein.

Viele Menschen wollen sich aber inzwischen nicht mehr von den strengen Bestattungsregeln in Deutschland einengen lassen und überlegen kreative Lösungen: Asche wird in der Schweiz auf Almwiesen verstreut, Binnenschiffer lassen die Asche des Verstorbenen über einen Kanal wehen, und natürlich sind hier auch die Umweltaktivisten nicht fern. Junge Spanier haben sich die »Bios Urn« ausgedacht. In einer Urne aus abbaubaren Materialien werden neben der Asche auch Samen von Baumarten integriert, ähnlich wie die Saatbomben, mit denen nüchterne Straßenränder durch Wildblumen verschönt werden sollen, die dann wieder für unsere Bienen gut sind. Es geht heute auch um nachhaltiges Sterben.

Die Urne von Bios Urn kann man zu Hause betreuen, und man wird per App darüber informiert, ob das junge Pflänzchen zu viel Sonne hat oder Wasser benötigt. Das ist mir zu kompliziert. Was ist, wenn meine Kinder verreisen? Auch bei Capsula Mundi hat man sich einem neuen

Bestattungskonzept verschrieben. Über der Bestattungs-kapsel, die mit Erde, meiner Asche und Dünger gefüllt ist, wird ein Baum gepflanzt. Ich könnte mir auch eine Bio-Urne aus Sand, Salz oder Olivenkernen aussuchen. Aber dieses Urnendesign ist mir zu kunstgewerblich, man sieht ihm den guten Willen an.

Dem Trend zum nachhaltigen Sterben hat sich auch eine Firma bei Leeds in Großbritannien verschrieben. Bei ihnen kann man seine sterblichen Reste in einer Lösung aus Wasser und Potassiumhydroxid in einem Resomator auflösen lassen. Das ist nachhaltiger, weil eine Feuerbe-stattung inzwischen als schädlich für die Umwelt gilt und bei einer Erdbestattung schädliche Stoffe in den Boden sickern: Chemotherapie, Antibiotika, Bestrahlungen oder Einbalsamierungslösungen. Ich werde meine Erdbestat-tung überdenken müssen.

Und welcher Friedhof?

Vielleicht sollte ich erst einmal den passenden Friedhof aussuchen. In Berlin gibt es zahllose Friedhöfe, fast schon zu viele, die gar nicht mehr ausreichend genutzt werden können, wie mir Herr Müller im Krematorium erzählt hatte. Die Auswahl kann ich dadurch einschränken, dass es ein Friedhof sein muss, der in der Nähe von Henriettes Wohnung liegt. Direkt um die Ecke in Charlottenburg liegt der Luisenfriedhof II, der nicht nur wunderschön, grün und ruhig ist, sondern auf dem ich auch mit Henriette im Kinderwagen gern spazieren gegangen bin. Eine schöne

Lage hat auch der Friedhof Heerstraße, in der Nähe des Olympiastadions. Vielleicht wird es aber ein bisschen laut, wenn die Hertha-Fans dort herumtoben? Aber nun hat mich Henriette zu einem Besuch des Café Finovo verführt. Ein findiger Betreiber hatte die Idee für ein Café mitten auf dem Friedhof, wo man gemütlich bei Kaffee und selbst gebackenem Kuchen an seine verstorbenen Lieben denken kann. »Hoffentlich haben die da auch WLAN«, überlegt die praktische Henriette. Das Café ist so altmodisch wie erwartet. Ein schattiger Vorgarten mit wackeligen Stühlen und Tischen mit buntem Wachstuch. Innen ist alles so, wie man sich Omas gute Stube vorstellt. Kein freier Platz von der Wand über die WC-Tür bis zum Klodeckel, der nicht mit Blümchen verziert wurde. In der altmodischen Vitrine der selbst gebackene Kuchen. Genau den werde ich mir gönnen und dazu noch eine Tasse Schokolade mit Schlagsahne. Etwas, das ich schon seit Jahren nicht mehr getan habe. Aber hier gehört das einfach dazu. Der Käsekuchen ist köstlich, der Kakao natürlich zu süß, und die Schlagsahne schmeckt zu sehr nach Schlagsahne. Aber ich bin ja nicht wegen der Schlagsahne hier, sondern ich soll überlegen, ob ich später hier in meinem abbaubaren Holzsarg meinen Todesabend – nennt man das so? – verbringe.

»Nein«, sagt Henriette. »Da kommst du nicht zur Ruhe. Hier fährt alle halbe Stunde die S-Bahn laut ratternd vorbei.«

Stimmt, es ist wirklich sehr laut.

Außerdem stellt sie fest, dass es auf diesem Friedhof bergauf und bergab geht. Das sei ihr zu ungemütlich.

Nach dem WLAN hat sie gar nicht mehr gefragt. Ein Blick auf die Blümchenkissen und die bemalten Klodeckel hat ihr genügt.

Ich fand es dort sehr gemütlich und die Bedienung lustig. Aber um mich geht es hier nicht, die Kinder müssen später hierhin kommen und meine Grabbegrünung erneuern. Ich habe mir noch voller Interesse die Urnenwand angesehen. Da bin ich skeptisch. Keine Urnenplakette und keine Urnenwand können so geschmackvoll gestaltet sein, dass sie nicht von trauernden Angehörigen durch welke Blumen, kleine Harken und Gießkannen und, das Allerschlimmste, Steckvasen aus Plastik, verschönt werden könnten.

Nein, mein Entschluss steht fest, es wird der Luisenfriedhof II in der Königin-Elisabeth-Straße werden, der von Henriettes Wohnung aus gut mit dem Fahrrad zu erreichen ist und, ganz wichtig, bei dem keine S-Bahn vorbeifährt.

Hipsterisierung der Bestattung?

Wie nicht anders zu erwarten, muss heute selbst eine Bestattung ausgefallen oder zumindest alternativ sein. Wir sollen nicht nur »erfolgreich altern«, sondern auch »erfolgreich sterben« und »erfolgreich bestattet« werden, wie mir Herr Heigel vom Bestattungsunternehmen Thanatos bei seinem Besuch sagte. Heitere junge Bestatter und Bestatterinnen hocken locker auf bequemen Sofas und bieten Informationsabende an, bei dem Fun Facts zu

Tod und Trauer eingebaut werden. Eric Wrede, der das le-
senswerte Buch »The End. Das Buch vom Tod« geschrieben hat, tritt bei Vorträgen in T-Shirt und mit Wollmütze
auf.

Auch in den USA ist cooles Sterben ein Trend. Auf Fried-
höfen oder im Krematorium werden Mondscheinpartys
gefeiert oder Jazzkonzerte gegeben. Auch im Tod noch
muss sich der Hipster in seiner Unvergleichbarkeit zeigen,
der Tod muss personalisiert und besonders werden. »Endlich kann der Hipster so sterben, wie er gelebt hat«, lese ich
auf dem interessanten Blog www.subcess.de in dem Artikel »Wie der Tod cool wurde«.

Ich freue mich, dass die Bestattungskultur nicht mehr
nur in den Händen von düster aussehenden Herren in
Schwarz ist, aber den Versuch, auch im Sterben noch cool
zu sein, finde ich doch ein bisschen narzisstisch. Auch sollten wir nicht Menschen vergessen, die eine klassische Bestattung mit Pfarrer, Nelkengesteck, Tränen, Orgelmusik,
Taschentüchern, einem Grab mit traditioneller Bepflanzung und einer Steckvase aus Plastik mit der vergoldeten
Aufschrift »Für Mutter« haben wollen. Warum sollte ich
noch in meinem Tod originell sein? Wen will ich denn
damit noch beeindrucken?

Nicht ohne Charme ist eine weitere coole Möglichkeit,
sich vom Leben zu verabschieden. Amy Pickard, eine ide-
enreiche und geschäftstüchtige junge Frau aus den USA,
bietet eine Good-to-Go-Party vor dem Tod des künftig
Sterbenden an, also eine Abschiedsparty. Sie hilft auch
dabei, die letzten Dinge zu regeln, und bespricht mit den
Sterbenden, wohin ihre Besitztümer kommen sollen, wel-

che Rechnungen bezahlt werden müssen und wo die Passwörter für die Online-Accounts liegen. Praktisch, aber das brauche ich alles nicht, weil ich das schon vorab geregelt habe. Vielleicht sollte ich das künftig in Deutschland anbieten? Aber vielleicht feiern meine Kinder und ich ab jetzt erst mal jedes Jahr eine »Good-to-Go-Party« an meinem Geburtstag? Wir werden diese schöne Tradition mit meinem fünfundsiebzigsten Geburtstag beginnen.

Die virtuelle Bestattung oder R. I. P. – Rest in Pixeln

Eine Innovation, die ich sehr begrüße, ist die digitale Bestattung, die auch virtuelle oder e-Bestattung genannt wird. Zum einen ist sie praktisch, denn viele Familien oder weitere Freunde leben heute um den ganzen Globus verstreut, und nur für eine Bestattung von Australien nach Berlin zu kommen, kann ins Geld gehen. Auch der geringere Zeit- und Kostenaufwand spricht für eine e-Bestattung, denn Grab und die Grabpflege fallen weg. Im Internet kann eine virtuelle Gedenkseite eingerichtet werden, die auch als Kondolenzbuch fungiert. Man kann dann jederzeit vom Handy aus auf die Bestattungsseite zugreifen, und, wenn ich das richtig verstanden habe, leuchtet dort an jedem Todestag eine Kerze auf. Mir gefällt das, aber die Anbieter dieser Bestattungsvariante bedauern, dass es noch keine große Nachfrage gibt.

Größer ist die Nachfrage nach der digitalen Übertragung der echten Bestattung, wodurch die entfernt wohnenden Verwandten in Südafrika oder der Mongolei dann über Skype an der Trauerfeier teilnehmen können. Auch eine schöne Innovation ist das Anbringen eines QR-Codes auf dem Grabstein. Ein Kölner Steinmetz bringt die grafischen Codes direkt per Sandstrahltechnik auf die Grabsteine auf. Die Nachfrage danach steigt. Diese können mit der Handykamera entschlüsselt werden, und man kann interessante Informationen über den eigenen Verstorbenen, aber auch über seine Grabnachbarn erfahren. Inzwischen gibt es ein kreatives Start-up »Mymoria«, das sich als digitales Bestattungshaus versteht. Mymoria möchte »eine Lücke schließen und den Tod durch das digitale Angebot enttabuisieren«, wie sie die Süddeutsche Zeitung wissen ließen. Es erschließt sich mir zwar nicht, weshalb das digitale Angebot den Tod enttabuisieren sollte, aber mir gefällt die Idee: Da der Tod inzwischen zu einer logistischen Herausforderung werde – so Mymoria –, könne ihr Angebot auch entfernt lebenden Kindern helfen, unkompliziert den elterlichen Tod zu managen.

Meine persönliche Bestattungs-Choreografie

Ich muss gar nicht mehr lange überlegen, wie meine persönliche Bestattungs-Choreografie aussehen soll, wie es die Autorin Else Buschheuer so schön nennt. Ich bin fest entschlossen, mich vom Bestattungsunternehmen Thanatos in Berlin bestatten zu lassen. Ich hatte drei nett wirkende Bestattungsunternehmen angerufen und um einen Gesprächstermin gebeten. Sie waren alle nicht unfreundlich, aber als sie merkten, dass es nicht um eine unmit-

telbar bevorstehende Bestattung ging, hatten sie keine
Zeit. Das war anders bei Herrn Heigel, dem Inhaber von
Thanatos-Bestattungen, dessen Webseite mir schon sehr
gut gefallen hatte, nicht zuletzt, weil er darauf hinweist,
dass er dafür sorgt, dass auch eine ordnungsbehördliche
Bestattung bei ihm würdevoll abläuft. Herr Heigel erklärt
sich sofort bereit, für das gemeinsame Gespräch zu mir zu
kommen. Ja, er esse gern Kuchen, und ja, er trinke auch
eine Tasse Kaffee. In der Tür steht ein freundlicher junger Mann mit Baskenmütze, der so jung aussieht, als ob er
gerade Abitur gemacht hätte. Tatsächlich ist Herr Heigel
aber promovierter Musikwissenschaftler. Ich frage ihn,
wie er zu seinem Beruf gekommen sei, und wir unterhalten uns anregend über viele Aspekte des Sterbens und von
Bestattungen.

Es ist angenehm für mich, über dieses Thema reden zu
können, ohne dass Herr Heigel in den Modus »behutsa-
mer Umgang mit dem Tod« verfällt. Er spricht die Dinge
klar an, erzählt auch von unterschiedlichen Bedürfnissen
älterer und jüngerer Menschen und findet es wichtig, dass
Menschen sich frühzeitig damit beschäftigen, was auch
nach ihrem Tod noch alles passieren muss und kann. Er
wirkt sachlich, aber dennoch freundlich und sanft, manchmal müssen wir auch lachen, etwa wenn er mir etwas über
die Konkurrenzsituation auf dem Bestatter- und Fried-
hofsmarkt erzählt. Er nennt mir auch problemlos seinen
Preis für die Bestattung (zweitausendfünfhundert Euro),
lehnt es aber ab, das Geld schon vorab zu erhalten. Er
fände das für meine Kinder einschränkend, vielleicht hätten sie selbst Vorschläge und Wünsche, wie sie die Bestat-

tung gestalten wollten. Gut, das leuchtet mir ein. Ich werde in meiner Bestattungs-Choreografie beschreiben, wie ich es gerne hätte, und dazunotieren, dass meine Kinder auch selbst noch über Einzelheiten nachdenken können. Nur bitte keinen Pfarrer!

Herr Heigel und ich verbringen zwei Stunden in einem anregenden Gespräch, ich packe ihm noch das letzte Stückchen Kuchen ein, und danach weiß ich, dass ich nur von Herrn Heigel bestattet werden möchte. Auch hier merke ich, wie der Tod an Schrecken verlieren kann, wenn man sich genauer damit beschäftigt und dann auch noch das Glück hat, auf einen so angenehmen Bestatter zu treffen. In einem Brief an meine Kinder schreibe ich meine Bestattungswünsche auf.

Liebe Kinder,

ich fände es schön, wenn ihr nach meinem Tod meine Bestattungswünsche berücksichtigen würdet. Aber ich werde weder böse noch traurig sein, wenn euch dazu doch noch etwas anderes einfällt.
Zuerst, was ich nicht will: Bitte keinen Pfarrer oder Trauerredner, die kennen mich nicht und können nicht wirklich etwas über mich aussagen. Nach langem Überlegen habe ich mich trotz der Gefahr der Umweltverschmutzung für eine Erdbestattung entschieden. Bitte sprecht dazu Herrn Heigel von Thanatos in Berlin an (Adresse im Nachlassordner), er ist mein Wunschbestatter: www.thanatos-berlin. de. Ich bin sicher, dass er euch ebenfalls gut gefallen

wird. Den Friedhof habe ich auch schon gefunden, ich möchte auf dem Luisenfriedhof II in Charlottenburg beerdigt werden. Ein Foto vom Sarg schicke ich euch frühzeitig. Er darf auf keinen Fall mit Lack behandelt sein, denn ich möchte, dass sich später die Würmchen problemlos durch das unbehandelte Holz und zu mir knabbern und mich in guten Kompost verwandeln können. Bitte keine kirchliche Musik, auch keine Klassik. Ich möchte, dass die Bestattung fröhlich ist, daher hatte Henriette die Idee, das wunderbare Duett von Montserrat Caballé und Freddie Mercury »Barcelona« abzuspielen.

Mein Wunschsarg soll einfach sein, biologisch abbaubar und ohne jeglichen kitschigen Sargschmuck. Innen kann er ruhig mit rotem Stoff ausgekleidet werden, bitte aber keine Kunstseide und keine Rüschen. Was ziehe ich im Sarg an? Ich wollte mit Brille beerdigt werden, aber eine Freundin hat davon abgeraten. Also, falls eine von euch das Brillengestell wunderschön findet, dann verschenke ich es gern, vielleicht kann meine Enkeltochter Melina sich eine Sonnenbrille daraus machen lassen. Bekleidet möchte ich mit einem meiner schwarzen Winterkleider sein, die haben lange Ärmel, das ist im Sarg sicher passender. Bitte nicht die Birkenstocksandalen, sondern für den Sarg die schönen schwarzen oder grünen Samtschuhe von Thierry Rabotin, die ich liebe und die euch ohnehin nicht passen.

Bei den Blumen bin ich nicht so sicher: Weiße Lilien, die mir Henriette seit Jahren zum Geburtstag und

*zum Muttertag schenkt, fände ich wunderschön und
auch sehr feierlich. Aber auch ein bunter Sommer-
strauß würde mir gefallen. Bei eurer Garten- und
Blumenliebe bin ich sicher, dass ihr etwas Schönes aus-
sucht. Macht euch nicht zu viel Mühe mit der Grabbe-
pflanzung. Efeu, Dickmännchen, alles, was grün ist
und wenig Pflege erfordert. Falls ihr tatsächlich mal
mit einem Blumenstrauß vorbeikommt, dann einfach
auf das Grab legen. Bitte keine Steckvase! Wenn ihr
einen Grabstein haben wollt – ich brauche keinen –,
nehmt bitte den einfachsten Stein und eine schlichte
Aufschrift. Aber einen QR-Code fände ich gut. Bitte
kümmere dich darum, Michael.
Falls ihr jemanden einladen wollt: Eine schöne Einladungskarte sollte Michael entwerfen, er kann das gut.
Aber bitte denkt daran, dass niemand kommen muss,
dafür gibt es ja inzwischen die digitale Übertragung
der Bestattung. Das würde mir gefallen, denn auch
bislang kommen viele Menschen gern zu meinen
Webinaren, und so könnte vielleicht jemand in Gedanken vor seinem Computer dabei sein.
Last but not least: Es ist inzwischen beliebt, mit groß-
zügiger Geste von Blumenspenden abzusehen und
stattdessen Geld an eine gemeinnützige Institution zu
spenden. Nein, so selbstlos bin ich nicht. Mir gefällt
es viel besser, wenn alle Menschen, die sich noch gern
an mich erinnern, mir ein Buch schenken, von dem
sie glauben, das es mir gefallen hätte. Das könnten sie
vorab zuschicken, und Herr Heigel sollte diese Bücher
dann in meinen Sarg legen.*

Ich bin dankbar für eure Unterstützung und dafür,
dass es euch gibt. Ich wünsche euch allen noch ein
langes und glückliches und hoffentlich auch immer
mal wieder aufregendes Leben.

Eine »Ende-des-Lebens-Tour«?

Nach meinen nicht nur guten Erfahrungen werde ich vielleicht eine »Ende-des-Lebens-Tour« organisieren, bei der
ein Grüppchen von uns Alten sich Krankenhäuser, In-
tensivstationen, Altenheime, Pflegeheime, Demenzheime,
Hospize, Friedhöfe und Krematorien ansehen und sich
mit Palliativmedizinern, Bestattern und Friedhofsgärt-
nern darüber unterhalten kann, was diese am Lebensende
für uns tun können.

Es ist gut, vieles für die letzte Zeit des Lebens und auch
für den Tod geordnet zu haben. Die Beschäftigung damit
hat mir viel Angst genommen. Ich hoffe, dass die Ärzte
und Pfleger, die in meinen letzten Wochen und Stunden
um mich herum sind, dafür sorgen, dass ich einen guten
Tod haben werde. Es hat mir auch gutgetan, meinen Kindern meine letzten Wünsche nennen zu können.

Meine Empfehlung

Führen Sie frühzeitig mit allen relevanten Akteuren Gespräche. Gerade Ärzte oder Krankenhäuser sind oft unwillig, aber manchmal entdeckt man eben doch einen

Menschen, der sich die Zeit nimmt, mit uns zu reden. Unbedingt auf die Seite eines großen Bestatters gehen und die Checkliste ausdrucken! Danach kann man alles für die Angehörigen vorbereiten. Ganz wichtig: Haben Sie keine Angst vor den letzten Monaten und dem Tod. Je mehr Sie darüber wissen, desto mehr verringert sich die Angst.

Ich habe nicht vor, gleich zu sterben. Aber das Aufräumen und Vorbereiten für die letzte Zeit meines Lebens war hilfreich. Und mit der Gewissheit, dass ich jetzt gut vorbereitet bin, kann ich mir nun noch neue kleine Projekte für mein Leben vornehmen.

Nachwort

Begonnen habe ich dieses Buch mit der Absicht, meinen Kindern schwierige Entscheidungen für mein Alter leichter zu machen. Aber die Suche nach Informationen und die Gespräche mit Krankenkassen, Demenzpflegern, Bestattern und Krematoriumsleitern wurden zu einer unerwarteten Reise für mich. Mir war nicht klar gewesen, dass Unterstützung und Hilfe in unserem Gesundheitssystem keineswegs einfach und schon gar nicht in ausreichendem Maße zu bekommen sind. Mich hat überrascht, dass mein Interesse teilweise sogar eher als lästig empfunden wurde. Ich kann nach dieser Erfahrung nur raten, sich frühzeitig um alle diese Themen zu kümmern. Wenn Sie bereits eine Strumpfanziehhilfe benötigen, ist es eigentlich schon zu spät!

Aber ich habe auch freundliche Menschen getroffen, die sich die Zeit für ein Gespräch mit mir genommen haben und, noch wichtiger, mir viel Angst vor einer Zeit genommen haben, in der ich vielleicht gepflegt werden muss. Denen möchte ich an dieser Stelle besonders danken.

Interessant war es für mich, dass die Frage der nachhaltigen und alternativen Bestattung heute so wichtig geworden ist. Das wird noch ein Thema sein, mit dem ich mich in der kommenden Zeit intensiv beschäftigen werde.

Nehmen Sie mein Buch nicht als einen Ratgeber, in dem Sie alles finden werden, was Sie für Ihr Alter brauchen. Ich habe nur das Ergebnis meiner Gespräche und Recherchen aufgeschrieben – es kann für jeden Menschen andere Voraussetzungen und Wünsche geben, nicht alles ist für jeden wichtig, und manche Gegebenheiten oder Gesetze unterscheiden sich von Bundesland zu Bundesland. Wenn das Buch für Sie eine Anregung ist, sich mit diesen Themen rund um das eigene Alter zu beschäftigen, dann freue ich mich.

Danksagung

Mein ganz besonderer Dank gilt Renate Hof und meiner Tochter Henriette Peer. Nicht nur, dass ich seit einigen Monaten für kein anderes Thema als Badewannenlifte, Seniorenresidenzen und Sarg-Clubs Zeit hatte. Ich danke ihnen auch für ihre unendliche Geduld, wenn ich wieder einmal ein Telefonat mit den Worten »Kann ich dich mal kurz stören?« begonnen habe, bis sie dann nach anderthalb Stunden vorsichtig anmerkten, dass gerade jemand an der Tür geklingelt habe oder sie sich dringend etwas zu essen machen müssten. Meinem Freund Hans-Georg Meyer danke ich dafür, dass er mir beim Thema Patientenverfügung und Vorsorgevollmacht sein Wissen zur Verfügung gestellt hat. Den Menschen, die mir von ihren Erfahrungen mit ihren Eltern berichtet haben, danke ich ebenfalls. Renate, ganz besonders danke ich Dir dafür, dass Du das fertige Manuskript immer wieder gelesen und mit der Akribie einer Literaturprofessorin korrigiert hast. Das hat dem Text bestimmt gutgetan. Meiner Agentin Bettina Querfurth danke ich auch dieses Mal, dass sie mich wieder und wieder gedrängt hat, doch nun endlich mit dem Altersbuchprojekt zu beginnen.

Um die ganze Welt des
GOLDMANN-*Sachbuch*-Programms
kennenzulernen, besuchen Sie uns doch
im Internet unter:

www.goldmann-verlag.de

Dort können Sie
nach weiteren interessanten Büchern *stöbern*,
Näheres über unsere *Autoren* erfahren,
in *Leseproben* blättern, alle *Termine* zu Lesungen und
Events finden und den *Newsletter* mit interessanten
Neuigkeiten, Gewinnspielen etc. abonnieren.

Ein *Gesamtverzeichnis* aller Goldmann Bücher finden
Sie dort ebenfalls.

Sehen Sie sich auch unsere *Videos* auf YouTube an und
werden Sie ein *Facebook*-Fan des Goldmann Verlags!